부모가 먼저 행복한 회복탄력성 수업

부모가 먼저 행복한
회복탄력성
수 　 업

정태형 지음

리바운드스쿨

차례

프롤로그   6

1장 생각 바꾸기

- 인어공주가 생각을 바꿨다면?   10
- 행복한 부모가 좋은 부모다   14
- 죄책감 마케팅에 속지 말자   30
- 부모는 구원자가 아니다   45
- 회복탄력성을 키우는 생각 바꾸기   61

2장 나를 찾기

- 다윗이 나를 찾지 않았다면?   64
- 과거를 통해 나를 찾기   68
- 욕구를 통해 나를 찾기   83
- 행복을 통해 나를 찾기   97
- 수용을 통해 나를 찾기   112
- 회복탄력성을 키우는 나를 찾기   128

3장 자존감 높이기

- 늑대가 자존감이 높았다면?   132
- 개념정리로 자존감 높이기   136
- 분별력으로 자존감 높이기   151

자기 보호로 자존감 높이기   169
회복탄력성을 키우는 자존감 높이기   182

4장 감정 다루기

신데렐라가 감정을 다루지 못했다면?   186
감정의 종류보다 방향이 중요하다   190
슬픔의 방향 이해하고 다루기   204
수치심의 방향 이해하고 다루기   220
분노의 방향 이해하고 다루기   235
회복탄력성을 키우는 감정 다루기   251

5장 관계를 기뻐하기

솔로몬이 관계를 기뻐했다면?   254
관계의 목표 정하기   257
관계의 시선 바꾸기   268
관계의 장애물 피하기   283
관계의 기쁨 누리기   298
회복탄력성을 키우는 관계 기뻐하기   311

에필로그   314

프롤로그

저는 원래 부모들을 위한 강의를 하는 사람은 아니었습니다. 청소년들을 가르치는 일에 전념했던 사람이었습니다. 청소년들에게 진로나 자기주도학습을 가르치다보니 그들의 고민을 많이 알게 되었습니다. 그래서 청소년들을 돕기 위해서 부모들을 가르치는 일을 시작했습니다. 많은 이들이 흔히 생각하듯이, 부모가 문제라고 생각했던 것입니다.

그런데 부모들을 직접 만나자 생각이 달라졌습니다. 너무 많은 이들이 죄책감에 시달리고 있었습니다. 자기에게 문제가 없다고 생각하는 부모는 거의 없었습니다. 심지어 자기의 책임이 아닌데도 과도한 죄책감을 느끼는 이들이 많았습니다. 자신을 너무 채찍질한 나머지 아이를 도울 수 있는 힘이 없을 정도였습니다. 너무나 안타까운 일이었죠.

저는 그런 모습을 보면서 부모들에게 ==회복탄력성==이 필요하다는 확신이 들었습니다. 회복탄력성이란 쉽게 말해서 ==건강한 마음을 회복하는 능력==입니다. 자녀를 더 잘 기르고 가르치는 기술이 아니라 부모 스스로의 건강한 마음을 회복하는 회복탄력성이 부모들에게 더 중요하다는 생각이 들어서, 그때부터 부모들을 만나 회복탄력성을 키울 수 있는 내용들을 가르치기 시작했습니다.

반쯤은 우연으로 시작된 강의를 통해, 다행스럽게도 많은 분들이 위로를 받고 힘을 얻어서 자기 삶의 문제들을 스스로 해결해나가기 시작했습니다. 자녀와의 문제에 대한 깨달음을 얻어서 관계의 변화가 생겼다는 분도 있었고, 그전까지는 서로 대화가 거의 없었던 배우자와 함께 가족의 미래에 대해 이야기를 시작하게 되었다는 분도 있었습니다. 아무것도 할 힘이 없었던 부모들의 마음속에 회복탄력성이 생겨나는 것을 목격하게 된 것이죠.

그렇게 많은 부모들을 만나서 가르치다가 지금은 '리바운드 부모학교'라는 이름으로 부모들의 회복탄력성을 키우는 교육을 하고 있습니다. 부모들과 매주 온라인으로 만나서 회복탄력성을 키울 수 있는 책을 함께 읽고 서로의 생각을 나누는 모임입니다. 이곳은 아이를 잘 키우기 위한 방법을 배우는 곳이 아니라, 부모 자신의 행복과 성장을 추구하는 작은 학교입니다.

그러다 좋은 기회를 얻어서 지금까지 강의했던 회복탄력성에 대한 내용을 묶어 책으로 내게 되었습니다. 공간과 시간의 한계를 뛰어넘어 더 많은 부모들에게 위로와 행복을 전할 수 있는 기회가 생긴 셈입니다. 아무쪼록 바라는 것은, 이 책을 통해 부모들이 먼저 행복했으면 좋겠습니다. 그리고 건강한 마음을 회복할 수 있다면 좋겠습니다. ==행복한 아이도 중요하지만 먼저 부모가 행복해야 한다는 것을 꼭 기억할 수 있기를==, 부모 자신의 회복탄력성을 키우는 데 이 책이 도움이 되기를 바랍니다.

●●● 이곳은 아이를 잘 키우기 위한 방법을 배우는 곳이 아니라, 부모 자신의 행복과 성장을 추구하는 작은 학교입니다.

1장
생각 바꾸기

인어공주가 생각을 바꿨다면?

들어가며

많은 사람이 문제를 해결하기 위해서는 행동하는 것이 가장 중요하다고 생각합니다. 생각만 해봐야 아무 소용 없다고 자신 있게 조언하는 경우도 있지요. 그런데 자신의 문제를 해결하기 위해 적극적으로 행동했지만 슬픈 결과를 맞이해야 했던 한 인물의 이야기를 보면 생각이 달라질 수 있습니다. 누구인지 궁금하시죠? 그 인물의 이름은 에리얼이고, 전 세계의 사람들에게 '인어공주'라고 알려져 있습니다.

바닷속에서 모든 이들의 사랑을 받던 에리얼에게는 아무것도 부족한 것이 없었습니다. 그런데 어느 날, 그런 그녀의 인생에 문제가 생깁니다. 우연히 물 밖으로 나갔다가 보게 된 인간 왕자를 사랑하게 된 것이죠. 물속에 사는 인어가 물 밖에 사는 인간을 사랑하게 되었으니 해결하기가 너무도 어려운 문제였습니다.

그렇지만 에리얼은 문제를 해결하기 위해 곧바로 과감하게 행동에 나섰습니다. 바다의 마녀를 찾아가서 물고기의 꼬리를 인간의 다리로 바꿔달라고 부탁한 것입니다. 그 대가로 목소리를 내놓아야 한다는 이야기를 들었지만 망설이지 않고 목소리를 내어줍니다. 인간의 다리를 가져야만 사랑을 이룰 수 있다고 강하게 확신을 했기 때문입니다.

그런데 이 강한 행동력이 에리얼의 사랑을 망치는 주범이 되어버렸습니다. 아무리 인간의 다리를 가지고 있다고 하더라도, 말을 하지 못하면 아무것도 전할 수 없기 때문이죠. 목소리가 없으니 왕자에게 자기가 누구인지도 말할 수 없고, 당신을 구해준 것이 나라는 말도 할 수가 없었습니다. 사랑의 본질은 소통인데, 소통할 수 없는 사람이 되어버린 것이죠.

만일 에리얼이 행동력을 발휘하기 전에, 먼저 자신의 생각을 점검해보고 바꿨다면 어떻게 되었을까요? 인간의 다리보다는 말할 수 있는 목소리가 더 중요하다고 생각을 바꿨다면 어땠을까요? 그랬다면 왕자를 구한 사람이 바로 나였다고 말할 수 있었을 겁니다. 지금은 비록 인어지만, 사랑을 받으면 인간이 될 수 있다는 사실도 알려줄 수 있었겠죠. 하지만 에리얼은 행동이 앞선 나머지 생각을 점검하고 바꿀 수 있는 기회를 잃어버리고 말았습니다.

행동보다 생각을 먼저 바꾸기

에리얼의 이야기를 보면, 행동하는 것도 중요하지만 생각을 점검하고 바꾸는 것이 더 중요하다는 사실을 깨닫게 됩니다. 그리고 자연스레 나에게도 에리얼과 같은 모습이 있지 않은지 생각해보게 되지요.

'부모로서 경험하는 문제들을 해결하기 위해서 과감하게 행동부터 하지는 않았을까?'
'내가 가지고 있는 생각이 맞는지 점검해본 적이 있나?'

아마 누구라도 이런 질문들에 자신 있게 대답하기란 쉽지 않을 것입니다. 사랑에 빠져 앞뒤 가리지 않고 행동했던 에리얼처럼 우리도 가족, 특히 자녀들과 사랑에 빠진 채로 앞뒤 가리지 않고 행동할 때가 많기 때문이지요. 그러나 이 책을 읽는 시간 동안만이라도 나의 '생각'에 대한 확신을 잠깐만 멈춰봅시다. 그리고 내 생각이 맞는지 점검해봅시다.

바로 이것이 회복탄력성을 키우는 첫걸음입니다. 우리는 잘못된 생각을 바꾸는 것만으로도 건강한 마음을 어느 정도 회복할 수 있습니다. 잘못된 생각들이 바뀔수록 우리가 경험하는 좌절들이 줄어들고, 또 좌절하는 경험들이 줄어들면 마음이 더욱 건강해지기 때문입니다. 그럼 이제부터는 우리의 마음속을 들여다보고 바꾸어야 할 생각들이 있는지 차근차근 살펴보도록 하겠습니다.

> 우리는 잘못된 생각을 바꾸는 것만으로도 건강한 마음을 회복할 수 있습니다.

행복한 부모가
좋은 부모다

많은 사람이 좋은 부모가 되고 싶어 합니다. 지자체마다 운영하는 부모 교육 프로그램에는 참여자들이 적게는 수십 명, 많게는 수백 명도 모입니다. 부모학교에 열심히 참여하는 분들 가운데는 부모 교육과 관련된 세미나가 열릴 때마다 참석한다는 분들도 있습니다. 한번은 그중 한 분과 대화를 해본 적이 있습니다.

"선생님, 저는 아이를 잘 키우고 있나 고민이 될 때마다 서점에 가요. 서점에 가서 육아서나 자녀 교육에 관한 책을 살펴보다가 한 권씩은 무조건 사서 나와요. 그리고 집에 와서 열심히 읽어요. 그러고 나면 잘할 수 있을 것 같다는 마음이 드는데요, 경험해보니까 그 마음이 3일이 채 가지 않더라구요. 그래서 지인들 사이에서는 육아서 약효는 3일이라고 얘기해요."

둘러보니 다른 분들도 웃으면서 그 이야기에 공감하는 모습이었습니다. 하지만 이분들은 사람이 잘 변하지 않는다고 하면서도 부모학교에 와서 또다시 부모에 대한 강의를 듣습니다. 좋은 부모가 되고자 하는 소원이 여전히 마음에 자리 잡고 있기 때문입니다.

좋은 부모의 기준은 무한하다

사실 좋은 부모가 되고자 하는 바람은 인간의 본능에 가깝습니다. 더 정확하게 말하자면, 좋은 사람이 되고자 하는 바람은 인간의 본능입니다. 인간의 이러한 본능은 기준을 만들어내는데요, 좋은 사람이 되려면 어떤 사람이 좋은 사람인가에 대한 기준이 있어야 하기 때문입니다. 그래서 아주 옛날부터 사회에는 어떤 사람이 좋은 사람인가에 대한 다양한 기준들이 생겨났습니다.

우리에게 익숙한 예의라는 말을 생각해봅시다. 이 또한 좋은 사람에 대한 기준입니다. 특히 다른 사람들을 어떻게 대하는 사람이 좋은 사람인가에 대한 기준인데, 이를 집대성한 사람이 공자입니다. 공자가 약 2,500년 전 사람이니, 좋은 사람이 되고자 하는 기준은 아주 오래전부터 만들어졌다고 할 수 있죠. 이 외에도 세계 곳곳에서 어떤 사람이 좋은 사람인지를 규정하는 기준들이 많이 있는데, 그중에서도 유대인들이 만든 기준들에 대해서 이야기를 나누고 싶습니다.

유대인들은 아주 오래전부터 좋은 사람이 되고자 하는 기준들을 세웠습니다. 그 기준을 처음 만든 사람은 모세라고 알려져 있는데, 이 사람은 열 가지의 기준을 세웠고 이것이 후에 '십계명'이라는 이름으로 알려졌습니다.

사실 이 열 가지 기준을 충족하는 것은 그리 어려운 일은 아니었습니다. 약간만 노력한다면 충분히 지킬 수 있었죠. 하지만 좋은 사람이 되고자 하는 노력을 아주 많이 했던 유대인들은 그 기준들로 만족할 수 없었습니다. 노력을 많이 한 자신과 그렇지 않은 사람들 사이에 차등을 두지 못하는 십계명이 마음에 안 들었던 것입니다. 그래서 이들은 원래 있었던 계명에다 더 세부적인 규정들을 추가하기 시작했습니다. '좋은 사람'이 무엇인지를 더욱 세세한 기준으로 나눈 것입니다. 그 결과, 좋은 사람이 되기 위해 지켜야 할 기준의 개수는 무려 613개가 되었습니다. 그러자 자연스럽게 아주 극소수의 사람들을 제외한 대다수의 평범한 사람들은 기준을 충족시키는 게 불가능해지고 말았습니다.

이 이야기는 좋은 부모가 되려는 사람들에게 지혜를 줍니다. 유대인들이 좋은 사람에 대한 기준을 계속 추가한 것처럼, 좋은 부모에 대한 기준은 지금도 계속 추가되고 있습니다. 좋은 부모가 무엇인지 알려주는 책들이 계속해서 출간되고, 그 책들은 다른 책들과 차별화를 하기 위해 좋은 부모가 되기 위한 새로운 기준과 방법을 끊임없이 제안합니다. 이제는 좋은 부모가 되기 위한 기준을 모두 아는 것은 불가능해졌고, 설령 그것을 모두 안다고 해도 모두 지키는 것도 불가능해졌습니다. 이런 상황에서 좋은 부모가 된다는 것은 사실 실현 불가능한 목표입니다. 한 사람의 저자가 한 권의 책에서 말하는 내용을 모두 그대로 실천하는 것도 어렵지만, 설령 그것을 다 실천한다고 해도 다른 책의 기준에서 보면 좋은 부모가 아닐 수 있기 때문입니다.

좋은 부모라는 기준을 다시 검토해보기

물론 좋은 부모가 되고자 하는 마음은 부모로서 너무나 자연스러운 감정이고 격려를 받아야 할 마음입니다. 다만 너무나 많은 기준을 무분별하게 수용하는 것이 아니라, **자신이 추구할 수 있고 충족할 수 있는 기준을 설정하는 일**이 필요합니다.

수많은 기준들 중에 무엇을 택해야 할지 추리는 것은 물론 어려운 일입니다. 그 많은 기준들을 하나하나 점검해보기는 힘들기 때문입니다. 그렇지만 아무리 많아 보여도 결국 그 기준들에는 공통점이 있습니다. 다양한 육아서와 강연들에서 제안하는, 좋은 부모가 되기 위한 기준들의 공통점들을 이렇게 정리해볼 수 있습니다.

1. 좋은 부모가 되어야 하는 이유는 아이의 행복을 위해서다.
2. 아이의 행복은 화목한 가정, 자존감, 친구 관계, 학업 성취, 진로 등과 관계가 있다.
3. 좋은 부모는 이러한 목표를 달성할 역량을 가져야 한다.

아주 많은 기준들이 있는 것 같지만, 그 기준들이 지향하는 바를 살펴보면 이렇게 세 가지 정도의 공통점으로 묶을 수 있습니다. 이렇게 나누어보면 우리가 어디까지를 수용하고, 어디까지는 수용하지 않아도 되는지도 파악할 수 있습니다.

좋은 부모가 되어야 하는 이유를 살피기

이 중에서 좋은 부모가 되어야 하는 이유에 주목해보겠습니다. 첫 번째 공통점에 그 이유가 나오는데요. 바로 아이의 행복을 위해서라고 합니다. 아이의 행복을 위해서 좋은 부모가 되어야 한다는 데 이견이 있는 부모는 거의 없을 것입니다. 아이를 사랑하는 모든 부모가 아이의 행복을 바라기 때문이죠.

그런데 여기서 조금 더 깊이 고민을 해볼 수 있는 선택지를 준비했습니다. 다음의 선택지를 보고 자신의 생각이 어떤 것에 더 가까운지 살펴보세요.

1. 좋은 부모가 되기 위해서는 아이'만' 행복하면 된다.
2. 좋은 부모가 되기 위해서는 아이'도' 행복하고 나'도' 행복해야 한다.

1번은 희생적인 부모상입니다. 전통적인 부모상이기도 하죠. 2번은 오늘날 생겨나기 시작한 관점으로, 이름을 붙이자면 지혜로운 부모상이라 할 수 있습니다. 아이의 행복과 나의 행복 사이에서 늘 균형점을 찾으려고 노력하는 부모상이죠.

좋은 부모가 되어야 하는 이유가 아이의 행복을 위해서라는 말에는 모두가 동의하겠지만, 그렇다고 아이'만' 행복하면 되는 것인지 물어보면 이렇게 입장이 갈라질 수 있습니다. 내가 희생적인 부모상을 원한다면, 좋은 부모가 되기 위한 많은 기준들을 수용하는 것이 그리 나쁘지는 않을 것입니다. 더 많은 기준을 지키려고 노력할수록 아이가 행복해질 확률이 높아질 테니까요. 그러나 나의 입장이 지혜로운 부모상에 가깝다면, 우리 사회에 퍼져 있는 좋은 부모가 되기 위한 기준들을 그대로 수용하는 것이 본인에게는 해로울 수 있습니다. 많은 기준을 지키려고 할수록 점점 더 힘들어지기 때문입니다.

좋은 부모에 대한 시야를 넓히기

좋은 부모가 되기 위한 기준들의 공통점을 들여다보면, 분명 아이의 행복을 위한다고 했지, 아이만 행복하면 된다고 적혀 있지는 않습니다. 그런데 아이의 행복을 위해서 갖춰야 할 부모의 역량을 자세히 볼까요? 화목한 가정, 자존감, 친구 관계, 학업 성취, 진로 등…. 이 모든 역할을 다 해야 한다면 부모의 모든 역량과 시간을 아이만을 위해 써야 합니다. 사실상 세간에 전해지고 있는 좋은 부모가 되기 위한 기준들은 아이'만'의 행복을 이야기하고 있다고 봐도 과언이 아닙니다.

그러니 아이도 행복하고 나도 행복하기 위해서는, 일반적으로 이야기되는 좋은 부모에 대한 **더 넓은 시야**가 필요합니다. 좋은 부모가 무엇인지에 대해서 생각할 때, 아이의 행복뿐 아니라 부모인 나의 행복에 대해서도 생각해야 한다는 뜻입니다.

물론 사람마다 의견 차이는 있습니다. 희생적인 부모로 살아가는 삶에서 보람을 느끼는 사람도 분명히 있죠. 그 입장이 틀렸다고 할 수는 없습니다. 사람마다 자신이 가치 있다고 여기는 것이 다르기 때문입니다. 그렇지만 그런 입장을 가진 부모들도 '좋은 부모'에 대한 시야를 넓힐 필요가 있습니다. 나는 다른 입장이 있다는 걸 알면서도 스스로 희생적인 부모가 되기를 원하고 그것을 선택할지 모르지만, 나의 자녀는 그러지 않을 수 있기 때문입니다.

    나의 자녀가 보고 자란 부모의 모습이 오로지 자녀를 위해 희생하는 모습밖에 없다고 생각해봅시다. 자녀가 그런 부모의 모습을 가치 있게 여기고 자신도 그렇게 살고자 한다면 아무런 문제가 없지만, 자녀는 입장이 다를 수 있습니다. 자신도 그렇게 희생하는 부모로 사는 것에 동의가 안 될 수도 있지요. 그런 자녀에게는 다른 길이 있다는 것을 알려줄 필요가 있습니다. 이를 위해서라도 우리는 좋은 부모에 대한 시야를 넓혀야 합니다. 나는 내 자녀만 행복하면 된다고 생각할지라도, 자녀에게는 부모와 자녀 모두 행복할 수 있는 길도 있다고 알려줄 수 있어야 하기 때문입니다.

> ●●● 아이도 행복하고 나도 행복하기 위해서는, 좋은 부모에 대한 더 넓은 시야가 필요합니다.

부모의 노력에는 한계가 있다

좋은 부모에 대한 시야를 넓히기로 했다면, 다음으로는 아이의 행복이 무엇에 달렸는지 생각해봐야 합니다. 앞에서 나열한 대로 가정이 화목하고, 자존감이 높고, 친구 관계가 좋고, 학업의 성취가 우수하고, 자신이 원하는 진로를 찾으면 아이는 행복할까요? 그 모든 것을 다 가지고 있다면 불행하기가 어려울지도 모르겠습니다. 그러나 문제는, 노력한다고 해서 원하는 것을 얻을 수 있다는 보장이 없다는 것입니다.

예를 들어, 아이의 자존감을 높여주고 싶어서 내가 아무리 열심히 노력해도 아이의 자존감이 낮을 수도 있습니다. 자존감은 부모의 노력만으로 형성되는 것이 아니기 때문입니다. 아이가 집 안에만 있는 갓난아기라면 모를까, 어린이집이나 유치원과 같은 기관을 다니고 친구가 생기는 순간부터는 더 이상 아이의 자존감을 부모의 의도대로 움직일 수 없습니다. 아이가 경험하는 모든 사회를 통제할 수 없기 때문입니다.

학습의 영역 또한 마찬가지입니다. 부모가 노력한다고 아이의 성적이 반드시 오르는 것은 아닙니다. 사실, 아이가 공부를 하고자 하는 마음이 없다면 부모가 할 수 있는 일은 거의 없다고 봐도 과언이 아닙니다. 학원에 보내거나 과외를 시키는 것도 아이가 스스로 공부하려는 의욕이 있을 때 도움이 되는 것이지, 그런 마음이 없다면 그저 돈만 낭비하게 될 뿐입니다. 이런 상황을 잘 보여주는 격언도 있지요. 말을 물가로 끌고 갈 수는 있어도 물을 먹이지는 못하는 법입니다.

이렇듯 학습이라는 영역만 보아도 ==부모가 할 수 있는 노력에는 분명한 한계가 존재하는 것이 현실==입니다. 우리는 부모가 노력한다고 해도 원하는 것을 다 이룰 수 없음을 인정해야 합니다. 한계를 인정해야 하는 것이죠. 한계라는 말이 슬플 수도 있지만, 우리 삶을 돌아보면 인정할 수밖에 없습니다. 많은 부모들이 어린 시절부터 각자의 학업에 대한 바람, 진로에 대한 바람, 가정에 대한 바람 등을 이루기 위해 노력하며 살아왔을 텐데요. 노력에도 불구하고 자기가 원하는 목표를 그대로 이룬 사람들은 많지 않습니다.

나의 삶에서도 내가 원하는 목표를 이루기가 어려운데, 내 아이의 삶에서 내가 원하는 목표를 이룬다는 것이 가능할까요? 정답을 단정할 수는 없습니다. 하지만 이 질문 앞에서 정직하게 자신을 돌아볼 필요는 있습니다. 다른 누구를 설득할 필요가 없는 나 자신의 인생에서도 바라는 대로 이루지 못했는데, 타인의 인생에서 내가 바라는 대로 이루기가 어려운데, 타인을 설득해서 바라는 바를 이루게 할 수 있을지 진지하게 자문해보면 좋겠습니다.

아이와의 이별을 생각하면 답이 보인다

그러면 어떻게 해야 할까요? 목표를 이루는 것이 어려우니 아이의 행복은 불가능하다는 이야기일까요? 그렇지는 않습니다. 그 대신 다른 관점으로 아이와 나의 행복을 찾아보자는 이야기입니다. 지금까지의 관점은 아이의 행복에 초점을 맞추었지만, 아이의 행복이 무엇일지를 어른의 입장에서 생각했습니다. 자존감이나 학습이나 진로가 아이의 행복이라고 여기고 그것을 갖추도록 도와주는 것을 목표로 삼은 것입니다. 하지만 앞서 살펴보았듯이 그런 목표들은 부모가 의지가 있다고 해도 반드시 이룰 수 있는 것은 아닙니다.

그래서 저는 다른 관점을 제안하고 싶습니다. 아이의 행복이 아니라 부모의 행복에서 출발하자는 것입니다. 부모로서 나의 행복이 무엇일까를 먼저 생각해보고, 거기서 아이의 행복과 교집합을 찾자는 뜻입니다. 순서는 다르지만, 이렇게 해도 부모의 행복과 아이의 행복을 함께 찾을 수가 있습니다.

부모로서 나의 행복을 찾는 방법은 아주 단순합니다. 스스로에게 이런 질문을 던져보는 것입니다.

'아이와 보낼 수 있는 시간이 단 하루 있다면 무엇을 할 것인가?'

이 질문을 던지는 이유는 대부분의 부모들이 자녀와 어떻게 시간을 보내야 행복한지를 잘 모르기 때문입니다. 왜냐하면 대부분의 부모들은 아이와 무엇을 하고 싶은지 생각할 여유가 거의 없습니다. 아이를 키우기 위해서 필요한 것들을 마련하는 데만도 삶의 에너지를 온통 사용해야 하기 때문입니다.

아이와 보낼 수 있는 시간이 단 하루만 남아 있다고 가정하면, 아이를 키우기 위해서 필요한 것들이 무엇인지 더 이상 생각할 필요가 없습니다. 그때 우리는 비로소 아이와 어떻게 시간을 보내야 행복할지 생각해보게 됩니다.

이 질문에 대한 답은 사람마다 다르겠지만, 그래도 많은 사람들이 공감하는 대답은 있습니다. 아이와 보낼 수 있는 시간이 단 하루가 남았는데, 그 마지막 날에 아이에게 공부를 시킬 사람은 없을 것입니다. 마지막 남은 단 하루를 아이에게 친구 관계에 대해서 가르치거나, 부모 대신 친구와 시간을 보내라고 하지도 않겠죠. 마지막 남은 단 하루에, 아이의 잘못된 행동을 고쳐주겠다며 훈계를 하지도 않을 것입니다.

아이와 함께 보낼 시간이 단 하루가 남았다면, 대부분의 부모는 아이와 함께 친밀한 시간을 보내길 원할 것입니다. 이게 많은 부모들이 원하는 행복이자, 사실은 많은 아이들이 원하는 행복이기도 합니다. 한국 임상게임놀이학회에서 2015년에 전국 초등학생을 대상으로 설문조사를 했습니다. 그중에 '어린이날에 누구와 함께 놀고 싶은가'라는 질문이 있었는데요. 무려 50퍼센트의 학생들이 부모님과 함께 놀고 싶다고 답변했습니다. 그런데 이어지는 질문에서 하루 중 가족과 함께 노는 시간은 얼마나 되냐고 물어보자 1시간 미만이라고 응답한 학생이 61퍼센트였습니다. 심지어 그중 55퍼센트 이상은 가족과 함께 노는 시간이 '거의 없다'고 응답했습니다.

실은 아이들 또한 부모와 다르지 않습니다. 무언가 특별한 활동을 하지 않아도 그저 함께 시간을 보내기를 원합니다. 그런데 많은 부모들이 자신의 행복과 아이의 행복을 다른 곳에서 찾고 있습니다. 그러니 아이도 부모도 행복하기가 어려운 것은 당연합니다.

행복한 부모가 좋은 부모다

함께 친밀한 시간을 보내는 것이 부모와 자녀 모두가 바라는 행복이라면, 좋은 부모에 대한 기준도 달라집니다. 아이의 자존감이나 학습이나 진로가 행복이라고 여기면 '코치로서의 부모'나 '교사로서의 부모'가 좋은 부모입니다. 하지만 아이와 함께 친밀한 시간을 보내는 것이 행복이라고 하면 코치나 교사 역할을 잘하는 부모가 아니라 '행복한 부모'가 좋은 부모가 됩니다. 아이와 함께 친밀한 시간을 보내기 위해서 부모가 준비해야 할 것은 '행복'이기 때문입니다.

행복을 준비해야 한다는 말이 추상적으로 들릴 수도 있습니다. 그렇지만 행복한 부모와 그렇지 않은 부모의 차이는 생각보다 큽니다. 행복한 부모는 아이가 설령 자신의 기준에 어긋나는 행동을 하더라도 인내하고 진심으로 포용할 수 있습니다. 그리고 아이의 행복을 진심으로 기뻐해줄 수 있습니다. 반대로 행복하지 않은 부모는 아이가 원하는 것을 들어줄수록 지칩니다. 마음에서 우러나와서 하는 것이 아니라 의무감이나 책임감으로 하기 때문입니다. 안타깝게도 의무감이나 책임감으로 맺은 관계에서는 친밀함을 누리기가 어렵습니다. 내가 친밀하다고 생각하는 사람을 떠올려보세요. 그중에 의무감이나 책임감으로 관계를 맺고 있는 사람이 있나요? 친밀한 관계를 누리기 위해서는 관계를 맺고 있는 모두가 행복해야 합니다.

많은 사람들은 좋은 부모가 되어야 아이가 행복하고, 나아가 부모도 행복할 거라고 생각합니다. 또한 좋은 부모란 자녀의 능력이나 성품을 성장시켜주는 부모라고 생각합니다. 이렇게 생각하는 사람들은 좋은 부모가 되기 위해 열심히 노력합니다. 심지어 부모 자신의 행복을 포기하면서까지 노력하는 경우도 있지요. 심한 경우에는, 자녀의 오늘의 행복을 포기하면서까지 성취를 위해 노력하는 경우도 있습니다. 학교가 끝나면 친구나 가족과 시간을 보내기보다, 무거운 가방을 메고 이 학원 저 학원을 옮겨다니는 아이들이 얼마나 많은가요?

　하지만 그 노력의 결실을 누리는 사람들은 많지 않습니다. 행복을 누릴 만한 성취를 이루는 것은 반드시 노력에 비례하는 것도, 모두에게 허용된 것도 아니기 때문입니다. 그리고 설령 어느 정도의 성취를 이루게 된다 하더라도, 그것이 그 이후의 행복을 보장해주는 것도 아닙니다. 성취로 인한 행복은 금세 사라지고, 다시 눈앞에 있는 행복을 위해서 오늘의 행복을 포기하는 삶을 살게 되기 쉽습니다. 이런 방식으로는 아이도 부모도 행복하기가 어렵습니다.

　그러나 부모와 아이 모두의 행복이 서로의 친밀함에 달렸다고 본다면 다른 상황이 펼쳐집니다. 아이들에게는 능력을 계발시켜주는 부모가 필요한 것이 아닙니다. 함께 행복을 누릴 줄 아는 부모가 필요한 것입니다. 이런 관점에서 보면, 아이를 위해서 모든 것을 희생하기보다 자신의 행복을 소중하게 여길 줄 아는 사람이 좋은 부모입니다.

• • •

　행복한 부모가 되는 것은 어려운 일은 아닙니다. 좋은 부모가 되겠다는 목표를 내려놓으면 길이 보입니다. 아이의 친구, 아이의 진로, 아이의 건강만 생각하지 말고 자신의 친구, 자신의 진로, 자신의 건강을 소중히 여긴다면 행복한 부모가 될 수 있습니다. 그리고 동시에 좋은 부모가 될 수 있습니다. 부모가 행복하면 아이와 친밀한 시간을 누릴 수 있고, 친밀한 시간을 누릴 때 아이에게 진정한 행복을 선물할 수 있기 때문입니다. 이제 우리의 관점을 바꾸어봅시다. 좋은 부모가 행복한 부모가 아닙니다. 행복한 부모가 좋은 부모입니다.

> 이제 우리의 관점을 바꾸어봅시다.
> 좋은 부모가 행복한 부모가 아닙니다.
> 행복한 부모가 좋은 부모입니다.

죄책감 마케팅에 속지 말자

죄책감과 마케팅은 서로 상관없는 단어처럼 보입니다. 죄책감은 양심이나 윤리와 관련된 단어이고 마케팅은 상품이나 경영과 관련된 단어이기 때문입니다. 그런데 16세기에 테첼이라는 사람이 '면죄부'라는 것을 팔기 위해 죄책감을 자극하면서, 이 두 가지의 결합이 굉장히 성공적임을 깨달았습니다. 그는 면죄부를 이렇게 선전했습니다.

"여러분은 여러분의 부모와 친구들이 지금 저 무저갱 바닥에서 애타게 울부짖고 있는 소리를 듣지 못합니까? 여러분의 동전이 부모를 구해낼 수 있습니다. 동전이 궤 속에 떨어지는 소리와 함께 그들의 영혼은 천국으로 바로 갑니다."

면죄부를 구매하면 이미 세상을 떠난 가족과 친구들의 영혼을 천국으로 보낼 수 있고, 반대로 면죄부를 구매하지 않으면 그들의 영혼이 (죽어서도) 고통을 받는다는 말이지요. 그야말로 사람들의 죄책감을 자극하는 '죄책감 마케팅'의 등장이라 할 수 있습니다. 결과는 아주 성공적이었습니다. 사람들은 앞다투어 면죄부를 구매했습니다. 심지어 면죄부를 사기 위해 몇 달 동안 한 푼도 쓰지 않고 돈을 모은 사람도 많았습니다. 면죄부 한 장의 가격이 6개월어치 월세와 맞먹었기 때문입니다.

21세기 한국의 죄책감 마케팅

그런데 역사책에나 나와야 할 면죄부 판매가 21세기 한국에서도 이루어지고 있습니다. 물론 16세기에 존재했던 그 면죄부를 팔고 있다는 의미는 아닙니다. 면죄부를 판매하던 것처럼, 사람들의 죄책감을 자극하는 죄책감 마케팅이 현재에도 이루어지고 있다는 의미입니다.

시중에 판매되는 육아서들을 둘러보면 이런 제목들이 눈에 띕니다. '엄마가 만드는 초등 ○○ 자신감', '안 먹는 아이를 잘 먹게 만드는 엄마의 ○○', '아이를 부자로 만드는 엄마의 ○○' 등…. 이런 제목들의 공통점은 바로 엄마들의 죄책감을 자극한다는 것입니다.

이 제목들은 사실 엄마들에게 보내는 메시지입니다. 엄마에게 아이의 교과목 성적이 달렸고, 아이가 잘 먹고 안 먹는 것이 달렸고, 아이가 부자가 되거나 부자가 되지 못하는 것이 달렸다는 메시지를 전달하고 있는 것이죠. 본질적으로 16세기에 테첼이 면죄부를 판매하기 위해 했던 설교와 크게 다를 바 없습니다.

이런 메시지는 엄마들에게 죄책감을 느끼게 합니다. 사랑하는 아이의 인생이 자기가 선택하는 것에 달려 있다고 생각하면 그럴 수밖에 없는 노릇입니다. 그래서 엄마들은 죄책감을 해소하기 위해 지갑을 엽니다. 책을 사는 순간에는 그래도 아이를 위해서 좋은 노력을 했다는 안도감이 찾아옵니다. 전형적인 죄책감 마케팅이죠.

죄책감 마케팅의 핵심은 '불필요한' 죄책감을 자극한다는 것에 있습니다. 커피를 예로 들어 생각해볼까요? 커피를 마실 때 죄책감을 느끼는 사람은 거의 없습니다. 심장이 안 좋아서 카페인을 섭취하면 안 되는 등 건강상의 이유를 가진 사람들을 제외하면 말이죠. 그런데 놀랍게도 죄책감 마케팅 중에는 커피와 관련된 것도 있습니다. 몇 년 전 아파트 경비원의 처우가 어렵다는 사실이 알려졌을 때 한 뉴스에서 헤드라인을 이렇게 썼습니다.

커피 한 잔 값이면 경비원 한 명 살릴 수 있다.

이런 뉴스를 본 다음 커피를 마시려 하면 이제 이전과는 다른 마음이 들 것입니다. 이전에는 커피를 마실 때 즐거움이나 안도감을 느꼈다면, 이 이후로는 커피를 마실 때 미약한 죄책감이 들겠죠. 내가 커피를 마시는 것과 경비원의 열악한 처우는 아무런 관계가 없는 일인데도, 그 두 가지를 연결한 뉴스로 인해 나 때문에 누군가가 열악한 처우 속에서 고통받고 있다는 이상한 죄책감을 느끼게 되는 것입니다.

이와 같은 현상이 부모를 대상으로 한 마케팅에서도 일어납니다. 아니, 좀 더 정확히 말하면, 이런 일은 부모를 대상으로 한 마케팅에서 주로 일어납니다. 우리는 부모가 자녀에 대해 죄책감을 가지고 있는 것이 당연하다고 생각합니다. 그리고 그 죄책감이 부모로서 아이를 사랑하는 증거라고도 생각합니다.

그런 부분이 분명히 있긴 합니다. 아이가 아플 때 마치 내 잘못인 것 같아서 마음이 아프고, 잘 돌봐주지 못했던 순간이 생각나서 미안해하는 죄책감은 부모로서 아이를 사랑하기 때문에 느낄 수 있는 자연스러운 죄책감입니다. 그러나 **부모가 느끼는 모든 죄책감이 다 자연스러운 죄책감은 아닙니다.** 앞서 살펴본 것처럼 죄책감 마케팅에 의해 형성된 불필요한 죄책감도 있습니다. 그래서 부모들이 종종 느끼곤 하는 죄책감들 중에서, 죄책감 마케팅 때문에 만들어진 불필요한 죄책감들을 살펴보도록 하겠습니다.

자녀 교육에 대한 죄책감 마케팅

부모들이 가장 많이 느끼는 죄책감 중 하나는 자녀 교육에 대한 죄책감입니다. 그만큼 자녀 교육에 최선을 다하는 부모들이 많죠. 한 가지 예로, 어떤 부모들은 절대 아이에게 텔레비전이나 영상 매체를 보여주지 않으려 합니다. 영상물을 보다 보면 수동적으로 반응하게 되어서 전두엽이 잘 발달하지 않는다는 이야기 때문일 수도 있고, 어쨌든 텔레비전이나 영상 매체가 아이에게 유익하지 않다고 판단하기 때문이겠죠. 그 대신 아이에게 책을 읽어주거나 아이를 데리고 박물관 같은 문화 공간에 방문하는 등 대체할 방안을 찾고 실행하는 노력을 기울입니다.

그런데 신기하게도, 아이에게 텔레비전이나 영상 매체를 많이 보여주는 부모들도 그게 좋아서 그렇게 하는 것은 아닙니다. 이들은 그런 행동에 대해 마음속에 죄책감을 느낍니다. 어쩔 수 없으니 텔레비전이나 유튜브를 보여주기는 하지만, 그것이 자녀에게 유익하지 않다고 생각합니다. 지금 이렇게 보낸 시간들 때문에 미래 자녀들의 교육과 성적에 안 좋은 영향을 미칠 것 같다는 불안감을 느끼기도 합니다.

그런데 부모의 죄책감을 유발하는 그 생각들이 과연 옳은 생각인지 확인해볼 필요가 있습니다. 부모의 다양한 노력과 아이의 성적과의 관계를 조사한 연구가 있는데요. 1990년대 미국 교육부가 실시했던 '초기 아동 장기종단연구'입니다. 아동 2만 명 이상을 대상으로 유치원에서 초등학교 5학년이 될 때까지 조사를 했습니다. 조사 결과, 아이의 성적과 아무 상관이 없거나 상관성이 크지 않았던 항목들은 다음과 같았습니다.

1. 한부모 가정이 아니다.
2. 좋은 학군으로 이사했다.
3. 아이가 학교 가기 전까지 엄마가 전업주부였다.
4. 아이가 어렸을 때부터 조기교육을 하는 프로그램에 다녔다.
5. 부모가 아이를 박물관에 자주 데리고 간다.
6. 아이를 정기적으로 훈육하고 체벌한다.
7. 아이가 텔레비전을 많이 본다.
8. 부모가 거의 매일 아이에게 책을 읽어준다.

다시 말하지만, 이것들은 아이의 성적과 거의 상관이 없는 것으로 밝혀진 항목들입니다. 그런데 아이러니하게도 이 항목들 대부분은 부모들이 중요하게 생각하고 그에 걸맞게 실천하지 못했을 때 죄책감을 느끼는 것들입니다. 이 조사 결과를 보면, 부모들은 아이의 성적에 대해서 지나친 죄책감을 가질 필요가 없습니다. 부모가 아이에게 해줄 수 있는 거의 모든 행동들이 아이의 성적에 미치는 영향이 미미하기 때문입니다. 이런 조사 결과가 아니라 우리 주위의 사례만 보아도 부모의 노력이 아이의 성적에 미치는 영향이 그리 크지 않다는 것을 알 수 있을 것입니다.

부모학교 수업 중에 이런 일이 있었습니다. 한 엄마가 손을 들고 질문을 했습니다.

"선생님, 첫째 아이는 자기 숙제도 잘하고 학교 갈 준비도 잘하는데요, 둘째 아이는 숙제가 있다는 것을 알아도 하지 않고, 숙제를 안 해가도 그렇게 잘못했다는 생각을 안 해요. 이런 경우에 어떻게 해야 할까요?"

함께 수업을 듣던 다른 엄마들도 이 질문에 강하게 공감했습니다. 이렇게 부모가 똑같이 가르치고 똑같은 가정 환경에서 자랐는데 성적이나 학습 태도에 있어서 완전히 다른 모습을 보이는 경우가 종종 있습니다. 이런 상황들을 곰곰이 생각해보면, 부모가 아이에게 어떻게 해주느냐는 생각보다 그리 영향력이 없다는 것을 알 수 있습니다. 같은 부모가 똑같이 길러도 다른 결과가 나오는 경우가 제법 많기 때문입니다. 즉 부모가 어떻게 하는지보다 아이가 어떤 사람인지가 결과에 더 큰 영향을 미칩니다.

이렇게 보면 자녀 교육에 대해 부모가 느끼는 여러 죄책감들이 모두 자연스러운 것만은 아님을 알 수 있습니다. 부모의 사랑에서 나온 것이라기보다는 잘못된 인식과 정보에서 나온 죄책감이기 때문입니다. 앞서 언급한 책 제목들만 봐도 알겠지만, 엄마가 어떻게 하느냐가 아이의 성적을 좌우하고, 아이의 진로를 좌우하고, 아이의 미래 재산을 좌우한다고 주장하는 책들이 너무나도 많습니다. 엄마가 어떻게 하느냐가 아이의 성적과 큰 관련이 없다고 하면 엄마들이 책을 사는 데 돈을 쓰지 않을 것이기 때문에, 이들로서는 아이의 미래가 마치 엄마의 선택에 전적으로 달린 것처럼 말하고 설득할 수밖에 없을 것입니다.

하지만 그 설득에 꼭 속아 넘어갈 필요는 없습니다. 내가 아이에게 교육을 해주고 싶어서 한다면 아주 좋은 일이지만, 그럴 여력이 없는데 무리할 필요는 없습니다. 또 그러지 못한다고 죄책감을 가지거나, 우리 아이의 미래에 안 좋은 영향이 있는 건 아닐까 걱정할 필요도 없습니다. **내가 아이와 무엇을 하느냐에 따라 아이의 성**

> ●●● 부모가 어떻게 하는지보다
> 아이가 어떤 사람인지가
> 결과에 더 큰 영향을 미칩니다.

==적과 미래가 결정된다는 것은 그저 죄책감 마케팅이 우리에게 심어 준 인식과 정보일 뿐입니다.==

워킹맘에 대한 죄책감 마케팅

요즘은 소위 '워킹맘'이라 불리는, 일하는 엄마들이 많습니다. 남녀의 교육수준이 동등해지면서 여성의 사회 진출 비율이 늘어났기 때문입니다. 그렇지만 좀처럼 변하지 않는 것도 있습니다. 바로 워킹맘 특유의 죄책감입니다. 시대가 많이 달라졌음에도 워킹맘들은 여전히 아이와 함께 시간을 보내주지 못하는 것에 대해 미안함과 죄책감을 느낍니다. 특히 우는 아이를 어린이집이나 유치원에 데려다주고 출근한 뒤에 하루종일 마음이 아팠던 경험은 대부분의 워킹맘들이 한 번쯤은 해보았을 것입니다. 그런 순간에 일하는 엄마로서 회의감을 느끼게 된다는 분들도 많습니다. 물론 이것이 모성애에서 비롯된 자연스러운 죄책감일 수도 있지만, 일하는 아빠들은 그런 감정을 잘 느끼지 않는 걸 보면 오로지 자연스럽게 생긴 감정만은 아닐 거라는 생각이 듭니다. 도대체 이 죄책감은 어디에서 온 것일까요?

가장 먼저 의심이 되는 것은 ==사회적인 인식==입니다. 예전에는 여성이 사회활동을 하는 것이 당연하지 않았습니다. 특히 결혼하고 출산을 한 여성이 사회활동을 하는 것은 더욱 환영받지 못했습니다. 아이를 양육하고 가정을 돌볼 책임이 전적으로 여성에게 있다고 생각하는 시대였기 때문입니다. 그래서 일과 육아를 병행할 수 있는 환경이 마련되지 않아서 혹은 타인의 눈치 때문에 아이를 낳은 이후에 직장을 그만두게 되는 여성이 많았습니다. 그러나 지금은 사회적인 인식이 이와는 많이 달라졌습니다. 그 잔재가 완전히 없어졌다고 하기는 어렵겠지만, 다른 사람의 눈치가 보여서 직장을 그만두고 육아에 전념하는 여성들의 비율은 그렇게까지 크지 않습니다.

다음으로 의심이 되는 것은 애착육아에 대한 믿음입니다. 애착육아는 1950년대에 이루어진 연구를 기반으로 하는데요. 이 연구의 결론은 '영유아기에 양육자와 친밀한 관계가 수립되지 않으면 자녀에게 심리적·정서적인 문제가 생길 수 있다'는 것입니다. 애착육아에 관한 책들은 이 연구의 결론을 공유하고 있습니다. 애착육아가 아이의 성품과 자존감이라는 정서지능에 중요한 영향을 미치고, 심지어 IQ에까지도 영향을 미친다는 것입니다. 특히 4세에서 7세를 아이의 정서와 인지 발달을 키우는 결정적 시기로 보아, 이 시기에 아이의 인생에서 가장 중요한 요소들이 형성된다고 봅니다.

그런데 이런 생각을 가지고 있으면 출산 이후 직장에 복귀할 때부터 죄책감이 생겨납니다. 일하느라 아이와 함께 시간을 보내지 못해서 아이에게 심리적인 문제가 생기면 어떻게 하나 걱정이 되기 때문입니다. 놀랍게도 이런 생각을 하는 건 우리나라의 워킹맘들만이 아닙니다. 미국에 있는 여성들도 워킹맘으로 살아가면서 죄책감을 느낀다고 합니다. 「하버드 비즈니스 리뷰」에서 워킹맘의 죄책감을 주제로 다룬 적이 있을 정도인데요. 그 글을 보면, 미국인들도 엄마가 일을 하면 자녀에게 좋지 않다는 믿음을 갖고 있음을 알 수 있습니다.

하버드 경영대학원의 한 교수가 이에 대한 연구를 진행한 적이 있습니다. 29개국의 10만 명 이상의 남성과 여성을 대상으로 연구한 결과는 다음과 같습니다.

1. 워킹맘의 딸은 전업주부의 딸보다 취업할 확률이 1.21배 더 높다.
2. 워킹맘의 딸은 전업주부의 딸보다 연간 평균 1,880달러 수입이 더 많았다.
3. 워킹맘의 딸은 전업주부의 딸들과 비슷한 정도로 행복하다.

우리는 보통 엄마가 일을 하지 않고 아이와 함께 시간을 보내는 것이 아이가 더 성장할 수 있는 방법이라고 생각합니다. 그리고 그렇게 할 때 아이가 심리적·정서적으로 더 행복한 삶을 살 것이라고 생각하지요. 그런데 이 연구 결과는 그러한 생각과는 정반대의 내용을 말하고 있습니다. 엄마가 일을 할 때 그 딸들은 더 취업할 확률이 높고 더 높은 연봉을 받습니다. 그러면서 정서적·심리적 만족도는 전업주부의 딸들과 그리 큰 차이가 없습니다. 자기의 삶에 충분히 만족하고 행복하게 사는 것입니다.

이 연구 결과에 따르면, 워킹맘으로 성실히 살아가고 있는 사람들은 더 이상 죄책감을 가질 필요가 없습니다. 엄마가 일한다고 아이들에게 문제가 생기는 것이 아니라는 것이 연구를 통해서 입증됐기 때문입니다. 결국 애착육아를 제대로 하지 못해서 아이에게 미안해하는 워킹맘들의 죄책감은 근거가 없는 것임을 알 수 있습니다.

죄책감 마케팅에서 벗어나야 하는 이유

죄책감 자체는 나쁜 것이 아닙니다. 죄책감이 있을 때 우리는 잘못을 인정할 수 있고 다른 사람을 배려할 수도 있기 때문입니다. 그러나 죄책감 마케팅은 나쁩니다. 죄책감 마케팅은 우리가 느낄 필요가 없는 죄책감을 만들어냅니다. 불필요한 죄책감은 과도하게 우리의 정서와 심리를 압박합니다. 그러한 상황이 지속되다 보면 생길 수 있는 한 가지 문제는, 주변 사람들의 실제적 도움이나 정서적 지지와 같은 '사회적 지지'를 덜 구하게 된다는 것입니다.

예를 하나 들어보겠습니다. 매일 하루종일 아이와 시간을 보내는 엄마가 있었습니다. 아이를 사랑하지만 매일 아이와 시간을 보내다 보니 자기만의 시간이 간절히 필요했습니다. 도와줄 사람이 없는 것은 아니었습니다. 주말에 하루 정도는 남편에게 아이를 맡겨두고 혼자만의 시간을 보낼 수도 있고, 친정어머니에게 부탁해서 평일 하루라도 자기만의 시간을 가질 수도 있습니다. 그러나 그렇게 할까 싶다가도 이상하게 미안한 마음이 올라옵니다. 매일 직장에서 치이며 일하는 남편을 주말에는 쉬게 해줘야지 하는 생각도 들고, 평생 자기를 키워준 엄마에게 내 아이의 육아까지 맡기는 건 아니라는 생각이 듭니다. 그러면 연락하려고 들었던 수화기를 내려놓으면서, 잠시라도 혼자 쉬고 싶었던 마음도 같이 내려놓습니다. 활용이 가능한 사회적 지지가 있는데 그것을 구하지 않고 자신을 더 어려운 상황으로 내모는 것입니다.

이렇게 하는 이유는 과도한 죄책감 때문입니다. 아이를 매일같이 돌보는 것은 어려운 일입니다. 어려운 일을 하는 사람이 하루쯤 쉼을 가지고자 하는 것은 전혀 문제가 없는 바람입니다. 그런데 만약 그 엄마가 자기가 아이에게 주는 돌봄이 충분하지 않다는 죄책감을 가지고 있다고 생각해봅시다. 그러면 매일 수고하면서도 자기가 수고했다는 의식을 가지기가 쉽지 않습니다. 오히려 자기가 더 잘해야 하는데 그러지 못했다는 생각이 쌓여갑니다. 그런 상태에서 하루를 쉬고자 하는 생각을 하기가 쉬울까요? 마음속에 쌓여 있는 죄책감이 '네가 쉴 자격이 있느냐'며 의문을 제기하지 않을까요? 그런 의문이 들면 누군가에게 도움을 요청하는 것도 마치 내가 해야 할 일을 남에게 넘기는 것처럼 느껴질 수 있습니다. 그러면 마음속에 있는 죄책감은 더욱 커지겠죠. 그래서 자신을 도와줄 수 있는 주변의 사람에게 자기의 어려움을 이야기하는 것을 포기하고, 스스로를 고립시키게 됩니다.

이럴 때 우리는 이러한 죄책감이 어디에서부터 왔는지 살펴봐야 합니다. 매일매일 아이를 돌보는데 내가 왜 죄책감을 느끼는지 스스로에게 질문을 던져봐야 합니다. 아이를 먹이고 씻기고 입히고 놀아주는 것으로는 충분하지 않은지, 그게 충분하지 않다고 느껴진다면 도대체 뭘 더해야 하는지 질문을 던져봅시다. 그러면 보일 것입니다. '당신의 아이를 위해서 지금 이대로는 부족하다'고 우리를 부추기는 죄책감 마케팅의 존재 말입니다.

• • •

부모들은 그런 마케팅의 장단에 발맞출 필요가 전혀 없습니다. 보건복지부 자료에 따르면, 전업주부인 엄마들이 아이에게 쏟는 시간을 계산하면 하루 평균 8시간 42분이라고 합니다. 한 달이면 260시간이 넘습니다. 사람을 돌보는 것이 직업인 사회복지사가 야근과 주말 근무까지 할 때의 근무 시간이 월 207시간이라고 하는데, 부모들은 그보다 훨씬 많은 시간을 아무 대가 없이 아이를 위해 쓰고 있는 것입니다. 죄책감을 느낄 필요가 없을 정도로 충분히 이타적인 삶입니다.

그러니 죄책감 마케팅에 속지 맙시다. 쉼이 필요할 때는 나를 위한 시간을 가지는 걸 당연하게 생각하세요. 주위에 도움을 줄 수 있는 사람이 있다면 적극적으로 도움을 요청하세요. 그렇게 도움을 요청해도 괜찮을 만큼 충분히 수고했다고 스스로에게 말해주면 좋겠습니다.

부모는 구원자가 아니다

연예인이 아닌데도 우리에게 너무나 익숙한 두 얼굴이 있습니다. 바로 요리연구가 백종원 씨와 정신과 의사 오은영 박사입니다. 두 사람은 서로 활동하는 영역이 다르지만 뚜렷한 공통점이 있습니다. 연예인이 아니지만 많은 팬이 있다는 것입니다.

사람들이 이들에게 열광하는 이유는 다양합니다. 친근한 인상과 유창한 말솜씨 때문이기도 하고, 그들이 갖춘 전문성 때문이기도 하고, 도움이 필요한 사람을 돕고자 하는 마음 때문일 수도 있습니다. 그러나 여러 이유 중에 많은 사람들의 마음을 사로잡은 핵심적인 이유가 있는데, 그것은 이들이 구원자라는 것입니다.

구원자는 위기에 놓인 사람을 구해주는 사람이죠. 백종원 씨는 폐업할 위기에 놓인 자영업자를 구해주는 구원자이고, 오은영 박사는 '금쪽이'(말 안 듣는 자녀) 때문에 위기에 놓인 부모들을 구해주는 구원자입니다. 시청자들은 어려운 상황에 놓인 자영업자와 가족의 절망적인 상황을 안타까워하면서, 구원자가 나타나 기적을 행해주기를 간절히 고대합니다. 그리고 이 기대는 절대 배신당하지 않습니다. 백종원 씨가 조언을 준 가게들 앞에는 손님들이 줄을 서고, 오은영 박사가 솔루션을 제시한 아이와 가족은 예외 없이 달라집니다. 구원자가 문제를 해결하는 과정을 지켜보면서 시청자들의 마음속에는 한 가지 믿음이 생깁니다. 결국 모든 문제는 당사자에게 있다는 믿음입니다. 백종원 씨를 보며 자영업자의 문제를 찾고, 오은영 박사를 보며 부모의 문제를 찾으면서 이런 믿음은 단단해져갑니다.

부모의 유죄 목록

텔레비전에 나오는 구원자들을 보면서 이런 믿음을 가지게 된 부모들이 많을 것입니다. 이들은 자녀에게 문제가 생기면 가장 먼저 부모인 자기 자신을 돌아봅니다. 그리고 찰나의 시간 동안, 문제의 주범인 나에게 유죄 판결을 선고합니다. 그 문제가 정말 나 때문에 발생한 것이 맞는지 자신을 변호하는 과정은 거치지 않습니다. 왜냐하면 구원자를 통해 아이의 문제는 부모의 문제라는 믿음을 학습했기 때문입니다. 그러니 자녀의 문제를 접하면 나의 문제를 찾기 위한 기나긴 여정을 떠납니다. 그것을 찾아야만 아이의 문제를 해결할 수 있기 때문입니다. 오늘의 나에게서 문제를 못 찾으면 한 달 전의 나에게서 문제를 찾고, 한 달 전의 나에게서 문제를 못 찾으면 1년 전의 나에게서 문제를 찾습니다. 이렇게 끝도 없이 거슬러 올라가면서 어떻게든 나에게서 문제를 찾는 것입니다.

한번은 사춘기 딸이 집에서 아무 말도 하지 않는 것이 고민인 엄마를 만나서 상담한 적이 있었습니다. 그분도 딸이 말을 하지 않는 이유를 자신에게서 찾았습니다. 그런데 아무리 생각해봐도 자신의 최근 언행에서는 그 이유를 찾을 수 없었던 것 같습니다. 그분은 저에게 이렇게 물었습니다.

"선생님, 제가 아이를 임신했을 때 바쁘고 힘들어서 아이에게 말을 건네지 않았기 때문에 아이가 지금 이러는 걸까요?"

그 질문을 듣는 순간 답할 내용이 없었던 것은 아닙니다. 지금 그분이 무슨 오해를 하고 있고 그 오해를 어떻게 풀어가야 할지가 머릿속에 바로 그려졌습니다. 하지만 차마 입이 떨어지지 않았습니다. 어떻게든 아이를 돕고 싶은 마음 때문에, 임신한 몸으로 직장생활 하느라 고단했던 과거의 자신을 아프게 하는 모습이 너무나 슬펐기 때문입니다.

많은 부모들이 아이가 태어나는 순간부터 이런 과정을 겪습니다. 신생아기의 아이가 두세 시간마다 깨서 잠을 설쳐도, 피곤함 때문에 아이에게 짜증을 낸 자신의 잘못만 마음에 새깁니다. 아이가 말을 시작하는 시기가 늦어지면 책을 더 많이 읽어주지 못한 자신의 잘못을 마음에 새깁니다. 아이가 정서적으로 불안해하는 모습이 보이면 복직하기로 결정한 자신의 잘못을 마음에 새깁니다.

이런 식으로 아이에게서 어떤 문제가 발견될 때마다 부모의 유죄 목록은 차곡차곡 쌓여만 갑니다. 그렇게 부모는 자신을 죄인으로 만듭니다. 아이를 위해서 세상의 누구보다 더 많은 일을 하지만, 자기의 공로와 수고를 주장할 수 없는 슬픈 사람이 되어버리는 것이죠. 수고한 만큼 보람이 있어야 다음에 또 수고를 감당할 동력을 얻을 텐데, 수고하면 수고할수록 자신이 더 나쁜 사람이 되어버리니 매일매일을 버티기도 힘든 것입니다.

구원자는 모든 문제를 해결할 수 있을까?

이 모든 아픔이 구원자에 대한 환상에서 시작됩니다. 장사가 안 되는 식당에 기가 막힌 해법을 제시하는 백종원 씨를 보면서, 금쪽이의 문제를 마법처럼 해결하는 오은영 박사를 보면서, 사람들의 마음속에는 백종원 씨라면, 오은영 박사라면 어떤 아이의 문제도 해결할 수 있을 것이라는 믿음이 생깁니다. 이것이 바로 **구원자에 대한 환상**입니다.

하지만 어떤 아이의 문제라도 해결할 수 있는 의사나 상담가는 없다는 것을 우리는 압니다. 그 사람이 오은영 박사라도 마찬가지입니다. "우리 아이가 달라졌어요"라는 프로그램으로 전 국민의 육아 멘토로 떠올랐지만, 정작 오은영 박사는 그 프로그램을 진행하는 11년 동안 너무 바빠서 자기 아이의 곁에 있어줄 수 없었습니다. 아이가 여덟 살에서 열아홉 살이 될 때까지의 시간이었죠. 그래서 그분의 아이는 자기 엄마가 나오는 방송을 보지 않았다고 합니다. 다른 아이의 문제를 해결해주는 엄마가 정작 자기의 곁에는 없었기 때문입니다. 11년 동안 아이가 엄마를 그리워하고 외로워한 것을, 오은영 박사는 아이가 다 커서 성인이 된 다음에야 알게 되었다고 합니다.

방송에서 만난 아이들의 마음을 알아차리고 그들을 도울 수 있었던 오은영 박사이지만, 정작 자기 아이의 마음을 알 수 있는 능력은 없었습니다. 아이들의 문제를 해결하는 데 탁월한 면이 있는 사람이지만, 그도 모든 것을 알고 해결할 수 있는 것은 아니었습니다. 우리는 어떤 육아의 전문가도 모든 아이의 모든 문제에 답할 능력이 없음을 인정해야 합니다. 모든 문제를 해결할 수 있는 구원자는 없습니다.

구원자가 없다는 것을 인정하지 않으면, 우리는 자신도 모르는 사이에 가장 이상적으로 보이는 구원자의 모습을 기준선으로 삼아서 자신을 평가하게 됩니다. 한 번도 아이에게 체벌을 하지 않았다는 사람의 말을 들으면 그것을 기준으로 삼아 자신을 평가합니다. 그러면 한 번이라도 체벌을 한 적이 있는 부모는 그 기준에 미치지 못하는 사람이 되고 맙니다. 또 아이에게 평생 존댓말을 썼다는 부모의 이야기를 들으면 그것을 기준으로 삼아 자신을 평가합니다. 그러면 아이에게 반말을 사용하거나, 한 번이라도 소리를 지르거나 부드럽지 않은 말씨를 사용한 적이 있는 부모도 기준에 미치지 못하는 사람이 되고 맙니다. 물론 부모들이 아이를 사랑하는 마음이 크기 때문에, 처음에는 기준에 미치지 못하는 자신을 채근하고 더 노력을 해볼 수도 있겠죠. 그러나 몇 번을 반복해도 그 기준에 결국 도달하지 못한다면 어떻게 될까요? 이에 관한 어느 심리학자의 유명한 실험을 소개하려 합니다.

• • •

동물을 대상으로 한 실험이지만 우리에게도 통찰을 주는 내용

> 우리는 어떤 육아의 전문가도 모든 아이의 모든 문제에 답할 능력이 없음을 인정해야 합니다.
> 모든 문제를 해결할 수 있는 구원자는 없습니다.

입니다. 이 실험에서는 여러 마리의 개들을 모아두고 전기 충격을 가했는데, 이때 이들을 임의로 두 집단으로 나누어 차이점을 두었습니다. 전기 충격이 가해질 때, A 집단의 개들은 코로 버튼을 누르면 충격을 피할 수 있었습니다. B 집단의 개들이 있는 공간은 무슨 방법을 사용해도 전기 충격을 피할 수 없었습니다.

그렇게 얼마간 시간이 지난 후에 이 개들 모두는 새로운 공간으로 옮겨졌는데, 이번에는 두 집단에게 동일한 환경이 제공되었습니다. 바로 벽을 넘으면 전기 충격을 피할 수 있도록 설계된 환경이었죠. A 집단에 속한 개들은 새로운 환경에서도 전기 충격을 피할 수 있는 방법을 찾아냈습니다. 시행착오는 있었지만, 곧 벽을 뛰어넘어 전기 충격을 피했습니다. 그런데 B 집단에 속한 개들은 방법을 찾으려는 어떤 시도도 하지 않았습니다. 그저 구석에 웅크리고 앉아서 전기 충격을 그대로 받아들였습니다.

A 집단에 속한 개들과 B 집단에 속한 개들은 지능이 다르지도 않았고 몸의 능력에도 차이가 없었습니다. 그저 무엇을 배웠는가의 차이가 이들의 차이를 만들었던 것입니다. A 집단의 개들은 노력을 하면 지금의 상황에서 벗어날 수 있다는 것을 배웠습니다. 그래서 새로운 문제가 생기자 노력을 통해 해결하려고 했습니다. 그러나 B 집단의 개들이 배운 것은, 아무리 노력을 해도 달라지는 것이 없다는 사실이었습니다. 그러니 고통을 벗어날 수 있는 상황이 와도, 모

든 것을 체념하고 그저 그 고통에 머무를 뿐이었습니다. ==무기력을 학습==한 것이죠.

구원자의 환상이 주는 무기력

'좋은 부모'의 기준이 너무 높은 사람들 또한 이런 경험을 하게 됩니다. 좋은 부모의 기준이 구원자에 대한 환상을 근거로 한다면, 무슨 수를 써도 그 기준에 도달할 수 없음이 분명합니다. 그러면 아무리 노력을 해도, 결국 자신이 그 문제를 극복할 수 없다는 걸 배우게 됩니다. 무기력을 학습하게 되는 것입니다. 무기력을 학습하면 자신이 충분히 극복할 수 있는 문제에 대해서도 무엇인가 시도하는 것을 체념하게 됩니다.

부모학교에서 수업을 하던 중에 한 분이 이런 질문을 했습니다.

"선생님, 아이들의 노력을 칭찬해주라는 이야기를 듣고 나서부터 아이들에게 칭찬을 못 하겠어요. 지금 제가 하려는 칭찬이 결과에 대한 칭찬인지 아닌지 판단이 안 서니까 칭찬을 할 수가 없어요. 어떻게 해야 할까요?"

저는 이 질문을 듣고 너무나 안타까웠습니다. 아마도 이분은 자기가 배운 대로 아이에게 좋은 칭찬을 해주고 싶었을 것입니다. 분명 노력을 칭찬하는 것은 아이에게 유익한 영향이 있을 것입니다. 그렇지만 모든 경우에 노력에 대해서만 칭찬을 해야 한다고 생각한다면 그것은 유익하지 않습니다. 너무나 기준이 높기 때문입니다. 모든 경우에 노력'만'을 칭찬하기란 가능하지 않은 일입니다. 사실 노력이 무엇이고 결과가 무엇인지 매번 정답을 찾을 수 있는 것은 아닙니다. 애초에 정답이 있는 문제도 아닙니다. 정답이 없는 문제인데 정답을 찾으려고 하면 실패할 수밖에 없죠. 그러다 보니 이전에는 자연스럽게 했던 칭찬마저도 하지 못하고, 아예 칭찬이 입 밖으로 나오지 않게 됩니다. 무기력을 학습하게 되는 것이죠.

이와 비슷한 경우가 많습니다. 예를 들어, 부모들은 아이가 화가 났을 때 윽박지르거나 혼내지 말고 감정적으로 대응하지 말라고 배웁니다. 아주 좋은 말이죠. 그러나 그것이 좋은 일이니 그것을 지향하라는 말과, 한 번이라도 그렇게 하면 안 된다는 말은 완전히 다릅니다. 전자는 우리로 하여금 계속 시도할 수 있게 만들지만, 후자는 도달할 수 없는 기준이므로 우리로 하여금 계속 실패만을 경험하게 합니다.

실패를 한두 번 하는 것쯤은 괜찮습니다. 그러나 계속해서 실패만 반복하다 보면, 나중에는 어떻게 대응해야 할지 판단조차 할 수 없는 지경에 이르기도 합니다. 아이가 문제 행동을 하고 그 문제가 심각해지는데, 부모가 아이를 통제하지 못하고 손을 놓게 될 수도 있습니다. 부모가 아이 교육에 관심이 없어서가 아니라 과도하게 높은 기준을 가지고 있어서 그렇게 될 수 있습니다. 과도하게 높은 기준은 부모로 하여금 무기력을 학습하게 만들기 때문입니다.

구원자의 빈자리에 깃드는 회복탄력성

하지만 구원자가 없다는 것을 인정하면 상황은 달라집니다. 우리 아이의 모든 문제를 해결하는 것은 불가능하다고 스스로를 향해 반복해서 말해봅시다. 오은영 박사가 아니라 누가 와도 우리 아이의 모든 문제를 해결할 수는 없다고 스스로에게 말해봅시다. 그러면 대부분의 부모들의 마음이 많이 가벼워질 것입니다. 많은 부모들이 아이의 모든 문제를 자기의 책임으로 떠안고 있기 때문입니다.

심리학 세미나를 함께 듣던 분들 중에서 아이를 잘 돕기 위해서 꾸준히 공부하고 배우는 분이 계셨습니다. 그런데 하루는 그분이 수업을 듣다가 감정을 절제하지 못하고 우셨습니다. 아이가 말도 안 되는 일로 떼를 썼는데, 자신이 감정을 조절하지 못하고 버럭 화를 내고 말았다는 것입니다. 그 순간 그분은 자기가 지금까지 노력한 모든 것이 아무 소용 없다는 생각이 들면서 모든 것이 무너져 내리는 느낌을 받았다고 합니다. 자기가 감당할 수 없는 너무나 무거운 짐을 지고 있었던 것이죠.

아이를 감정적으로 대하지 않는 것은 무척이나 바람직하고 좋은 방법이지만, 한 번이라도 감정적이면 안 된다는 기준은 우리가 감당할 수 없는 무거운 짐일 뿐입니다. 마치 자전거 타는 법을 배우면서 단 한 번도 넘어지지 않고 타야한다고 자신을 윽박지르는 것과 같습니다. 불가능한 것을 자신에게 요구하는 것이죠. 자전거를 배우면서는 누구나 넘어질 수밖에 없는 것이 당연하듯이, 부모는 자녀를 감정적으로 대하지 않는 법을 배우는 중이기 때문에 감정적으로 대하는 경우가 있을 수밖에 없는 것입니다.

구원자가 없다는 것을 인정할 때, 어느 누구라도 별수 없다는 것을 인정할 때, 이 당연한 사실이 비로소 받아들여지기 시작합니다. 그러면 자신의 실수나 실패에 대해 마음의 여유를 가지고 바라볼 수 있게 됩니다.

・・・

무거운 짐을 내려놓고 마음에 여유가 생겼다면, 앞서 살펴본 실험을 다시 생각해봤으면 합니다. A 집단과 B 집단의 개들은 같은 환경에서 다른 반응을 보였죠. 그 이유로 B 집단은 무기력을 학습했기 때문이라고 말했는데요. 이 실험에서 A 집단에 있던 개들에게도 초점을 맞춰볼 필요가 있습니다.

A 집단에 있던 개들은 전기 충격을 받으면서도 그 문제를 해결

할 방법을 찾아냈습니다. 해결할 수 있는 방법을 찾기 위해서 몇 번이고 전기 충격을 받는 고통을 견뎌낸 것입니다. 이건 훈련이나 교육의 성과가 아닙니다. 그 개들 안에 이미 어려움을 마주하고 극복할 수 있는 힘이 있었던 것입니다. 이런 힘을 '회복탄력성'이라고 합니다. 사실 우리 모두가 이미 가지고 있는 힘입니다.

누구에게나 회복탄력성이 있다

우리 모두에게는 회복탄력성이 있습니다. 회복탄력성이 있다면, 설령 아이에게 하면 안 되는 말을 했다고 해도 쉽게 무너지지 않습니다. 왜 그랬는지 원인을 찾고 그것을 해결하기 위해 몇 번이고 다시 도전합니다. 회복탄력성이 있다면, 몇 번이고 같은 실수를 반복해도 무너지지 않습니다. 반복되는 실수 속에서 문제 해결의 실마리를 찾고 결국은 극복합니다. 회복탄력성이 있다면, 자괴감에 빠져서 부모의 역할에서 도망치지 않습니다. 용기를 내어서 아이를 키우고 훈육하는 부모의 자리로 다시 돌아갑니다. 다행스럽게도 우리 모두에게는 이미 회복탄력성이 있습니다.

다만 회복탄력성에도 한계는 있습니다. 침대 매트리스 속에 있는 스프링을 생각해보면 이해가 쉽습니다. 새 침대는 매트리스에 내장된 스프링의 탄성이 대단합니다. 그렇지만 계속 사용하다 보면 스프링이 눌려서 점점 탄성이 줄어들게 되죠. 우리의 회복탄력성도 이와 비슷합니다. 어릴 때는 회복탄력성의 탄성이 대단합니다. 그래서 우리는 수천 번, 수만 번을 넘어지면서도 걸음마를 배웠고, 수 개월 동안 옹알이를 하면서 의사소통에 실패하는 수없는 경험을 했지만 좌절하지 않고 끝내 언어를 배웠습니다. 우리는 이 회복탄력성을 수도 없이 사용해왔습니다. 유아기를 넘어 어린이가 되어서는 넘어지고 쓰러지면서도 포기하지 않고 자전거를 배웠고, 청소년이 되면서는 절교와 화해를 반복하면서 나에게 맞는 친구를 사귀는 법을 배웠습니다. 삶의 중요한 모든 순간에 회복탄력성을 사용한 것입니다.

그런데 문제가 하나 있습니다. 우리는 타고난 회복탄력성을 계속해서 사용해왔을 뿐, 이를 관리하거나 증진시키려는 노력을 해본 적은 없습니다. 그러다 보니 매트리스의 스프링이 시간이 갈수록 탄성을 잃고 복원력을 상실해가듯이, 우리의 회복탄력성도 시간이 갈수록 탄성이 줄어들어서 제대로 작동하지 않는 경우가 늘어납니다. 그러면 회복탄력성이 우리 안에 있는데도, 한 번의 실수에 무너지고 자괴감에 빠져버립니다. 이러면 안 된다고 생각만 하면서 아무 변화도 꿈꾸지 못하는 무기력에 사로잡히기도 합니다.

==이것을 단번에 바꿀 수는 없습니다. 그러나 첫걸음을 떼어야 합니다.== 먼 길이라고 첫걸음을 떼지 않는다면 한 걸음도 앞으로 나아갈 수 없기 때문입니다. 구원자에 대한 환상을 거두어내는 것이 그

시작입니다. 아이의 모든 문제에 응답할 수 있는 사람은 없다는 것을 받아들일 수 있다면, 우리의 마음을 무겁게 짓누르는 무거운 책임감을 어느 정도 내려놓을 수 있습니다. 그러면 눌린 채로 있던 우리의 회복탄력성이 서서히 되살아나게 될 것입니다. 구원자의 빈자리가 있어야 회복탄력성이 우리의 삶에 깃들 수 있습니다.

부모의 역할에 대한 하한선을 정하기

하지만 여전히 의문은 있습니다. 누가 오더라도 아이를 바꿀 수는 없다고 생각하면 마음이 편해지기는 하지만, 이것이 그저 나의 게으름이나 안일함을 합리화하는 것은 아닐까 하는 생각이 자연스레 듭니다.

이 생각도 일리는 있습니다. 우리는 과도한 책임감을 가지면서 동시에 게으른 안일함을 가질 수 있는 존재이기 때문이죠. 때로 우리는 과도한 책임감으로 자신을 힘들게 하지만, 그러면서도 할 수 있는 일들을 하지 않고 핑계를 대기도 합니다. 이 둘은 따로 존재하

> ●●● 구원자의 빈자리가 있어야
> 회복탄력성이 우리의 삶에 깃들 수 있습니다.

는 것이 아니라 동시에 존재합니다. 그렇기에 우리는 아이의 모든 문제를 해결할 수 없다는 말로 자기의 게으름을 합리화할 수 있습니다. 그러나 자기 합리화가 무섭다고 해서 너무나 무거운 짐을 지고 살아가는 현실을 방관해서는 안 됩니다. 실제로 너무나 많은 부모들이 무기력에 시달리고 있기 때문입니다.

문제의 해결법은 의외로 간단합니다. 하한선을 만들면 됩니다. 부모로서 완벽할 필요는 없지만, '이 정도는 해야 한다'는 기준을 만드는 것입니다. 그런데 이 기준은 누가 대신 만들어줄 수 없습니다. 어느 누구에게도 좋은 부모의 기준이 무엇인지 정의할 완벽한 권위가 없기 때문입니다. 그러면 이 기준은 누가 만들까요? 바로 부모 자신이 만들면 됩니다.

아무리 힘들어도 이 정도는 해야 한다는 자신만의 기준을 만들어보세요. 방식은 다양할 수 있습니다. 어떤 사람은 아무리 힘들어도 저녁 시간만큼은 아이들과 같이 보내겠다는 기준을 세울 수도 있습니다. 어떤 사람은 아무리 힘들어도 아이가 놀아달라는 요청만큼은 응답하겠다는 기준을 세울 수도 있습니다. 정해진 기준은 없습니다. 자신과 가정의 상황에 맞게 최소한의 기준을 만들면 됩니다.

처음에는 의욕이 넘쳐서 기준의 개수와 종류가 계속 늘어날 수도 있습니다. 그러나 그게 너무 많아지면 결국 실패를 많이 경험하게 되어서 무기력에 빠질 뿐입니다. 기준들을 실행해 나가면서, 욕심이 많았다 싶으면 그중에서 정말 필수적인 것만을 다시 추려내서 실행해보면 됩니다.

  이렇게 시행착오를 겪어가면서 부모의 역할에 대한 자기만의 하한선을 만든다면, 자기 안에 있는 게으름과 안일함에 속을 걱정은 하지 않아도 됩니다. 그러니 용기 있게 구원자에 대한 환상을 버리세요. 아이의 모든 문제에 응답할 수 있는 사람은 없다고 자신 있게 말해도 됩니다. 모든 문제에 응답할 수 있는 구원자는 없기 때문에, 나 또한 모든 문제에 응답할 필요가 없습니다. 내가 노력해서 문제를 해결할 수 있다면 좋겠지만, 나의 한계 때문에 그러지 못해도 괜찮습니다. 구원자의 환상을 버리고 자신에게 괜찮다고 말해주다 보면, 어느새 마음속의 회복탄력성이 높아져 있을 것입니다.

회복탄력성을 키우는 생각 바꾸기

에리얼은 자신의 생각을 바꿀 수 있는 기회를 가지지 못했습니다. 사랑을 이루기 위해서는 인간의 다리가 필요하다는 그 생각만 바꿨어도 그런 좌절을 경험하지 않았을지도 모릅니다. 다행히 우리에게는 아직 기회가 많습니다. 지금 이 책을 읽으면서 우리의 잘못된 생각들을 돌아보기 시작했기 때문입니다.

물론 여전히 기존의 생각을 바꾸기란 어렵습니다. 우리가 살아오는 동안 내내 접했던 부모의 이미지라는 것이 있기 때문이죠. 그런 이미지들을 접하다 보면 나도 모르는 사이에 마음속에 희생적인 부모상이 자리 잡게 됩니다. 그러니 자기의 행복을 먼저 생각하려고 하면 죄책감부터 들고, 모든 것이 다 내 책임인 것 같은 생각이 드는 것입니다.

그렇지만, 그렇다고 해서 그런 마음들을 그냥 그대로 받아들이면 안 됩니다. 그것이 정말 그런가 하고 질문을 던져야 합니다. 부모가 먼저 행복하면 정말 안 되는 것인지, 정말 아이의 모든 문제가 부모의 책임인지, 부모의 능력에 한계가 있을 수는 없는 것인지 정직하게 물어봐야 합니다. 그러다 보면 어느 순간 기존의 생각이 깨어지고 새로운 생각이 마음에 자리 잡게 될 것입니다.

생각을 바꾸는 것이 무슨 대단한 결과가 있겠냐고 생각할 수도 있지만, 내가 '구원자'가 아니라는 것을 인정하는 것만으로도 상당한 자유를 누릴 수 있습니다. 그리고 불필요한 죄책감이 있다는 것을 알아차리는 것만으로도 마음이 편안해집니다. ==내가 먼저 행복해도 괜찮다고 나의 행복을 허락해주는 그 순간부터 우리는 행복한 부모가 될 수 있습니다.==

이렇게 생각을 바꾸는 것만으로도 우리가 느끼는 감정과 기분, 심지어는 스트레스를 느끼는 정도까지 달라집니다. 올바른 생각에는 우리의 마음을 건강하게 할 수 있는 힘이 있습니다. 이것이 제가 말하는 회복탄력성입니다. 우리의 마음에 있는 여러 잘못된 생각들에 정직하게 질문을 던져봅시다. 그리고 잘못된 생각을 깨뜨리고 새로운 생각을 자리 잡게 해봅시다. 그럴 때마다 우리의 회복탄력성이 높아질 것입니다.

2장
나를 찾기

다윗이 나를 찾지 않았다면?

돌아가요

다윗과 골리앗 이야기는 전 세계적으로 유명한 이야기입니다. 다윗은 어린 소년이었습니다. 키도 작았습니다. 무기를 잘 다루는 용맹한 용사도 아니었습니다. 그는 양들을 돌보는 양치기였습니다. '전쟁'이라는 단어와는 가장 어울리지 않는 사람이었죠. 심지어 그는 갑옷도 없고, 무기도 가진 것이 없었습니다. 반면에 골리앗은 모든 면에서 다윗과 달랐습니다. 골리앗은 어른이었습니다. 키도 크고 덩치도 커서 '기골이 장대하다'는 표현이 어울리는 사람이었습니다. 게다가 자기 나라의 제일가는 용사였죠.

이 둘이 전쟁터에서 맞붙게 되었습니다. 만반의 준비를 갖추고 전투에 임한 골리앗은 다윗이 던진 돌에 머리를 맞고 그 자리에 그대로 쓰러져서, 끝내 다윗의 칼날에 죽고 말았습니다. 심지어 그 칼조차 다윗의 것이 아니라 골리앗의 것이었죠.

많은 사람이 덩치도 작고 어리고 힘도 약하고 무기도 없던 다윗이 모든 면에서 자신을 압도하던 골리앗을 쓰러뜨린 이 이야기를 정말로 좋아합니다. 약하거나 가진 것이 없는 사람들에게 큰 희망을 주는 이야기이기 때문입니다. 그런데 다윗과 골리앗의 이 유명한 이야기 속에는 사람들이 잘 알지 못하는 내용도 하나 있습니다.

골리앗이 너무나 강해서 어느 누구도 골리앗을 이기지 못하자, 이스라엘의 왕은 골리앗을 물리치는 사람에게 큰 상을 내리겠다고 약속했습니다. 그러자 전쟁을 한 번도 해본 적이 없던 어린 다윗이 왕에게 가서 자기가 골리앗과 싸우겠다고 했습니다. 왕은 덩치도 작은 다윗이 걱정되었습니다. 그래서 자기가 입었던 철로 된 갑옷을 다윗에게 주었습니다. 그런데 이스라엘 왕은 이미 어른이기도 했거니와 키가 큰 편이었습니다. 다윗에게 그 갑옷이 맞을 리가 없었죠. 다윗은 그 갑옷을 입고서는 제대로 걸을 수도 없었습니다. 다윗은 선택을 해야만 했습니다. 불편하지만 몸을 보호해주는 갑옷을 입고 전쟁에 나갈 것인지, 움직임은 편하겠지만 위험한 맨몸으로 나갈 것인지 말이죠.

그리고 다윗은 선택을 합니다. 나에게 맞지 않는 갑옷을 입지 않기로 한 것입니다. 다윗은 내가 누구인지를 명확하게 알고 그에 맞게 싸우기로 결정했습니다. 깊은 고민 끝에 나를 찾은 것입니다.

만약 다윗이 나를 찾지 않았다면 어떻게 됐을까요? 왕이 준 갑옷을 입고 무거운 칼을 들고 골리앗과의 전투에 나갔다면 어떻게 되었을까요? 아마 제대로 움직이기도 힘들었을 다윗은 골리앗에게 패배해 죽고 말았을 것입니다. 다른 사람들이 아무리 좋다고 해도 나에게 어울리지 않으면 소용이 없기 때문이죠. 그러나 다윗은 나를 찾았습니다. 그리고 나에게 맞지 않는 삶을 거부했습니다. 그 결과로, 다윗은 눈앞에 있던 거대한 골리앗과의 싸움에서 이길 수 있었습니다.

• • •

부모의 삶을 살다 보면 다윗이 마주했던 것과 같은 선택의 순간에 놓일 때가 있습니다. 너무나 거대한 적을 만날 때가 있죠. 그 적은 때로는 자녀와의 어려운 관계이기도 하고, 어떨 때는 경제적인 고민이기도 합니다. 자녀의 학업, 친구 관계, 진로 등에 대한 끝도 없는 불안감도 우리의 앞을 가로막습니다. 그런 순간이 오면 이런저런 조언들이 들립니다. 대부분 그럴듯해 보이지만 나에게 맞는

> 다윗은 자기가 누구인지를 명확하게 알고 그에 맞게 싸우기로 결정했습니다.
> 깊은 고민 끝에 나를 찾은 것입니다.

옷은 아닐 때가 많습니다. 그렇지만 많은 사람들이 말하는 방식을 거부하는 것은 두려운 일입니다. 그러다 두려움에 진 나머지, 나에게 맞지 않는 삶을 선택하는 사람들이 많습니다.

하지만 두려움에 쫓겨서 나에게 맞지 않는 삶을 선택한다고 눈앞의 적을 극복할 수 있는 것은 아닙니다. 오히려 나를 찾고 나에게 맞는 삶을 선택할 때, 눈앞의 적이 아무리 거대해도 극복할 수 있는 힘이 생깁니다. 당장은 극복하기 어렵더라도, 나를 찾아서 나에게 맞는 삶을 사는 사람은 쉽게 좌절하지 않고 또다시 도전할 수 있는 힘이 있습니다. 이 힘을 회복탄력성이라고 합니다.

회복탄력성을 키우는 방법이 궁금하다면, 이제부터 다루게 될 나를 찾는 방법에 귀를 기울여보시기 바랍니다.

과거를 통해 나를 찾기

영화를 보다 보면 긴장감이 극에 달하는 순간이 있습니다. 예를 들면, 주인공과 악당이 목숨을 걸고 대결을 하는 순간이죠. 한창 손에 땀을 쥐며 긴장한 채 대결을 지켜보고 있는데, 갑자기 화면이 바뀌더니 주인공이나 악당의 과거 이야기가 나옵니다. '플래시백'이라고 하는 기법입니다. 가장 중요한 순간의 흐름을 끊는 것이기에, 이 기법은 시청자의 몰입을 깨뜨릴 위험성이 있습니다. 하지만 그럼에도 불구하고 플래시백 기법은 영화나 드라마에 종종 사용되곤 합니다. 등장인물의 과거를 이해하면 이야기를 해석하는 방향과 해석의 깊이가 달라지기 때문입니다.

　영화 <국제시장>은 플래시백 기법이 적절하게 사용된 예라고 할 수 있습니다. 주인공 덕수는 시종일관 타인에게 공격적으로 말하고, 다른 사람의 말은 듣지도 않는 인물입니다. 옆 가게에서 물건을 내리기 위해 자기 가게 앞에 잠시 차를 주차하는 것도 참아주지 않고 소리를 지르는 무례함으로 주변 사람들의 화를 돋우는 것은 물론 보는 사람의 공분을 삽니다. 그 뒤에 손녀를 데리고 가게를 나서다가 행인과 부딪혀 손녀의 손을 놓치게 되는데요. 그 순간 영화는 덕수의 과거를 보여줍니다. 전쟁이 나서 피난을 가던 중에 어린 동생의 손을 놓쳐버린 그의 과거를 보여주는 것입니다. 그 순간 덕수의 무례함에 공분하던 시청자들의 마음이 누그러집니다. 현실에서의 그의 무례한 행동은 전혀 달라지지 않았지만, 그의 과거를 알고 그가 어떤 사람인지를 알게 되자 그 무례한 행동에 대한 해석도 달라진 것입니다.

    영화뿐 아니라 현실에서도 이런 플래시백이 있다면 어떨까요? 그렇다면 타인을 이해할 때 많은 도움이 될 것입니다. 도무지 이해가 되지 않는 사람의 과거를 볼 수 있다면 왜 그런 말과 행동을 하는지 이해할 수 있을 것입니다. 그리고 자기 자신을 이해하는 데도 도움이 될 것입니다. 잊어버리고 있었던 기억들이 모두 떠오른다면, 그때 내가 왜 그런 감정을 느꼈고 그런 말과 행동을 했는지 이해할 수 있게 되겠죠. 어쩌면 타인을 이해하는 것보다도 자신을 이해하는 것에 더 유용할지도 모릅니다.

· · ·

우리에게도 덕수와 같은 모습이 있지 않나요? 다른 사람들과 원만히 잘 지내다가도, 특정한 상황이나 사람을 만나면 이상하게 감정이 주체가 안 되는 경험은 누구나 한 번쯤은 해봤을 것입니다. 그리고 내 말이나 행동이나 선택을 가장 가까운 사람에게도 이해받지 못했던 경험 또한 한 번쯤은 있을 것입니다. 이럴 때 우리의 모습은 모두에게 이해받지 못했던 덕수와 비슷합니다. 주변 사람들도 나를 이해하지 못하고, 심지어 나 또한 나를 이해하지 못합니다. 다른 사람들이 이해하지 못하는 것은 괜찮을 수 있습니다. 원래 인간에게는 소통의 한계가 있기 때문입니다. 그런데 내가 나를 이해하지 못한다면, 그것은 문제가 있는 것입니다. 덕수의 과거를 이해하기 전에는 그를 향해 손가락질을 했던 것처럼, 이해되지 않는 나를 향해서 나 또한 손가락질을 하고 있을 것이기 때문입니다.

이해되지 않는 나를 품고 받아들이기 위해서 우리 현실의 삶에도 플래시백이 필요합니다. 나의 과거 속으로 들어가서 나를 찾고 이해하는 시간이 필요한 것입니다. 그런데 막상 과거 속에서 나를 찾으려고 하면 어디에서부터 찾아야 할지 막막합니다. 나의 과거가 체계적으로 정리가 되어 있는 것도 아니고, 전부 기억나는 것도 아니기 때문입니다. 하지만 우리의 목적을 생각하면 어디에서 시작해야 할지 답이 보입니다.

우리의 목적은 **나를 찾는 것**입니다. 나를 찾는다는 건 다른 사람과는 다른 나만의 특징을 찾는 것입니다. 이걸 두 글자로 개성이라고도 하죠. 개성은 여러 가지 구성 요소로 이루어져 있는데 크게는 세 가지로 이야기할 수 있습니다. 바로 잘하는 것, 좋아하는 것, 하고 싶은 것입니다. 사실 우리 인생의 모든 선택이 이 세 가지 안에서 이루어진다고 봐도 과언이 아닙니다. 나의 과거를 돌아보면서 이 세 가지를 살펴본다면 나를 찾고 나를 이해할 수 있습니다.

그런데 이게 전부는 아닙니다. 개성이라고 할 때 사람들이 잘 떠올리지 못하는 요소가 있는데, 바로 약점입니다. 개성이 남과 다른 나의 특징이라고 한다면 약점 또한 개성이 될 수 있습니다. 남과 다른 나만의 특징이기 때문이죠. 그래서 지금부터는 일반적으로 생각되는 개성이라는 관점에서 나를 찾아보고, 그다음에는 넓은 의미에서 개성이라 할 수 있는 나의 약점을 통해서 나를 찾아보는 시간을 가지려고 합니다.

개성이 말해주는 내 모습에 귀 기울이기

앞서 말했듯 개성은 크게 좋아하는 것, 잘하는 것, 하고 싶은 것이라는 세 가지의 요소로 나누어 볼 수 있습니다. 그런데 이 세 가지는 명확하게 구분하기가 어렵습니다. 좋아하는 것과 잘하는 것이 혼동되기도 하고 잘하는 것과 하고 싶은 것이 헷갈리기도 합니다.

예를 들어, 취미가 독서라는 사람이 있다고 합시다. 그러면 이게 독서를 좋아한다는 것인지, 독서를 잘한다는 것인지 명확하지 않습니다. 또 꿈이 가수라는 사람이 있다고 합시다. 그러면 이게 노래를 잘한다는 뜻인지, 노래를 하고 싶다는 뜻인지 역시 명확하지 않습니다. 이 단어들이 분명히 다른 뜻임에도 불구하고, 비슷한 맥락과 상황에서 쓰일 때가 많기 때문에 혼동이 되는 것입니다. 나를 찾기 위해서는 이 용어들을 명확하게 구분할 필요가 있습니다. 이제 잘하는 것, 좋아하는 것, 하고 싶은 것 순서대로 이 용어들을 정리해보겠습니다.

・・・

먼저 잘하는 것입니다. '당신이 잘하는 것이 무엇인가요?'라고 물으면, 대다수의 사람들은 쉽게 자신이 무엇을 잘한다고 대답을 하지 못합니다. 잘하는 게 없어서가 아니라 비교 대상이 많아서 그렇습니다.

예를 들어, 비교 대상이 단 두 명이라면, 내가 어떤 것을 상대방보다만 잘하면 잘한다고 말할 수가 있습니다. 그런데 비교 대상이 열 명이라면, 어떤 것을 나머지 아홉 명보다 잘해야 잘한다고 말할 수가 있게 됩니다. 문제는 SNS가 발달하면서 우리가 접하는 비교 대상이 기하급수적으로 많아졌다는 사실입니다. 이런 상황에서는 '타인과의 비교'를 통해 나의 특징을 찾는 것이 거의 불가능합니다.

무지개의 색깔을 생각해볼까요? 일곱 가지 색깔로 무지개를 표현하고 그 안에서 비교할 때는 각 색깔의 특징이 명확하게 드러납니다. 그런데 무지개를 700가지 색으로 표현한다면, 빨간색 안에서도 미묘하게 다른 빨간색들이 100가지가 생길 것입니다. 이렇게 되면 각 색깔의 특징을 명확하게 구분하기가 어렵겠죠. 비교군이 많아지면 많아질수록 서로의 특징을 구분하기가 어려워진다는 뜻입니다.

그러니 많은 사람들과 연결되어 있는 지금과 같은 시대에는 타인과의 비교가 아닌 다른 방식으로 내가 잘하는 것을 찾아야 합니다. 바로 **타인이 아니라 나 자신과 비교하는 방법**입니다. 내가 할 줄 아는 일들의 목록을 다 적어보고, 그중에서 내가 어떤 것을 다른 것보다 더 잘하는지 순위를 매겨보면 됩니다. 이런 방식으로 접근하면 나만의 특징을 더 잘 표현할 수 있습니다. 그리고 무엇보다, 이렇게 하면 자기가 잘하는 것이 없다는 생각에서 벗어날 수 있습니다. 내가 할 줄 아는 것들 중에서 비교하면 잘하는 것이 있을 수밖에 없기 때문입니다.

• • •

다음으로는 **좋아하는 것**을 살펴보겠습니다. 좋아하는 것이란 이미 내가 경험해본 것들 중에 반복해서 하고 싶은 마음이 드는 것을 말합니다. 만약 한 번 먹어본 음식을 반복해서 또 먹고 싶어지면 그 음식을 좋아하는 것입니다. 사람도 마찬가지입니다. 한 번 만나서 시간을 보내고 난 뒤에, 또 그 사람과 만나서 시간을 보내고 싶으면 그 사람을 좋아하는 것이죠.

이때 좋아하는 것과 잘하는 것을 구분하기가 어려울 수 있습니다. 둘이 비슷해 보일 때가 많기 때문입니다. 이 둘을 가장 쉽게 구분하는 법은, 내가 편하게 쉬고 있을 때도 그걸 하고 싶은지 생각해 보면 됩니다. 예를 들어, 주말에 편하게 쉬고 있다가 나도 모르게 끄적끄적 그림을 그리고 있다면 그림 그리는 것을 좋아하는 것입니다. 그런데 그렇게 편안하게 있을 때 그림을 그리려고 의지를 끌어 올려야 한다면, 그건 좋아하는 것이 아니라 잘하는 것입니다.

이런 기준을 가지고 내가 좋아하는 것을 적어봅시다. 내가 편하게 쉬는 시간에 자연스럽게 손이 가는 것들이 내가 좋아하는 것들입니다. 물론 이 중에서 모든 사람이 좋아할 만한 것들은 빼는 게 좋습니다. 쉬는 시간에 텔레비전을 보거나 유튜브를 보거나 SNS를 하는 것은 사실 굉장히 많은 사람들이 하는 행동이라 나만 좋아하는 게 아니기 때문에, 이런 것들은 나를 찾는데 큰 도움이 되지 않습니다. 누구나 다 하는 그런 행동들을 빼고 나서 남는 것이 내가 좋아하는 것이고, 그 목록들을 통해 나를 찾고 나를 이해할 수 있습니다.

• • •

다음으로는 **하고 싶은 것**입니다. 하고 싶은 것이란 아직까지는 경험하지 못한 것을 말합니다. 반면에 좋아하는 것과 잘하는 것은 이미 경험한 것을 말합니다. 우리는 하고 싶은 것이라고 하면 보통 직업적인 내용을 많이 떠올립니다. 아이가 어릴 때 어른들이 '나중에 커서 뭐 하고 싶니?'라고 물어보기 때문에 그런 게 아닌가 싶습니다.

그러나 하고 싶은 것은 직업 영역에만 한정되는 것이 아닙니다. 먹는 것, 입는 것, 노는 것, 사람을 사귀는 것 등 우리의 모든 일상을 포함하는 말이죠. 하고 싶은 것의 목록이 늘어나면 우리의 일상이 즐거워지고, 일상을 잘 감당할 수 있는 의욕과 에너지가 생깁니다. 다음 예시들을 보고 그 안에서 내가 하고 싶은 일이 무엇인지 생각해봅시다.

취미, 여행, 봉사, 효도, 색다른 경험, 전문성, 무대, 배움, 운동, 춤, 연애, 언어, 스포츠, 자기 PR, 글쓰기, 명상, 예술, 기부, 교육, 자유, 단련, 체험, 선행, 사회 정의, 수상, 친구, 가족, 대인 관계, 건강, 사랑, 마음의 평화, 힐링 등.

약점을 통해서 자신을 찾은 사람

지금까지 일반적으로 이해되는 개성의 의미에서 나를 살펴보았다면, 이번에는 나의 '약점'이라는 개성을 통해 나를 찾는 방법을 이야기해보겠습니다.

우리는 모두 남들에게 감추고 싶은 약점 하나씩은 가지고 있습니다. 보통 사람들은 자기의 약점을 인정하지 않고 숨깁니다. 그것이 남에게 드러나는 순간 자신이 감당할 수 없는 손해나 피해를 볼 수 있기 때문입니다. 한편으로는, 능력이 있는 사람들은 자기의 약점을 극복해냅니다. 대표적으로 귀가 안 들리는데도 대단한 작품을 작곡한 베토벤 같은 사람이 있죠. 이런 사람들은 약점을 대단하게 여기지 않습니다. 자신이 극복해야 할 대상으로 볼 뿐입니다.

이렇듯 보통 사람들과 능력이 있는 사람들이 약점을 대하는 태도는 크게 달라 보입니다. 하지만 그 속에는 의외의 공통점이 있습니다. 바로 자기의 약점을 있는 그대로 보지 않는다는 사실입니다. 보통 사람들은 약점을 과대평가하고, 능력이 있는 사람들은 약점을 과소평가합니다. 그렇기에 두 부류의 사람 모두 자신의 약점에서 뭔가를 배우지는 못합니다.

이와는 다른 부류의 사람이 있습니다. 바로 ==약점을 통해서 나를 찾는 사람==입니다. 조금 더 정확하게 표현하자면, 자신의 약점을 통해서 그 이면에 숨겨져 있던 자기만의 고유한 장점을 찾는 사람이죠. 여기 해당하는 대표적인 사람으로는 존 라킨 John Larkin이 있습니다. 1990년대에 세계적으로 유명했던 가수인데요. 이름은 몰라도 그의 노래는 아마 들으면 익숙하실 겁니다.

그에게는 가수로서 아주 치명적인 약점이 있었습니다. 바로 말을 더듬는 버릇이었죠. 노래할 때뿐 아니라 평상시에 말할 때도 말을 더듬었습니다. 심지어 방송을 위한 인터뷰를 할 때도 말을 더듬었습니다. 그는 10대부터 40대가 될 때까지 음악을 놓지 않고 버텼지만, 아무도 그의 음악을 인정해주지 않았습니다. 투자를 받지 못해서 자기 돈으로 <존 라킨>이라는 앨범을 냈지만, 결과는 처참한 실패였습니다. 그는 자기의 약점을 원망하며 술과 약물에 의존하면서 연명하는 폐인이 되고 말았습니다.

그로부터 10년이 흘렀습니다. 그는 50대가 되었습니다. 여전히 그는 말을 더듬었습니다. 그러나 달라진 것이 있었습니다. 자신의 약점을 새롭게 바라보기 시작한 것입니다. 말을 더듬는 것은 다른 장르의 음악에서는 치명적인 약점이지만, 스캣 scat 을 구사하는 데는 너무나 잘 어울린다는 것을 깨달은 것입니다. 스캣은 가사가 없이 목소리를 악기처럼 사용하는 재즈 창법인데, 이를 잘하기 위해서는 평상시에 말하는 방식을 버리고 필요에 따라 소리를 끊었다 이었다 해야 합니다. 그런데 존 라킨은 이것이 자신의 말을 더듬는 버릇과 같은 방식임을 깨달았습니다. 그가 이 깨달음을 담아낸 노래의 제목이 바로 "스캣맨" Scatman 입니다. 이 노래 가사에는 그의 깨달음이 담겨 있습니다.

모두가 스캣맨이 말더듬이라고 놀리네. (중략)

그러나 넌 이건 몰라. (중략) 말더듬이와 스캣이 같은 거란 걸.

그래, 내가 바로 스캣맨이다.

    그 뒤로 그는 스캣맨이라고 자신을 불렀습니다. 전 세계에 그를 알린 이름도 본명인 존 라킨이 아니라 '스캣맨 존'이죠. 그는 "스캣맨"이라는 노래를 통해 52세에 세계적인 스타가 되었습니다. 그의 앨범은 전 세계적으로 800만 장이 넘게 팔리며, 기네스북에 최단시간 베스트셀러 앨범으로 등재되기까지 했습니다.

    이전에 그를 폐인으로 만들었던 앨범의 제목이 그의 본명과 같은 <존 라킨>이고, 그를 세상에 알린 앨범의 제목이 스스로 지은 가명인 <스캣맨>이라는 사실이 우리에게 주는 교훈이 있습니다. 자신의 약점을 인정하고 받아들이지 못했던 존 라킨은 자기가 누구인지 몰랐지만, 자기의 약점을 자신의 일부로 받아들인 스캣맨은 자기가 누구인지 깨달았다는 것입니다. 자기가 누구인지를 52세에 비로소 깨달은 그는 얼마나 기뻤을까요? 그래서 그는 그 벅찬 가슴을 안고 내가 바로 스캣맨이라고 온 세상에 외쳤던 것입니다.

약점과 열망이 만나는 곳에서 나를 찾기

우리에게도 스캣맨처럼 약점이 있습니다. 외면해버리고 싶지만 그러지도 못하고, 극복하고 싶지만 그러지도 못하는 그런 약점이 누구에게나 있습니다. 그렇다면 스캣맨이 그랬던 것처럼, 그 약점들 속에서 내가 누구인지를 찾아보면 됩니다.

먼저 약점을 바라보는 나의 시선을 바꿔보세요. 약점을 치료해야 할 질병처럼 보는 시선을 버리고, 그 대신 나의 약점을 나를 찾아가는 지도라고 생각하는 것입니다. 약점을 질병으로 보는 사람은 약점이 내 삶에 피해를 주었다고 원망하거나, 약점이 나에게 수치심을 준다고 부끄러워하거나, 약점을 극복하지 못했다고 절망합니다. 베토벤처럼 대단한 능력을 지닌 사람이 아닌 이상, 이 순환을 반복하면서 자기를 힘들게 하게 됩니다.

하지만 약점을 지도로 보는 사람은 다른 길을 걷습니다. 그 사람은 약점이 없어지지 않아도 자책하지 않습니다. 여유를 가지고 약점과 동행할 수 있습니다. 그에게 약점은 없애야 할 대상이 아니라 탐색해야 할 대상이기 때문입니다. 그리고 약점을 통해 진정한 자신을 찾을 수 있다는 생각은 약점의 꼬리를 물고 따라오는 부정적인 감정들로부터 스스로를 지켜줍니다.

그런 다음에는 자신의 약점 목록을 정리해보세요. 나를 정말 힘들게 하는 나의 약점들이 무엇이 있을까 생각해보세요. 그 약점이 나에게 어떤 감정적 반응을 일으키는가를 보는 것입니다. 감정의 정도가 강하지 않다면 그 약점은 나를 정말 힘들게 하는 약점은 아닙니다. 나에게 강한 감정을 유발하는 약점들을 골라서 목록을 만들어보세요.

저는 주기적으로 이런 작업을 하는데, 그때마다 부동의 1순위인 약점이 있습니다. 바로 공감 능력이 심하게 부족하다는 것입니다. 맥락을 담아서 조금 더 상세하게 표현하자면, 저는 정서적 유대감을 만드는 능력이 약합니다. 어떤 사람에게는 이것이 별것 아닌 약점일 수 있지만, 다른 사람을 상담하는 일이 많은 저에게는 너무나 어려운 약점이었습니다. 자기 삶의 어려움을 토로하는 부모나 청소년을 상담할 때, 정말로 열심히 공부해서 성심성의껏 답을 주려 노력했지만, 오히려 공감받지 못했다는 원망의 화살이 돌아오는 경우가 종종 있었습니다. 그럴 때는 존재의 의미가 통째로 부정당하는 느낌이 들면서 심각한 죄책감과 우울감을 느끼곤 했습니다. 다른 사람에게는 다른 약점이 있겠죠. 이와 같이 나를 특히 힘들게 하는 약점들의 목록을 정리해보는 것입니다.

그러고 나서 ==내 마음속에 어떤 열망이 있는지 찾아보세요==. 약점이 나를 힘들게 하는 순간에 내 마음을 자세히 들여다보면, 그 속에 어떤 열망이 있음을 알게 됩니다. 열망이 있는 사람이 자신의 약점을 힘들어하기 때문입니다. 스캣맨은 노래를 하고자 하는 열망이 있었기 때문에 자신의 약점 때문에 힘들어했고, 저는 사람들의 삶의 어려움을 해결해주고자 하는 열망이 있었기 때문에 저의 약점을 힘들어했습니다.

예를 들어, 극도로 내향적인 성격을 약점으로 가진 사람이 있다고 생각해보세요. 이 사람이 친구를 사귀고 싶거나 대인 관계를 확장하고 싶은 열망이 있다면 이러한 약점 때문에 너무나 힘들어할 것입니다. 그러나 관계에 대한 열망이 없다면 이 약점은 그에게 별 괴로움을 주지 않을 것입니다. 이렇게 내 약점들을 찬찬히 살펴보면 내게 있는 열망들이 무엇인지도 조금씩 보일 것입니다.

마지막으로 나의 약점과 나의 열망이 연결되는 지점을 찾아보세요. 스캣맨은 음악에 대한 열망이 있었습니다. 그리고 그의 약점은 말을 더듬는 것이었습니다. 이 둘은 서로 공존할 수 없고 적대적으로까지 보였습니다. 하지만 결국 그는 자신의 약점과 열망이 만나는 지점을 찾았습니다. 그것이 바로 스캣이었죠. 그리고 그는 자신이 어떤 사람인지 알게 되었습니다. 그는 스캣을 위해 태어난 사람이었습니다.

저 또한 비슷한 과정을 겪었습니다. 정서적 유대감을 형성하기 어려워하는 저의 약점 때문에 많은 좌절을 겪었죠. 그렇지만 사람들의 어려움을 돕는 것을 포기하고 싶지는 않았습니다. 이런 약점을 가지고도 저의 열망을 이루는 방법을 생각하고 또 생각했습니다. 그러다 답을 찾았습니다. 제가 정서적 유대감을 잘 형성하지 못하는 이유는, 이야기를 객관화하고 중립적 입장에서 답을 찾아가고자 하는 저의 성향 때문이었습니다. 이건 단순한 공감과 위로를 원하는 사람에게는 약점이 되지만, 자기의 상황을 제대로 파악하고 그 상황을 해결하고자 하는 사람에게는 강점이 된다는 것을 깨달았습니다. 그것을 깨닫고 저는 사람들을 도와주는 방식을 바꿨습니다. 상담이 아니라 코칭의 방식을 택했습니다. 저의 약점과 장점이 만나는 지점을 코칭에서 찾은 것입니다.

· · ·

많은 사람들이 자신에게 개성이 있다는 것을 알고는 있습니다. 그러나 개성을 어디에서 찾아야 하는지는 명확하게 알지 못합니다. 그럴 때 나의 과거를 돌아보세요. 거기에 나의 개성들이 있습니다. 내가 좋아하는 것, 내가 잘하는 것, 내가 하고 싶은 것, 그리고 나의 약점을 정리해면서 나를 찾아보세요. 처음에는 익숙하지 않겠지만, 반복할수록 내가 누군지 더 잘 보일 것입니다. 우리의 과거는 들여다볼수록 우리 자신에 대해 더 많은 말을 들려주기 때문입니다.

욕구를 통해 나를 찾기

『5가지 사랑의 언어』라는 책이 있습니다. 40여 개 언어로 번역이 됐고, 영어권에서만 500만 권 이상이 팔린 베스트셀러입니다. 이 책은 '서로 사랑해서 결혼한 두 사람이 왜 서로를 힘들게 하는가?'라는 모두가 궁금해하는 질문에 답을 줍니다.

이 책이 주는 답은 바로 '욕구'입니다. 욕구는 내게 없는 것을 채우고자 하는 마음입니다. 대표적인 욕구로는 식욕이 있습니다. 내 안에 음식이 없기 때문에 그것을 채우고자 하는 마음입니다. 이 책은 음식에 대해서뿐 아니라 사람 사이의 관계에서도 욕구가 있다는 것을 알려줍니다. 모든 사람은 다른 사람과의 관계에서 채우고 싶은 자기만의 욕구가 있는데, 그게 채워지지 않아서 서로를 힘들게 한다는 것이죠. 그러니 해결하는 방법도 명확합니다. 서로의 욕구를 알아주고 그 욕구를 채워주면 좋은 관계로 지낼 수 있다는 것입니다. 이 책은 눈에 보이지 않는 욕구가 우리 자신과 상대에게 얼마나 큰 영향을 미치는지를 아주 선명하게 보여줍니다.

∙ ∙ ∙

욕구의 중요성을 보여주는 예를 하나 더 살펴볼까요? 이번에는 물건을 통해서 욕구가 우리에게 어떤 영향을 미치는지 보겠습니다.

보통 물건의 가격이 낮으면 사고자 하는 사람들이 많아지고, 물건의 가격이 높아지면 사고자 하는 사람들이 줄어들곤 합니다. 그런데 이 원리가 적용되지 않는 물건이 있습니다. 대표적인 물건이 바로 '아이폰'입니다. 성능이 아이폰에 뒤지지 않으면서 가격은 절반에 가까운 다른 스마트폰들이 많이 있는데도, 많은 사람이 두 배 이상의 가격을 주고서라도 아이폰을 구매합니다. 돈이 많은 사람이 그렇게 행동하는 것은 얼핏 이해가 되지만, 소득이 낮은 사람들도 기꺼이 그 가격을 주고 아이폰을 사는 경우도 많습니다.

이와 비슷한 사례가 하나 더 있습니다. 한때 제2의 교복이라고도 불렸던 '노스페이스'입니다. 10여 년 전에 중·고등학생들 사이에 노스페이스 패딩을 입는 것이 유행이 되었던 적이 있습니다. 그런데 일부에게 유행하는 것을 넘어서 심지어는 한 학교의 학생 전체가 노스페이스를 입을 정도가 되면서 제2의 교복이라는 별명이 생겼습니다. 노스페이스는 아웃도어 브랜드이기 때문에 학생들이 입기에는 가격이 비싼 편이었는데요. 학생들이 이 브랜드에 열광하는 바람에, 그들의 열망에 떠밀려 경제적 부담을 감수해야 했던 부모님들을 안타깝게 여겨 이 브랜드 패딩을 '등골 브레이커'라 부를 지경이었습니다.

높은 가격, 그리고 소득 수준에 관계없이 사람들이 어떻게든 그 물건을 얻으려고 한다는 측면에서 아이폰과 노스페이스는 비슷한 면이 있습니다. 무엇이 사람들로 하여금 이 브랜드들에 열광하도록 했을까요? 정답은 '욕구'입니다. 더 정확하게 말하자면 '소속의 욕구'입니다. 이것은 내가 함께 지내고 싶은 사람들과 같은 집단으로 인정받고 싶은 욕구를 가리킵니다. 좋아하는 친구들과 같은 집단으로 어울리고 싶기 때문에 노스페이스를 입는 것이고, 스마트하고 트렌디한 사람들과 어울리고 싶기 때문에 아이폰을 사는 것입니다. 경제적 관점에서 보면 합리적이지 않은 행동이지만, 욕구의 관점에서 보면 충분히 이해가 됩니다.

심리학자들은 이런 욕구들이 사람과의 관계나 물건을 구매할 때뿐 아니라 우리 삶의 모든 영역 이면에 있다고 봅니다. 에이브러햄 매슬로Abraham Maslow는 우리가 이루고 싶은 꿈이나 다른 사람들을 도와주는 선행 속에도 욕구가 있다고 합니다. 이렇게 보면 결국 욕구는 우리의 모든 감정, 생각, 결정, 행동에 영향을 미친다고 볼 수 있습니다. 우리 마음속의 욕구를 알 수 있다면 내가 하는 결정들의 대부분을 이해할 수 있다는 뜻입니다. 결국 나의 욕구를 이해하고 알아가는 길이 나를 찾는 길이라고 할 수 있습니다. 그럼 이제부터 우리를 잘 이해할 수 있도록 도와주는 대표적인 욕구 네 가지를 각각 살펴보면서 나를 찾아보도록 하겠습니다.

안정의 욕구

안정의 욕구는 위험이나 고통을 피하고자 하는 욕구입니다. 혹은 내가 속한 상황을 확실하게 통제하고자 하는 욕구이기도 합니다. 내가 통제하지 못하는 상황은 나에게 위험하거나 고통을 줄 수 있기 때문입니다.

안정의 욕구가 강한 사람은 다른 사람과 관계를 맺을 때도 불편함을 피하는 것에 우선순위를 둡니다. 불편한 감정이나 생각이 있어도 그것을 잘 말하지 않습니다. 그리고 대체로 성품이 온유한 경우가 많습니다. 대화를 할 때는 말하기보다 듣기를 더 잘합니다. 이야기를 들을 때 대체로 수용적인 자세로 듣고, 들으면서 의문을 제기하거나 반론을 제기하는 경우가 좀처럼 없습니다. 혹 궁금한 것이 있어도 상대방의 이야기를 다 듣고 나서 물어봅니다. 경청을 잘하는 편이라 할 수 있습니다.

이렇게 하는 이유는 분명합니다. 관계의 위험을 피하고자 하는 안정의 욕구가 있기 때문입니다. 또한 안정의 욕구가 있는 사람은 어떤 선택을 할 때 갈등이 일어나지 않는 방향에 우선순위를 둡니다. 가족들을 대할 때도 공평하게 대하려고 노력을 많이 합니다. 누군가 한 사람을 특별히 칭찬하거나 예뻐하는 모습을 보이는 경우가 별로 없고, 모두가 섭섭하지 않도록 일정한 태도를 취하는 경우가 많습니다. 일을 할 때도 마찬가지입니다. 문제를 해결하고 성과를 내는 방향으로 선택을 하기보다는, 다수의 구성원들이 불만을 가지지 않는 방향으로 선택하는 경우가 많습니다.

안정의 욕구가 안 좋은 방향으로 작동하면 자신을 숨기게 됩니다. 자신이 성과를 낸 것이 있어도 그것을 마음속 깊이 기뻐하지 못하거나, 어쩌다가 운이 좋아서 그런 거라고 생각하고 자신의 능력을 평가 절하하기도 합니다. 그리고 중요한 결정을 해야 할 때 다른 사람에게 책임을 미루거나 도망쳐버리기도 합니다. 결정을 빨리 내려줘야 할 사항인데도 결정을 마지막 순간까지 미루기도 합니다.

관계에 있어서도 마찬가지입니다. 갈등이 일어나면 그것을 해결하지 않고 피해버립니다. 사과를 하거나 용서를 구해야 하는데 마치 아무런 일이 없었던 것처럼 넘어가려 하기도 합니다. 상대방을 무시해서가 아니라, 그 이야기를 꺼내는 것이 자신을 불안하게 만들기 때문입니다. 안정의 욕구를 가지고 있는 사람은 그런 상황을 견디기가 쉽지 않아 보입니다.

가장 안 좋은 모습은 현실 도피입니다. 안정의 욕구가 강한 사람은 자기 자신이나 가족에게 문제가 생겼을 때, 그 문제가 너무 커서 해결할 엄두가 안 나면 현실 도피를 하는 경우가 많습니다. 고민하지 않고, 어떻게든 되겠지 하는 마음과 자세로 하루하루를 흘려보내는 것입니다.

본인이 안정의 욕구가 강한 사람이라면 자기 자신을 표현하는 법을 연습하는 것이 좋습니다. 그러다 보면 마음속에 부정적인 감정이 쌓이는 것을 어느 정도 막을 수 있고, 그러면 마음에 여유가 있어서 해결하기 힘든 문제들 앞에서 쉽게 도망치지 않게 될 것입니다. 그리고 상태가 안 좋아질 때는 자기가 스스로 결정을 거의 내리지 않고 다른 사람들에게 결정을 의존하는 경우가 생기게 되는데, 그런 순간에 더욱 의지를 내어서 자기 스스로 결정하는 연습을 해야 합니다. 타인을 의지하면 의지할수록 원래 자신의 강점이던 온유함과 편안함까지도 잃어버리고 예민해질 수 있기 때문입니다.

다양성의 욕구

다양성의 욕구는 **지겨움과 지루함을 피하고자 하는 욕구**입니다. 즐거움, 새로움, 창의성을 추구하는 것이죠. 다양성의 욕구가 강한 사람은 자신의 개성을 굉장히 중요하게 생각합니다. 외모나 옷에 관심이 많지만, 너무 많은 사람들이 입는 옷이나 스타일은 오히려 꺼려하고 자기만의 스타일을 만들어내고자 하는 경향이 있습니다.

이들은 외모뿐 아니라 내면에서도 다른 사람들과 차별점을 두고 싶어 합니다. 새로운 관점으로 바라보려고 하니 남들이 생각하지 못했던 창의적인 생각들도 많이 하고, 현실적이기보다는 이상적인 경향이 강합니다. 이상적인 세계를 그려내는 영화나 소설을 좋아하는 경우가 많고, 가치가 있는 삶이나 의미가 있는 삶이 무엇인지에 대해 생각하며 혼자만의 세계로 들어가버리기도 합니다. 취미에 있어서도 다른 사람들이 다 알거나 좋아하는 것보다 자기만의 관심사와 세계를 가지는 경우가 많습니다. 그러다 보니 개인주의적인 성향이 강하고, 전체 조직을 위해서 자기를 희생하는 것은 부당하다고 느낍니다. 제일 싫어하는 것은 권위주의나 의미 없는 관습입니다. 그냥 해야 하니까 하는 일은 견디기 힘들어합니다.

다양성의 욕구가 안 좋은 방향으로 작동하면 다른 사람들과 쉽게 갈등을 빚게 됩니다. 혼자만의 시간이 충분히 확보되지 않을 때 예민해지고, 심할 때는 공격적으로 타인을 대할 수 있습니다. 또 외모나 내면에서 다른 사람과 자기를 차별화하려고 하는 경향이 지나치게 되면 다른 사람들과 공감대를 잃어버릴 수도 있습니다. 예를 들어 외모를 꾸미는 것이나 옷 입는 스타일이 너무 개성이 강해서 다른 사람들이 이해를 하지 못하는 경우도 있죠. 다른 사람들과 공감대가 이루어지는 범위 내에서의 차별화는 멋과 개성이 될 수 있는데, 공감대가 이루어지는 범위를 벗어난 차별화는 이상하고 불편하게 보이기 때문입니다.

또 내면세계에서 다른 사람들과 지나치게 달라지려고 하다 보면, 과하게 밝은 성격을 가지게 되거나 심한 우울감을 가진 성격이 되기도 합니다. 그리고 누군가와 대화할 때 관계가 원만하지 않을 수도 있습니다. 대화에서 상대방의 감정과 생각에 귀를 기울이기보다 내 감정이나 내 생각에 더 관심이 많기 때문에, 자연스레 듣기보다는 말하는 사람이 되기 쉽습니다. 그리고 자신이 특별하다는 의식이 심해지면 하루하루 즐겁게 사는 평범한 사람들을 생각이 없는 사람 취급을 하면서 속으로 비난한다든지, 현실적인 삶의 문제는 손을 대지 않으면서 탁상공론만 즐기는 사람이 되기가 쉽습니다.

본인이 다양성의 욕구가 강한 사람이라면 내 인생의 목표가 무엇인지 찾아서 그것을 명확하게 하는 것이 좋습니다. 나의 특별함과 개성을 찾는다는 것은, 사실 나라는 사람이 왜 태어났고 왜 살아야 하는지를 찾아가는 것이기 때문입니다. 자아가 잘 정립되면 불필요하게 자기 자신을 내세워서 감정적으로 불안해지거나 다른 사람들과 갈등을 일으킬 일이 별로 없을 것입니다. 그렇게 하지 않아도, 자신이 이미 다른 사람과 뚜렷하게 구별되는 존재임을 알기 때문이죠. 그리고 무엇보다 인생의 목표가 분명하면 그 목표를 향해 흔들리지 않고 열정을 낼 수 있습니다. 결국 인생의 목표를 추구하는 과정에서 나의 다름과 특별함이 가장 잘 드러날 수 있기 때문입니다.

인정의 욕구

인정의 욕구는 무관심과 무시를 피하고자 하는 욕구입니다. 그리고 자기를 알아봐줄 타인들의 존재가 있어야 성립이 되는 욕구입니다. 그렇기에 무엇인가를 성취하고자 하는 에너지가 대단히 큽니다. 외모에 대해서도 많은 관심을 기울이죠.

앞에서 살펴본 다양성의 욕구를 가진 사람과의 차이점은, 다양성의 욕구를 가진 사람은 자기만의 스타일에 관심이 많고 인정의 욕구를 가진 사람은 '다른 사람이 봤을 때' 매력적인 스타일에 관심이 많다는 것입니다. 그러다 보니 외모를 잘 가꾸고 주변 사람들에게 호감을 사는 경우가 많습니다. 대인 관계 능력을 개발하는데도 관심이 많아서 다양한 지인들과 잘 연락하면서 지냅니다. 누군가의 기분을 상하게 하거나, 전체적인 분위기를 싸늘하게 만드는 말실수도 거의 하지 않습니다. 어떤 말을 해야 상대의 호감을 살 수 있는지를 잘 알죠. 자기의 평판이 좋아지는 일에 관심이 많고 그것을 위해 애를 많이 씁니다. 그래서 주변에 호의를 베풀거나, 봉사에 참여하거나, 기부에도 적극적으로 참여합니다. 무엇보다 '할 수 있다'는 긍정적인 마음이 크고, 주변 사람들에게도 긍정성을 전파하려고 합니다.

　인정의 욕구가 안 좋은 방향으로 작동한다면, 남들의 인정을 받기 위해 너무나 많은 시간과 돈을 쓰게 되기도 합니다. 박사 학위가 꼭 필요하지 않은 사람이 남들의 인정을 받기 위해 공부를 하기도 합니다. 그리고 무엇을 소유하고자 하는 유혹에 약해지기가 쉽습니다. 다른 사람의 인정을 받는 가장 빠른 방법이 소유이기 때문입니다. 그러다 보니 물질을 좇으면서 다른 중요한 가치들을 잃어버릴 수 있습니다. 직업적으로 인정받기 위해 너무나 일 중심이 되어버려서 가까운 사람의 마음을 상하게 하거나 관계를 잃어버릴 수도 있습니다. 혹은 성공에 대해 너무나 집중한 나머지, 윤리와 가치를 소홀히 할 수도 있습니다. 돈을 많이 벌고 싶어서 리스크가 큰 투자에 손을 대기도 합니다.

　가족 사이에서도 이런 문제가 있을 수 있습니다. 다른 집의 자녀와 나의 자녀를 비교하는 것에서 단적으로 드러납니다. 내가 인정받고 싶은 마음이 나의 자녀가 인정받게 하고 싶은 마음으로 확장되기 때문입니다. 그리고 무엇보다 안 좋은 문제는, 자신의 진짜 마음을 숨기고 가면을 쓰게 되기 쉽다는 것입니다. 진짜 마음과는 다른 말과 표정과 태도를 취하는 것입니다. 이는 의도하지 않게 감정노동이 될 수 있고, 반복적으로 심화되면 자신에게 정서적으로 해로운 영향까지 미칠 수 있습니다.

자신이 인정의 욕구가 강한 사람이라면, 남이 아니라 자신에게 인정받는 연습을 하는 것이 좋습니다. 내가 인정해주고 싶은 나의 모습이 무엇인지 생각해보세요. 그리고 구체적으로 정리를 해보세요. 그러면 남들에게 내세울 만한 무언가를 통해 인정받으려는 마음이 많이 진정되고, 그로 인한 부작용들이 덜 발생할 것입니다. 필요도 없는 비싼 물건을 사는 데 돈을 쓰거나, 자신에게 맞지 않는 일을 체면 때문에 하지는 않을 것입니다. 나에게 인정을 받는다고 생각하면, 굳이 내가 원하지 않는 선택을 할 필요가 없기 때문입니다.

사랑의 욕구

마지막으로 사랑의 욕구는 외로움을 피하고자 하는 욕구입니다. 이것은 나와 사랑을 주고받을 타인의 존재가 이미 전제되어 있는 욕구입니다. 인정의 욕구와 차이가 있다면, 인정의 욕구는 내가 인정받으면 그것으로 만족이 되지만 사랑의 욕구는 나도 사랑을 받고 상대도 나의 사랑을 받아주어야 만족이 된다는 것입니다. 또 인정의 욕구는 상대가 나를 높이 평가하면 평가할수록 그것으로 충분하지만, 사랑의 욕구는 상대와 나의 관계의 거리가 가까워지지 않으면 만족이 되지 않는다는 차이가 있습니다.

사랑의 욕구를 가진 사람은 기본적으로 이타적입니다. 다른 사람에게 사랑을 주는 것도 좋아하고, 다른 사람의 사랑을 받는 것도 좋아하기 때문에 먼저 도움의 손길을 내미는 경우가 많습니다. 다른 사람을 도와줄 때 만족감과 삶의 보람을 느낍니다. 개인 차원의 사랑이 확장되어서 사회에 대한 사랑으로까지 가는 경우도 종종 있습니다. 사회적 약자나 어려움이 있는 사람들에게 관심을 가지고 간접적으로 후원을 통해서 돕기도 하고, 가능하면 직접 봉사에 참여하기도 합니다. 관계에 관심이 많다 보니 다른 사람의 마음을 헤아리고 공감하는 능력이 많이 발달되어 있습니다. 다른 사람의 아픔을 나의 아픔처럼 느끼고 아파합니다. 자신과 다른 사람의 관계에만 관심을 가지는 것이 아니라, 자신 주위에 있는 사람들이 서로를 아껴주고 도와줄 수 있도록 돕는 일에도 관심이 많습니다. 소속된 모임이 있다면, 구성원들 간에 따뜻한 마음을 나누는 공동체로 만들 수 있도록 열심히 노력합니다.

　이러한 사랑의 욕구가 안 좋은 방향으로 작동할 때는, 자신이 준 사랑만큼 받지 못한다는 피해의식에 빠질 수 있습니다. 상태가 좋을 때는 상대방을 위해서 진실된 호의를 베풀지만, 상태가 안 좋을 때는 호의를 베풀면서 내가 얼마나 고생하고 힘들었는지만을 반복해서 생각하게 됩니다. 뿐만 아니라 자기가 베푼 것과 상대가 그에 보답한 것을 반복해서 비교합니다. 그러면 나는 선하고 희생하는 사람이고, 상대는 이기적이고 자기밖에 모르는 사람이라는 생각이 들게 되겠죠. 좋은 마음으로 시작한 관계인데도 상대방을 원망하게 되는 것입니다.

또한 베푸는 것에만 집중하다 보면 자기를 돌보지 않을 수 있습니다. 적절하게 멈추고 쉬어야 하는데, 남을 돌보느라 정작 자기의 건강이나 정서를 돌보지 않아서 번아웃이 오기도 합니다. 그리고 자기의 욕구를 추구하는 것을 꺼려하다 보면 금욕주의에 가깝게 흘러갈 수도 있습니다. 인생에서 즐거움을 누리거나, 자신이 번 돈으로 소비하고자 하는 욕구는 인간으로서 당연한 것인데, 그런 것들을 죄악시하게 될 수도 있는 것입니다. 제일 큰 문제는 스스로가 누군가에게 도움을 주고 그가 자기를 의지할 때 큰 보람을 느끼기 때문에, 자기가 돌보는 대상이 충분히 성장해서 혼자서 많은 것들을 해나갈 수 있어도 그걸 인정하지 않고 계속 자기 품 안에만 두려고 할 수 있다는 것입니다.

자신이 사랑의 욕구가 강한 사람이라면, 사랑을 받는 것과 주는 것을 분리하는 것이 좋습니다. 사랑을 줄 때는 받는 것을 생각하지 말고 주고, 사랑을 받고 싶을 때는 받고 싶다고 솔직히 표현하는 것입니다. 사랑을 주는 동기에 받고 싶은 마음이 섞여 들어가면 결국 섭섭함을 느낄 수밖에 없기 때문입니다. 물론 이 둘을 분리하는 것이 어렵지만, 분리할 수만 있다면 사랑의 욕구는 그 진가를 발휘합니다. 보상심리나 피해의식에 빠지지 않고 기쁜 마음으로 사랑을 나눠주면 자신과 주위 사람 모두 행복해질 수 있기 때문입니다.

• • •

여기에서는 다양한 심리학자들이 제시하는 욕구 목록에서 공통적으로 나오는 네 가지의 욕구를 알아보았습니다. 사실 이 네 가지의 욕구 중에서 하나만 가지고 있는 사람은 없습니다. 대부분의 사람은 이 네 가지의 욕구를 모두 가지고 있습니다. 하지만 그중에서도 나를 가장 잘 설명할 수 있는 주된 욕구가 있습니다. 그 욕구를 더 깊이 이해하고, 그 욕구의 부작용을 해소해나가는 과정이 바로 나를 찾는 과정입니다.

나의 주된 욕구를 찾았다면, 최근에 내가 한 선택들을 돌아보세요. 그중에 내 욕구에 잘 맞는 선택은 무엇이었는지, 내 욕구를 거스르는 선택은 무엇이었는지 살펴보세요. 내 욕구를 거스르는 선택이 많을수록 나답지 않게 살고 있다는 뜻입니다.

이렇게 자신의 선택을 돌아본 후에는, 나의 욕구에 잘 맞는 선택을 하려면 어떻게 해야 할까 생각해보세요. 이런 시간들이 쌓이게 되면 점점 나의 욕구에 잘 맞는 선택들을 할 수 있게 됩니다. 그럴수록 점점 더 나답게 살 수 있게 됩니다.

행복을 통해 나를 찾기

경제학에 '효용'이라는 용어가 있습니다. 어떤 물건을 사거나 사용할 때의 만족감을 가리키는 단어인데요. 가장 일상적인 예로는 식당에 가서 음식을 고를 때를 생각해보면 쉽습니다. 한 일행이 중국집에 가서 음식을 주문하는 장면을 생각해보겠습니다. 중국집에 가자는 데는 의견이 일치했지만 주문하는 메뉴는 모두가 다를 수 있습니다. A는 짜장면을 시키고, B는 짬뽕을 시키고, C는 볶음밥을 시킬 수 있습니다. 주변에서 흔히 경험하는 일이죠.

이렇게 같은 식당에 가서도 다른 메뉴를 시키는 이유는 사람마다 느끼는 효용이 다르기 때문입니다. 어떤 사람은 짜장면을 먹었을 때 효용을 크게 느낍니다. 그렇지만 어떤 사람은 짬뽕을 먹었을 때 효용을 크게 느낍니다. 그런 차이가 있기 때문에 서로 다른 메뉴를 주문하게 되는 것이죠. 심지어 같은 메뉴를 먹을 때에도 효용이 달라서 갈등을 겪는 일도 있습니다. 대표적인 예가 탕수육인데요. 같은 음식인데도 소스를 부어서 먹는 사람과 소스를 찍어서 먹는 사람으로 나뉩니다. 소스를 부어서 먹으나 찍어서 먹으나 사실 화학적으로 아무런 차이가 없지만, 사람들이 실제로 느끼는 효용의 차이가 크다 보니 이로 인해 갈등이 일어나기도 합니다.

여기서 알 수 있는 것은, 효용이라는 것은 이미 정해져 있는 것이라 설득하거나 바꾸기가 쉽지 않다는 것입니다. 사람마다 가지고 있는 지문처럼 그 사람의 고유한 것이라는 뜻이죠.

● ● ●

효용이라는 낯선 용어에 대해 길게 이야기한 이유가 있습니다. 행복에 대해서 말하고 싶어서입니다. 앞에서 한 이야기를 생각해볼까요? 여기에서 효용과 행복을 바꿔서 써도 전혀 무리가 없습니다. 같은 음식점에 가서 다른 메뉴를 시키는 이유는 어떤 사람은 짜장면을 먹을 때 행복하고, 어떤 사람은 짬뽕을 먹을 때 행복하기 때문입니다. 탕수육 소스를 먹는 방식을 두고 갈등하는 이유도 어떤 사람은 소스를 부어서 먹는 것이 행복하고, 어떤 사람은 소스를 찍어서 먹는 것이 행복하기 때문이죠. 똑같은 상황 속에서도 어떤 사람은 행복하다고 느끼고 어떤 사람은 불행하다고 느낍니다. 그런데 이 차이는 서로 설득하거나 바꿀 수 있는 것이 아닙니다. 행복은 각자가 원래 가지고 있는 고유한 것이기 때문입니다.

이렇게 효용이라는 단어와 행복이라는 단어는 같은 점이 많습니다. 하지만 동시에 아주 큰 차이점이 있는데요. 어떤 사람의 효용은 그 사람이 누구인가를 설명해주지 못한다는 점입니다. 그 사람의 고유함 중에 아주 일부만 설명해 줄 수 있을 뿐입니다. 내가 누구인지 묻는 질문에, 탕수육에 소스를 부어 먹는 사람이라고만 답하는 사람은 없을 것입니다. 그게 그 사람의 모습인 것은 맞지만, 극히 일부만을 설명하기 때문입니다.

반면에 행복은 그 사람이 누구인가를 설명해줄 수 있는 단어입니다. 행복은 좋아하는 음식을 선택할 때도 쓸 수 있는 단어지만, 인생 전체를 선택할 때도 쓸 수 있기 때문이죠. 예를 들어, 어떤 사람은 가족을 위해 자기 인생 전부를 사용하는데, 그것은 화목한 가정이 그의 행복이라는 뜻입니다. 또 어떤 사람은 꿈을 위해 자기 인생 전부를 사용하는데, 그것은 꿈의 성취가 그의 행복이라는 뜻입니다. 이렇게 행복은 한 사람의 인생 전체를 설명할 때 쓸 수 있고, 그 사람이 어떤 사람인지 설명해줄 수 있습니다.

이런 맥락에서 볼 때 내가 누구인지 알고 싶은 사람이나 나 자신을 찾고 싶은 사람들은 결국 나의 행복이 무엇이고, 그 행복을 어떻게 얻을 수 있는지 알고 싶은 것입니다. 그래서 이제부터는 행복이 무엇인지, 그리고 그 행복을 어떻게 찾을 수 있는지를 알아보려 합니다.

행복의 개념 이해하기

가장 먼저 우리는 질문을 던져야 합니다. 행복은 무엇일까요?

행복이라는 단어는 너무나 유명한 단어이기 때문에 모두가 그 뜻을 알고 있는 것 같지만, 실상 행복이 뭐냐고 물어보면 명확하게 대답하기는 쉽지 않습니다. 실제로 행복이 무엇인가를 연구하는 심리학자들의 의견도 여러 갈래입니다. 행복이라는 단어는 우리의 현실과 생활을 통해 나온 단어인데, 그것이 학문적으로 규명이 가능한 단어가 아니라서 그렇습니다. 그래서 많은 심리학자들이 행복을 학문적인 언어를 통해 설명하려고 노력해왔죠.

가장 대표적인 설명은 행복을 긍정적인 정서와 동일시하는 것입니다. 정서는 심리학의 대표적인 연구 주제이기도 하고, 학문적으로 충분히 규명이 가능한 개념이기 때문입니다. 또한 사람들이 실제로 행복이라는 단어를 쓰는 정황을 보면 긍정적인 정서와 아주 밀접한 연관이 있습니다. 사람들이 행복하다고 느끼는 순간에는 반드시 기쁨, 즐거움, 만족, 감사, 흥분 등의 정서적인 반응이 따라오기 때문입니다.

그런데 행복을 긍정적인 정서라고 설명하는 데는 어려움도 있습니다. 행복과 긍정적인 정서는 윤리성의 유무에 따라 나눠지기 때문입니다. 긍정적인 정서는 윤리와는 무관하게 발생할 수 있습니다. 물론 일반적인 경우는 아닐 수 있지만, 분명 이 둘이 무관하다는 것을 보여주는 예가 현실에 존재합니다. 극단적인 예로, 마약을 하거나 다른 사람에게 피해를 끼치면서도 긍정적인 정서가 발생할 수 있습니다. 따라서 행복을 긍정적인 정서로만 설명하는 것은 한계가 있습니다.

• • •

그다음으로 잘 알려진 설명은 행복을 **욕구 충족**의 관점으로 보는 것입니다. 욕구에 대해서는 앞에서 이미 살펴보았습니다. 우리에게 없는 결핍을 충족시키고자 하는 욕구는 인간을 움직이게 만드는 동력이라 할 수 있고, 인간의 감정이나 생각, 선택, 행동에 영향을 미칩니다. 매슬로 같은 사람은 인간의 모든 삶의 단계를 욕구를 충족하고자 하는 과정으로 설명합니다.

이는 분명 설득력이 있는 설명입니다. 우리가 행복을 추구한다고 하는 많은 활동들이 욕구를 충족시키기 위해서 하는 활동이기 때문이죠. 물질적인 결핍을 충족시키는 것을 행복이라고 보는 사람도 있고, 관계적인 결핍을 채우는 것을 행복이라고 보는 사람들도 있으니 행복을 욕구 충족으로 보는 것도 충분히 납득이 갑니다.

그러나 행복을 욕구 충족의 관점으로 보는 것에도 분명한 한계가 있습니다. '한계효용 체감의 법칙' 때문입니다. 앞에서 효용은 물건을 사거나 사용할 때의 만족감이라고 말했죠. 결국 욕구가 충족

됐을 때의 만족감도 효용이라고 할 수 있습니다. 그런데 효용에는 재미있는 특징이 있는데, 욕구가 충족되면 충족될수록 느껴지는 효용이 줄어든다는 것입니다. 예컨대 돈도 벌면 벌수록 만족감이 줄어듭니다. 10만 원을 가진 사람이 100만 원을 벌었을 때 느끼는 기쁨보다, 10억 원이 있는 사람이 100만 원을 벌었을 때 느끼는 기쁨이 훨씬 작겠죠. 실제로 이스털린이라는 경제학자가 많은 사람을 대상으로 조사를 해서, '소득이 일정 수준을 넘으면 행복은 더 이상 증가하지 않는다'는 연구 결과를 발표하기도 했습니다.

행복을 욕구 충족으로 볼 때는 이런 문제가 생기게 됩니다. 무엇을 통해 행복을 추구하든지 더 이상 행복해질 수 없는 벽에 부딪히는 것입니다.

• • •

마지막으로 살펴볼 설명은 행복을 <mark>가치관을 따르는 것</mark>으로 보는 것입니다. 이는 긍정 심리학의 창시자인 마틴 셀리그만(Martin Seligman) 박사가 제안한 개념인데요. 셀리그만 박사는 행복에 대해 다룬 종교, 철학, 심리학 이론들을 두루 살펴보면서 행복한 사람들의 스물네 가지 특징을 정리했습니다.

그런데 이 특징들이 각각 무엇에 관련된 것인지 우리말로 표현하기가 쉽지는 않습니다. 원래의 용어는 미덕(virtue)인데, 이것은 철학적인 용어라 공감되는 말이 아닙니다. 셀리그만은 미덕 대신에

'character strength'라는 단어를 쓰는데, 우리나라에서는 성격 강점이라고 흔히 번역합니다. 그러나 미덕과 연관된 용어임을 생각한다면 '인격 강점'이나 '성품 강점'이라고 번역하는 것이 더 어울릴 것입니다. 하지만 이 용어 역시 우리들에게 공감이 쉽게 되는 말은 아니지요.

그래서 저는 이해하기 쉽게 '가치관'이라는 단어를 제안하고 싶습니다. 셀리그만이 발견한 스물네 가지 특징을 찾는 검사를 'VIA 검사'라고 하는데, 여기서 V가 Values, 즉 가치관이라는 의미이기 때문입니다. 가치관이라는 것은 어떤 사람이 무엇인가를 가치 있게 보는 관점을 가리킵니다. 그러니 셀리그만이 정리한 목록은 곧 스물네 가지의 가치관 목록이라고 볼 수 있고, 그의 주장에 따르면 사람마다 자신에게 잘 들어맞는 대표적인 가치관이 있으며 그 가치관에 따라 사는 것이 행복이라는 것입니다. 이렇게 보면 행복을 긍정적인 정서와 동일시했을 때 생기는 윤리의 딜레마가 없고, 또 사람들이 욕구가 충족된 후에는 의미 있는 일을 하고 싶어 하는 모습도 잘 설명이 됩니다.

나의 가치관 찾기

행복이 무엇인지 정리가 되었다면 이제는 나에게 맞는 행복을 찾을 차례입니다. 이를 위해 셀리그만이 만든 VIA^{Values In Action} 검사를 활용하면 좋습니다. 이 검사는 viacharacter.org에 들어가면 무료로 할 수 있습니다. 사이트가 영어로 되어 있지만 긴장할 필요는 없습니다. 언어를 한국어로 선택할 수 있거든요. 계정을 만들면 검사한 자료가 저장되어 이후에도 확인할 수 있습니다.

총 120개 문항에 응답하면 나에게 잘 맞는 대표 가치관이 무엇인지 정리해서 보여주는데, 사실 이 설명들을 삶에 바로 적용하기는 쉽지 않습니다. 각 가치관의 원론적인 정의만을 말하고 있기 때문입니다. 그래서 각 가치관을 나의 삶에 잘 적용할 수 있도록 추가적인 설명 자료를 만들어보았습니다. 원론적인 설명 대신, 각 가치관을 실제 삶에 적용했을 때 어떤 모습이 드러날지 서술했고, 하나의 설명으로는 충분하지 않을 수 있어서 각각 세 가지씩 나열했습니다.

VIA 검사 설명표

가치관 1 ─ 호기심
1) 나는 진실이 드러나게 할 수 있다.
2) 나는 낯선 사람들을 환대할 수 있다.
3) 나는 생각이 다른 사람과도 열린 마음으로 잘 지낸다.

가치관 2 ─ 학구열
1) 나는 알고자 하는 것을 배우는 법을 안다.
2) 나는 배우고자 하는 사람들을 성장시킬 수 있다.
3) 나는 사람들이 필요로 하는 정보를 정확하게 줄 수 있다.

가치관 3 ─ 판단력
1) 나는 사람이나 사건을 함부로 판단하지 않는다.
2) 나는 과도한 자책감에 빠진 이들을 구할 수 있다.
3) 나는 소수 의견에도 충분히 귀를 기울인다.

가치관 4 ─ 창의성
1) 나는 더 행복한 삶을 상상하고 선택할 수 있다.
2) 나는 뻔하지 않은 새로운 답을 찾아낼 수 있다.
3) 나는 내가 있는 곳을 좀 더 나은 곳으로 만들어간다.

가치관 5 ─ 사회적 지능
1) 나는 다른 사람들의 마음과 감정을 잘 이해한다.
2) 나는 사람들의 마음을 편안하게 해줄 수 있다.
3) 나는 서로 다른 사람들을 잘 중재할 수 있다.

가치관 6 ─ 통찰력
1) 나는 상황의 핵심이 무엇인지 잘 발견한다.
2) 나는 사람들이 해결 방향을 잘 찾도록 돕는다.
3) 나는 사람들에게 적절한 조언을 해줄 수 있다.

가치관 7 ─ 용기
1) 나는 나한테 불리해도 옳은 얘기를 할 수 있다.
2) 나는 도전이 필요한 사람들이 도전할 수 있도록 돕는다.
3) 나는 필요하다면 남들이 피하려는 일도 할 수 있다.

가치관 8 ─ 끈기
1) 나는 주어진 일을 어떻게든 완수해내는 힘이 있다.
2) 나는 사람들이 성취감을 느낄 수 있도록 도울 수 있다.
3) 나는 일을 대충 하거나 소홀히 하지 않는다.

가치관 9 ─ 정직
1) 나는 내 말과 행동에 대해 책임질 줄 아는 사람이다.
2) 나는 사람들이 서로를 신뢰하도록 도울 수 있다.
3) 나는 내가 옳다고 생각하는 방식으로 살아간다.

가치관 10 ─ 친절
1) 나는 누군가에게 도움이 될 수 있다는 그 자체가 좋다.
2) 나는 바쁠 때도 도움이 필요한 사람을 돕고 싶다.
3) 나는 누군가를 도울 때 더 에너지가 생긴다.

가치관 11 ─ 사랑
1) 나는 일보다 사람을 더 소중하게 여긴다.
2) 나는 혼자 잘하는 것보다 같이 잘되는 게 더 중요하다.
3) 나는 받는 것보다 주는 것이 더 좋다.

가치관 12 ─ 소속감
1) 나는 내가 속한 집단이 성공하도록 돕는다.
2) 나는 내가 손해보더라도 많은 사람이 행복했으면 좋겠다.
3) 나는 사람들이 서로 유대감을 가지도록 노력한다.

가치관 13 ── 공정성
1) 나는 모두가 만족하는 방법을 찾아낼 수 있다.
2) 나는 빨리 판단하기보다 원칙을 세우려고 노력한다.
3) 나는 공정하지 않은 상황을 어떻게든 바꾸려고 한다.

가치관 14 ── 지도력
1) 나는 사람들에게 비전을 제시할 수 있다.
2) 나는 사람들이 비전을 향해 행동하도록 도울 수 있다.
3) 나는 좋은 팀워크를 만들 수 있다.

가치관 15 ── 자기통제력
1) 나는 욕구와 감정을 다스리는 법을 안다.
2) 나는 내가 할 수 있는 일과 할 수 없는 일을 안다.
3) 나는 사람들이 뜻을 이루도록 도울 수 있다.

가치관 16 ── 신중함
1) 나는 위험을 피하는 법을 아는 사람이다.
2) 나는 사람들이 위험을 피하도록 도울 수 있다.
3) 나는 사람들이 후회하는 일이 없도록 도울 수 있다.

가치관 17 ── 겸손
1) 나는 다른 사람의 장점을 진심으로 기뻐한다.
2) 나는 사람들이 장점을 발견하고 개발할 수 있도록 돕는다.
3) 나는 상황을 과대평가하지 않고 객관적으로 볼 수 있다.

가치관 18 ── 심미안
1) 나는 자연이나 예술을 통해 영감을 얻는다.
2) 나는 사람들에게 더 아름다운 환경을 만들어줄 수 있다.
3) 나는 사람들이 힐링할 수 있도록 도울 수 있다.

가치관 19 ── 감사
1) 나는 다른 사람들이 베풀어준 것들을 안다.
2) 나는 사람들이 좀 더 이타적이 될 수 있게 도울 수 있다.
3) 나는 상황이 좋지 않아도 최선을 다할 수 있다.

가치관 20 ── 희망
1) 나는 어떤 상황에서도 긍정적인 마음을 지키려 한다.
2) 나는 사람들이 걱정을 떨치고 기대를 하도록 돕는다.
3) 나는 힘들어하는 이들이 다시 일어서게 돕는다.

가치관 21 ── 영성
1) 나는 내가 세상에 필요한 이유를 늘 연구한다.
2) 나는 사람들이 자신을 소중히 여기도록 도울 수 있다.
3) 나는 사람들이 삶의 의미를 찾도록 도울 수 있다.

가치관 22 ── 용서
1) 나는 잘못한 사람들에게 만회할 기회를 주려 한다.
2) 나는 깨어진 관계도 불쌍히 여기고 회복시키려고 한다.
3) 나는 사람들이 원망을 잘 다루도록 도울 수 있다.

가치관 23 ── 유머
1) 나는 즐거움을 찾아내는 능력이 있다.
2) 나는 사람들이 같은 일도 즐겁게 하도록 돕는다.
3) 나는 사람들의 어색한 관계가 가까워지도록 도울 수 있다.

가치관 24 ── 열정
1) 나는 내 능력을 전부 발휘하는 법을 안다.
2) 나는 사람들이 자기 능력을 발휘하게 돕는다.
3) 나는 어떤 상황에서도 내가 바라는 바를 이룰 수 있다.

검사를 다 하고 나면 24개의 가치관을 나와 잘 맞는 순서대로 보여주는데, 여기서 주목해야 할 것은 순위가 높은 다섯 개의 가치관입니다. 이 검사는 내가 중요하게 여기는 가치관을 파악하려고 하는 검사이기 때문입니다. 특정 가치관의 순위가 낮다고 해서 문제가 있다고 생각하면 안 됩니다. 내가 어떤 가치관을 상대적으로 덜 중요하게 여긴다고 해서 나의 성격이나 인격에 문제가 있는 것은 아니기 때문입니다. 하지만 순위가 높은 가치관은 중요합니다. 내가 어떤 결정과 선택을 해야 행복할 수 있는지를 알려주는 지표이기 때문이죠. 예를 들어, VIA 검사를 했는데, 1순위의 가치관으로 '친절'이 나왔다고 해봅시다. 홈페이지의 설명은 다음과 같습니다.

당신은 다른 사람들에게 친절하고 관대하며 아무리 바빠도 부탁을 들어준다. 당신은 다른 사람, 심지어는 잘 모르는 사람을 위해서도 좋은 일을 하는 것을 즐긴다.

그러면 이 설명을 보고 정말 공감이 가는 단어 혹은 문장이 무엇인지 생각해봅시다. 어떤 사람은 아무리 바빠도 부탁을 들어준다는 말에 공감이 될 수 있습니다. 이런 사람은 아무리 바쁠 때도 누군가를 도와줘야 행복하고, 바쁘다는 이유로 다른 사람의 삶을 외면한 채 자기에게만 집중하면 오히려 더 불행해지는 사람입니다. 한편 어떤 사람은 잘 모르는 사람을 위해서도 좋은 일을 하는 것을 즐긴다는 말에 공감이 될 수 있습니다. 이런 사람은 자기 주위의 사람들을 돕는 것만으로는 충분히 만족하지 못합니다. 주변 사람을 넘어서, 도움이 필요한 사람들을 찾아가서 도와야 행복한 사람이죠.

이런 식으로, 검사 결과에 나온 설명을 보고 나를 잘 설명해주는 말을 찾아봅니다. 홈페이지에 있는 설명이 부족하다고 느껴진다면 앞의 표에 있는 설명들도 참고해서 내가 공감이 되는 단어나 문장들을 찾아봅니다. 그런 뒤에는 찾은 내용들을 자기의 구체적인 삶에 적용하면 됩니다.

가치관을 삶에 적용하기

가치관을 삶에 적용할 때 어려워하는 분들이 많습니다. 삶이라는 단어가 너무나 포괄적이기 때문입니다. 이럴 때는 삶의 영역을 나누면 적용하기가 쉽습니다. 대부분의 사람들이 살아가는 삶의 영역을 정리해보면 다섯 가지 정도로 나눌 수 있는데요. 관계, 직업, 소비, 교육, 취미입니다.

관계는 가족이나 친구, 결혼하지 않은 사람이라면 연인 등이 포함될 수 있습니다. 직업은 자신이 가지고 있는 직업을 떠올려도 되고, 현재 직업이 없거나 진로를 준비 중이라면 앞으로 하고 싶은 직업을 생각해도 됩니다. 소비는 만질 수 있는 유형의 물건에 대한 소비는 물론이고, 비용을 지불하고 구입하는 모든 서비스를 다 포괄합니다. 교육은 자기계발을 위해 일정한 시간과 비용을 지불하는 경우를 말합니다. 테니스나 골프 등 운동을 배우는 것도 교육이고, 재테크와 관련된 지식을 배우는 것도 교육에 속한다고 할 수 있습니다. 마지막으로 취미는 다른 목적이 아니라 즐거움이나 만족감을 누리기 위해서 하는 활동들을 말합니다. 유튜브 동영상을 시청하거나 커피를 마시는 것도 취미에 속한다고 볼 수 있습니다. 이렇게 다섯 가지의 영역을 하나씩 짚어가면서, 발견한 자신의 가치관을 적용해보는 것입니다.

　친절이 중요 가치관인 사람의 경우를 예로 들어 생각해볼까요? 그런 사람은 자기의 가치관을 관계에 적용해볼 수 있습니다. 관계 중에서도 가족을 떠올리면서, 내가 가족을 잘 도와주고 있는지 돌아볼 수 있죠. 관계뿐 아니라 직업에도 적용할 수 있습니다. 지금 내 직업이 누구에게 도움이 되는지 생각해볼 수도 있죠. 그 답을 찾는다면 보다 더 행복하게 직장생활을 할 수 있을 것입니다. 하지만 그 답을 도무지 찾을 수 없다면, 자신의 가치관에 맞는 직업을 가질 수 있는 방향으로 진로를 고민해봐도 좋습니다. 그런 고민을 통해서 보다 더 행복해질 수 있는 방향으로 나아갈 수 있겠죠. 이뿐만 아니라 소비에도 자신의 가치관을 적용할 수 있습니다. 친절이 자신의 중요 가치관이라면, 어떤 물건을 살 때 가능하면 내가 아는 사람에게서 살 수 있습니다. 비슷한 품질의 상품이라면 좀더 사회적으로 기여할 수 있는 있는 물건을 살 수도 있습니다. 이런 식으로 우리의 가치관을 삶의 다양한 영역에 적용할 수 있는 것입니다.

• • •

행복은 우리가 누구인지를 알려줍니다. 각 사람마다 행복을 느끼는 지점이 약간씩 다르기 때문입니다. 모든 대상에 대해 똑같은 방식으로 행복을 느끼는 사람은 없습니다. 그렇기에 나의 행복을 이해하면 나를 찾을 수 있습니다.

물론 행복이란 단어가 너무나 추상적이기 때문에 어려움은 있습니다. 그래서 VIA 검사를 통해 도움을 받을 수 있습니다. 이 검사를 통해 내가 중요하게 여기는 가치관에 대해 생각해보고, 그 가치관을 내 삶에 구체적으로 적용하는 연습을 반복해보세요. 그러다 보면 나의 가치관에 대해 더 분명한 이해를 가지게 됩니다. 그리고 나의 행복에 대한 이해도 더 분명해집니다. 내가 왜 행복하지 않은지 알게 되고, 어떻게 해야 내가 더 행복할지 알게 됩니다. 이것이 나를 찾는 과정입니다.

이런 관점에서 보면, 나를 찾는 과정은 행복을 향해 나아가는 과정입니다. 그러니 보다 행복한 삶을 위해 시간을 아까워하지 말고 투자하세요. 나의 가치관에 대해 깊이 생각해보고 자신의 삶을 돌아보는 시간을 가져보세요. 그러면 분명 보다 행복한 삶이 우리를 기다리고 있을 것입니다.

수용을 통해 나를 찾기

우리는 흔히 미래에 대해 희망을 가지는 것이 유익하다고 생각합니다. 그래서 아이들에게도 꿈을 심어주려고 노력하죠. '커서 뭐가 되고 싶니?'는 아이들이 가장 자주 많이 듣는 질문 중 하나입니다.

  사실 이 질문은 아이가 원하는 미래의 모습이 궁금해서 물어보는 것이 아닙니다. 아이가 자신의 미래의 모습을 상상하게 하고, 그것을 통해 희망을 가지길 바라는 마음이 담긴 질문이죠. 즉 부모들이 자녀에게 커서 뭐가 되고 싶은지 물어보는 건, 자녀의 마음속 어딘가에 숨어 있을 희망을 끄집어내는 과정인 것입니다. 그렇게 하는 이유는 희망을 가지는 것이 자녀에게 유익하다고 믿고 있기 때문이겠죠.

  그런데 반드시 그렇지만은 않다면 어떨까요? 오히려 희망을 가지는 것이 사람에게 유익하기는커녕, 해로울 때가 있다면 어떨까요? 우리가 당연하게 여기고 있는 희망의 유익에 대한 믿음을 깨뜨려주는 한 사람을 소개하려고 합니다. 바로 '스톡데일 패러독스'로 알려진 제임스 스톡데일 James Stockdale 입니다.

희망을 확신한 사람들이 먼저 죽었다

스톡데일은 미군의 장교로 베트남 전쟁에 참전했습니다. 그는 전투기를 모는 파일럿이었는데, 어느 날 적군의 대공포를 맞고 비행기가 추락하게 되었습니다. 추락한 지역은 적군의 근거지인 북베트남이었습니다. 거기서 그는 포로로 사로잡혀 모질게 폭행을 당하고 장애를 입게 되었습니다. 그런 뒤에는 하노이에 있는 포로수용소에 갇혔습니다.

포로수용소에는 스톡데일 말고도 많은 미군 포로가 있었는데, 잦은 고문과 열악한 위생시설 때문에 사람들이 오래 견디지 못하고 죽어나가는 곳으로 악명이 높았습니다. 스톡데일은 그곳에서 8년 동안 지내며 살아남았고, 결국 고국의 품으로 돌아왔습니다. 당연하게도 많은 사람들이 그에게 인터뷰를 요청했죠. 그중 한 가지 질문은 이것이었습니다. "그곳에서 살아남지 못한 사람들은 어떤 사람들이었습니까?" 스톡데일의 대답은 이러했습니다.

"희망을 확신한 사람들이었습니다. 그들은 크리스마스 전에는 나갈 수 있을 거라고 믿다가 실망하고, 크리스마스가 지나면 부활절에는 나갈 수 있다고 믿다가 실망하고, 이렇게 실망을 반복하며 결국 죽게 되었습니다."

우리는 희망을 가지는 것이 유익하다고 생각하지만, 스톡데일의 이야기는 반드시 그렇지는 않다는 것을 잘 보여줍니다.

그런데 실제 우리의 삶에도 이와 비슷한 모습이 나타나는 것을 볼 수 있습니다. 어린 시절을 한번 생각해볼까요? 대부분의 사람들이 어린 나이에는 어떤 종류든 상관없이 꿈을 가집니다. 직업에 대한 꿈을 가지기도 하고, 사랑과 우정에 대한 꿈을 가지기도 하고, 행복한 가정과 풍요로운 삶에 대한 꿈을 가지기도 하죠. 내가 노력하면 그 꿈을 이룰 수 있다고 생각하고, 또 주변에서도 계속 꿈을 품으라고 부추깁니다.

그렇지만 우리는 자라면서 꿈꾸다가 실망하는 일을 반복하게 됩니다. 공부를 잘할 수 있을 거라고 꿈꿨다가 안 된다는 것을 경험하고 실망합니다. 원하는 직장에 갈 수 있을 거라고 꿈꿨다가 안 된다는 것을 경험하고 실망합니다. 행복한 가정을 이룰 수 있을 거라고 꿈꿨다가 안 된다는 것을 경험하고 실망합니다. 자라면서 실망을 경험하지 않는 사람은 극소수이고, 대부분의 사람들은 자신이 가졌던 꿈이 깨어져서 실망하는 경험을 반복하며 자랍니다.

그러다 보면 심각한 문제가 생기는데, 삶이 행복하지가 않고 의미가 없게 느껴진다는 것입니다. 수용소에서 믿음과 실망을 반복적으로 경험한 병사들이 면역력을 상실하고 다른 사람들보다 일찍 죽어갔던 것과 동일한 모습이 우리의 삶에도 나타나는 것입니다.

삶에 대한 태도를 바꿔야 한다

그러면 어떻게 해야 할까요? 미래에 대한 희망을 가지지 말아야 할까요? 그렇지 않습니다. 스톡데일은 강한 희망을 가지고 있는 사람들 못지않게, 미래에 대해서 비관적으로 생각하던 염세주의자들도 일찍 죽었다고 말합니다. 낙관주의자나 염세주의자 모두 문제가 있었다는 것입니다.

그러면 어떤 태도를 가져야 할까요? 얼핏 생각하면 낙관주의도 염세주의도 아닌 또 다른 입장이 있을지 곧바로 떠오르지 않습니다. 하지만 스톡데일은 염세주의도 낙관주의도 아닌 또 다른 입장을 찾아냈습니다. 바로 **미래가 아니라 현재에서 의미를 찾는 것**입니다.

여기서 중요한 것은 '현재'라는 단어입니다. 생각해보면 낙관주의나 염세주의는 모두 미래에서 의미를 찾는 것입니다. 낙관주의는 미래에서 희망을 찾고, 염세주의는 미래에서 절망을 찾지만, 둘 다 미래를 바라보고 있다는 점에서 공통점이 있습니다. 둘 다 미래에서 의미를 찾기 때문에 현재에는 잘 집중하지 않죠. 그런데 스톡데일은 현재에 집중했습니다. 그는 자기의 입장에 대해서 이렇게 설명했습니다.

"저는 당시의 상황이 무엇보다도 소중한 경험이 될 것임을 의심한 적이 없습니다."

스톡데일은 막연한 미래에서 의미를 찾지 않았습니다. 수용소에서 탈출하게 되어야 의미가 있다고 생각하지 않았습니다. 스톡데일은 수용소 안에서 겪고 있는 현재의 경험 그 자체가 의미가 있다고 생각했습니다.

그런데 그가 수용소에서 겪은 경험들은 인간성과는 거리가 먼 것이었습니다. 고문과 폭력, 강제 노동 등이 일상이었죠. 그러나 스톡데일은 그런 경험조차도 자기의 인생의 소중한 경험이 될 거라고 생각했습니다. 누구라도 피하고 싶을 그런 경험 속에서도 의미를 찾을 수 있다고 확신했던 것입니다. 미래가 아니라 현재에서 의미를 찾고, 좋은 현재뿐 아니라 나쁜 현재에서도 의미를 찾았던 것이 스톡데일을 수용소에서 살아남게 했던 비결이었습니다.

・・・

스톡데일의 모습과 우리의 모습을 비교해보면 차이점이 명확하게 드러납니다. 그는 미래가 아니라 현재에서 의미를 찾았는데, 우리는 미래에서 의미를 찾는 경우가 압도적으로 많기 때문입니다.

대표적인 예가 자녀 교육입니다. 자녀를 교육시키는 사람들 중에 현재에서 의미를 찾는 사람들은 거의 없습니다. 시험이 끝나고 성적이 나오는 날에 의미를 찾거나, 혹은 고등학교까지의 과정을 끝내고 입시 결과가 나오는 날에 의미를 찾는 것처럼 미래에서 의미를 찾는 경우가 대부분입니다. 스톡데일처럼 살기 원한다면 이런 태도를 바꿔야 합니다. 시험 결과나 입시 결과가 나오는 날에 의미를 찾는 것이 아니라, 매일매일의 의미가 무엇인지 부모와 아이가 고민해서 지금 이 순간이 모두에게 소중한 경험이 될 것이라는 확신을 가질 수 있어야 합니다.

자녀 교육 뿐 아니라 진로 문제도 마찬가지입니다. 우리는 진로에 대해 생각할 때 현재에서 의미를 찾지 않습니다. 내가 원하는 직업을 획득하는 '그날'에 의미를 둘 때가 많죠. 그래서 내가 원하지 않는 일을 하고 있거나, 일을 하고 싶은데 직업이 없을 때는 의미를 찾지 못하고 자기 자신을 불쌍하게 여기기도 합니다. 특히 자기에게 맞지 않는 일을 하고 있을 경우라면, 먹고살기 위해서 어쩔 수 없다고 생각하면서 억지로 몸을 움직여서 일을 합니다. 수용소에 갇혀서

강제로 노역해야 하는 사람과 크게 다르지 않은 모습입니다. 그러다 보니 당연히 현재의 의미도 모르고 행복하지도 않습니다. 그러면서 빨리 이 직장을 벗어나야 행복해질 수 있다고 생각합니다.

그러나 스톡데일의 생각은 다릅니다. 이 사람이 행복하지 않은 이유는 미래에서 의미를 찾고 있기 때문입니다. 설령 현재의 직업이 만족스럽지 않다고 하더라도, 그 안에도 의미가 있다고 믿고 그 의미를 찾기 위해 노력해야 합니다. 그래서 답을 찾게 되면, 설령 내가 원하지 않는 일을 한다고 하더라도 이전과는 다른 태도로 할 수 있기 때문입니다.

모든 삶의 과정을 수용하기

이렇게 미래가 아니라 현재에서 의미를 찾는 활동을 한 단어로는 수용이라고 말할 수 있습니다. 이것은 스톡데일보다 먼저 수용소에 갇혀서 언제 죽을지 모르는 두려움을 경험한 빅터 프랭클이 한 말입니다. 빅터 프랭클 Viktor Frankl 은 유대인 정신과 의사로서, 2차 세계대전 말에 아우슈비츠를 비롯한 몇 군데의 수용소에 갇혔던 사람입니다. 함께 수용소에 들어갔던 사람의 90퍼센트가 가스실로 가는 것을 경험하면서 그 끔찍한 곳에서 살아남았고, 그런 고통스런 삶 속에서도 의미를 찾을 수 있음을 주장한 사람이기도 합니다.

빅터 프랭클은 미래에서 삶의 의미를 찾는 것을 삶의 의미를 찾는 가장 초보적인 단계로 보았습니다. 그리고 현재 경험하고 있는 고통과 아픔까지도 수용하는 더 높은 단계가 있다고 말합니다.

그런데 이게 생각보다 더 쉽지 않습니다. 우리가 모든 현실을 다 수용하고 싶어 하지는 않기 때문입니다. 사람마다 기준은 다르겠지만, 누구에게나 수용할 수 있는 현실과 수용할 수 없는 현실에 대한 아주 선명한 기준이 있습니다. 어떤 사람에게는 자녀가 청소년기에 다소 방황하거나 약간의 일탈을 보이는 것이 도저히 묵과할 수 없는 문제입니다. 그런 사람이 자녀가 말을 듣지 않는 현실을 마주하게 되면, 그 현실을 받아들이기를 거부하고 어떻게든 자녀를 고치려고 하게 됩니다. 그러나 노력을 해도 변하지 않는다면, 그때는 더 극단적으로 화를 내거나 반대로 아예 무관심해져서 방임하게 되기도 하죠.

어떤 사람에게는 가족이 함께 시간을 보내는 것이 절대 양보할 수 없는 문제가 되기도 합니다. 이 사람은 어떤 일이 있어도 일주일에 한 번은 가족들이 다 같이 모여서 식사하면서 시간을 보내야만 합니다. 그런데 자녀도 배우자도 항상 내 맘 같지는 않죠. 잘 대화하고 설득해서 모두가 같은 마음이면 고민이 없겠지만, 어떤 가족은 그런 자리를 싫어하거나 거부할 수도 있습니다. 그런 사람이 이런 현실을 마주하게 되면 지나친 자괴감이나 우울감을 경험할 수도 있는데, 이는 현실을 수용하지 못해 정서에 문제가 발생하는 것이라 할 수 있습니다.

하지만 빅터 프랭클은 모든 삶의 과정을 수용해야 한다고 당위적으로만 주장하는 것은 아닙니다. 그는 왜 그렇게 해야 하는지를 충분히 설득력 있게 이야기하며, 또 어떻게 그렇게 할 수 있는지 그 구제적인 방법에 대해서도 이야기를 하고 있습니다. 그의 대표 저서인 『죽음의 수용소에서』에 자세한 이야기가 나오는데요. 그중에서 우리에게 적용할 수 있는 방법을 두 가지로 추려서 같이 살펴보려고 합니다. 하나는 '영혼의 자유'를 사용하는 것이고, 다른 하나는 '방향을 바꾸는 것'입니다.

영혼의 자유 사용하기

먼저 영혼의 자유에 대해 알아보겠습니다. 영혼의 자유란 '환경 결정론'에 대응해서 프랭클이 주장했던 개념입니다. 당시의 정신분석학은 환경 결정론의 입장이 강한 편이었습니다. 누군가 심각한 가정 폭력을 경험하면 그 사람이 자라서 또한 가정 폭력의 가해자가 된다는 식으로, 어떤 사람의 인격이나 성격이 결국 환경에 의해 결정된다는 관점이 지배적이었죠.

그런데 빅터 프랭클이 여기에 반기를 든 것입니다. 수용소에서의 경험이 그의 주장을 입증하는 근거가 되었습니다. 수용소에서 사람들은 모두가 다 똑같이 가난해지고 똑같이 나쁜 대우를 받는 상황에 놓였습니다. 그런데 같은 상황에서도 어떤 사람은 이타적이고 남을 위하는 고결한 성품을 보여주는 반면, 어떤 사람은 이기적이고 남을 짓밟고 자기만 생각하는 천박한 성품을 보여주었습니다.

이렇게 완전히 같은 상황을 경험했음에도 전혀 다른 반응을 하는 사람들이 있다는 것을 근거로 빅터 프랭클이 '영혼의 자유'라는 개념을 주장한 것입니다. 어떤 환경에 놓이든 상관없이, 인간은 자신의 태도를 스스로 결정할 수 있는 자유를 가지고 있다는 것입니다. 앞의 예를 통해서 말해보면, 가정 폭력을 경험했다고 해도 폭력의 대물림을 끊을 자유가 당사자한테 있다는 이야기입니다. 이것이 바로 빅터 프랭클이 말한 영혼의 자유입니다.

• • •

이렇게 이야기하면 굉장히 특별한 사람들에게만 해당되는 이야기 같지만, 사실 우리 모두가 영혼의 자유를 경험해보거나 사용해본 적이 있습니다. 특히 결혼을 하고 가족을 이룬 사람들은 이런 경험을 할 일이 많습니다.

가족 간에는 유난히 사소한 일로도 갈등이 심해지는 경우가 많죠. 그때마다 우리가 어떤 반응을 보이는지 유심히 관찰해보면 재미있는 사실을 발견하게 될 것입니다. 바로 우리의 반응이 늘 똑같지는 않다는 사실입니다. 분명 똑같은 상황인데 어떤 때는 불같이 화를 내고, 어떤 때는 굉장히 너그럽게 이해해주면서 넘어가는 모습이 있다는 것입니다. 대상이 변한 것도 아니고 상황도 다르지 않은데 결론이 다른 것은 우리의 선택이 달라졌기 때문입니다. 어떤 때는 화를 내기로 선택을 한 것이고, 어떤 때는 화가 나지만 오히려 상대방을 이해하기로 선택을 한 것입니다. 다만 내게 그런 선택의 자유가 있다는 인식이 없었을 뿐입니다. 빅터 프랭클과 우리의 차이는 여기에 있습니다. 선택을 할 수 있는 자유가 있다는 걸 인식하느냐 그렇지 않느냐의 차이입니다.

이 자유가 있다는 걸 인식한다면 많은 것이 달라집니다. 그런 일이 없으면 좋겠지만, 예를 들어 나의 자녀가 학교에서 친구를 때려서 문제를 일으켰다고 해봅시다. 우리는 이런 상황에서 부모를 수치스럽게 만든 책임을 자녀에게 전가하고 분노를 표출할 수도 있습니다. 하지만 그와 동시에, 아이를 잘못 키운 나의 책임도 있다고 인정하고, 앞으로 폭력을 사용하지 않는 사람으로 키우는 방법을 찾아볼 수도 있겠지요.

영혼의 자유가 있다는 걸 모르는 사람은 우리에게 있는 다양한 선택지 중에 가장 먼저 직관적으로 떠오르는 것을 취합니다. 그러면 지금 내 눈앞에 있는 상황에서 어떤 의미도 찾을 수가 없습니다.

그저 내가 뭘 잘못했기에 나에게 이런 일이 있어났는가 하는 질문만 가득할 따름입니다. 하지만 영혼의 자유가 있다는 것을 아는 사람은 상황 앞에서 바로 반응하지 않습니다. 자유가 있다는 것을 알기 때문에, 상황에 바로 반응해야 할 것 같다는 조급함에 굴복하지 않습니다. 그러면서 어떤 선택을 해야 내가 더 좋은 부모가 될 수 있는지, 그리고 어떤 선택을 해야 우리 아이가 더 좋은 사람이 될 수 있는지를 충분히 숙고합니다. 그렇게 충분히 생각하고 결정을 내리기에 이 사람은 이런 상황에서도 의미를 찾을 수 있습니다. 우리에게 찾아온 인정하기 싫은 현실마저도 수용할 수 있는 것입니다.

질문의 방향을 바꾸기

다음으로는 **질문의 방향을 바꾸는 것**에 대해 살펴보겠습니다. 우리는 힘든 삶을 마주하게 되면 처음에는 이 삶을 바꾸려 합니다. 그리고 바뀌었으면 하는 마음으로 기대를 합니다. 예를 들어 가족 중에 누가 아프다면 그 사람이 빨리 건강해졌으면 하는 기대를 가지게 됩니다. 너무나도 당연한 반응이죠. 괴로움을 즐기는 사람이 아니라면, 어서 그 상황이 바뀌기를 당연히 기대할 것입니다.

그러나 우리의 힘으로 해소할 수 없는 어려운 문제를 만난다면 이야기가 달라집니다. 삶이 바뀌기를 기대하면 기대할수록 실망이 더 커지기 때문입니다. 빅터 프랭클은 이때 방향을 바꿔야 한다고 말합니다. 삶이 바뀌기를 기대하는 것이 아니라, 삶이 나한테 기대하는 것이 뭘까 생각하며 질문의 방향을 완전히 바꾸라는 것입니다.

예를 들어 가족 중의 한 사람이 불치병에 걸렸다고 생각해봅시다. 처음에는 불치병에 걸렸다는 사실 자체를 부정하고 싶을 것입니다. 그러다가 시간이 흐르면 마음속에서 화가 올라옵니다. 누구에게 던지는지 모를 질문이 생겨납니다.

'왜 나한테 이런 일이 생겼지?'

질문의 방향을 바꾸라는 것은 이런 상태를 두고 하는 말입니다. 왜 나한테 이런 일이 생겼는지를 묻지 말고 다른 질문을 던지라는 뜻입니다. 예를 들어 이렇게 질문할 수 있습니다.

'살 날이 얼마 안 남았다면 뭘 해야 하지?'

질문의 방향을 바꾸는 것만으로도 많은 것이 달라집니다. 그간 바빠서 하지 못했던 이야기들을 가족들에게 들려줘야겠다고 생각할 수 있습니다. 그러면 병상에서 대화하는 시간을 더 많이 가지게 되겠죠. 일상적인 대화를 넘어서, 그전에는 쑥스러워서 하지 못했던 이야기들도 나눌 수 있을 것입니다. 이렇게 질문의 방향을 바꾸면 현실을 받아들이고 수용하며, 그 속에서 의미 있는 선택을 할 수 있게 됩니다. 하지만 이렇게 하지 못하는 사람들도 많죠. 끝까지 어떻게든 병을 고쳐보려고 정보를 찾고, 약을 찾고, 행동하고 바쁘게 보내는 사람들도 있습니다. 이런 것도 물론 중요하고, 자연스러운 반응입니다. 하지만 그러다가 정작 나누고 싶었던 말들은 거의 하지 못한 채 가족들과 이별하는 안타까운 경우들도 종종 있습니다. 끝까지 삶이 나한테 기대하는 것이 뭔지 물어보지 않았기 때문입니다.

• • •

물론 '삶이 나한테 기대하는 것이 무엇이냐'는 질문이 어렵게 느껴지는 분도 있을 것입니다. 다소 현학적이거나 추상적으로 생각될 수 있죠. 그렇다면 앞에서 예로 들었던 질문을 생각해보세요. 우리는 어려운 삶을 만났을 때 보통은 이렇게 질문합니다.

'왜 나한테 이런 일이 생겼지?'

이 질문의 배경에는 이런 일은 나한테는 일어나면 안 된다는 생각이 깔려 있습니다. 그런데 좀 더 깊이 들어가보면, 그 생각은 그 일이 다른 사람한테는 일어날 수도 있다는 것입니다. 나한테 일어나는 건 안 되고 다른 사람들한테 일어나는 건 가능하다는 뜻이죠.

이런 생각을 할 수 있는 이유는 자기 자신이 특별한 사람이라고 생각하기 때문입니다.

그런데 이런 생각을 가지고 있으면 행복하기가 힘듭니다. 나에게 좋은 일이 일어났어도, 나는 특별한 사람이니까 어찌 보면 당연한 일이 될 수 있고, 나에게 나쁜 일이 일어났다면 특별한 사람에게 이런 일이 일어났다는 걸 견디기가 힘들어서 괴로울 수 있기 때문입니다.

그러니 질문의 방향을 바꿔야 합니다. 내가 특별한 사람이라는 생각을 버려야 합니다. 그러면 질문의 방향이 바뀔 것입니다. "왜 나한테 이런 일이 생겼지?"라고 묻는 게 아니라 "나라고 왜 이런 일이 안 생기겠어?"라고 묻게 될 것입니다. 내가 특별한 사람이 아니라면, 감당하기 어려운 일이 나한테 찾아오는 것이 그리 이상한 일은 아니기 때문입니다.

이렇게 질문의 방향을 바꿀 때, 우리는 내가 특별한 사람이라는 착각에서 벗어날 수 있습니다. 내가 특별한 사람이라는 착각에서 벗어나면 나만 고통스럽다는 원망과 울화에서 벗어날 수 있습니다. 거기서 벗어나기만 해도 이 상황에서 무엇을 해야 할지 생각할 수 있고, 무엇이 의미 있는 선택인지 분별할 수가 있습니다. 이런 과정을 통해 우리는 받아들이기 힘들었던 현실에서도 의미를 찾아낼 수가 있습니다.

· · ·

모든 사람의 앞날에 모두가 바라는 미래가 있다면 그보다 좋은 일은 없을 것입니다. 그러나 안타깝게도 현실은 그렇지 않습니다. 자신이 바라지 않았던 미래를 마주해야 하는 사람들이 그렇지 않은 사람보다 훨씬 많습니다. 그리고 바라지 않았던 미래가 현실이 될 때, 사람들은 현실을 부정합니다. 고통스러운 시간 속에서 나를 찾기 위한 시도조차 하지 않습니다.

그러나 스톡데일 대령이나 빅터 프랭클을 통해서, 우리는 그 속에도 내가 있음을 배웠습니다. 스톡데일이나 빅터 프랭클은 원래부터 특별한 사람은 아니었지만, 어려운 현실을 수용하면서 자신을 찾았기에 특별한 사람이 되었습니다.

우리도 그럴 수 있습니다. 어려운 현실을 수용하면서 그 속에 있는 나를 찾는다면 우리 또한 특별한 사람이 될 수 있습니다. 그러니 혹시라도 내가 바라지 않았던 미래를 마주한다 해도 현실을 너무 부정하지는 마세요. 영혼의 자유를 사용하고 질문의 방향을 바꿔서 현실을 수용해보세요. 그런 과정을 통해 지금까지 몰랐던 특별한 나를 찾을 수 있을 것입니다.

회복탄력성을 키우는
나를 찾기

나가며

모든 사람이 골리앗 앞에서 무기력해지고 좌절했을 때 다윗은 그러지 않았습니다. '나'를 찾았기 때문이죠. 우리도 그렇게 할 수 있습니다. 너무나 거대해 보이고 감당하기 어려운 일들이 찾아왔을 때 무기력에 빠지지 않고 좌절하지 않을 수 있습니다. 나를 찾는다면 말입니다.

물론 나를 찾는 것이 쉬운 일은 아닙니다. 내가 누구인가 하는 것은 철학자들의 영원한 숙제라고 불릴 정도로 어려운 일이기 때문입니다. 그리고 당장 해결해야 할 문제들이 산적해 있는 상황에서 나를 찾는 일은 선뜻 실행하기 어려운 것이 당연합니다. 급한 일들을 먼저 해야 할 것 같다는 생각이 들기 때문이죠.

만약 인생이 단거리 달리기라면, 그런 생각도 충분히 일리가 있습니다. 단거리 달리기에서는 다른 생각할 틈 없이 무조건 열심히 달리는 것이 중요하기 때문입니다. 하지만 ==인생은 단거리 달리기가 아닙니다.== 오히려 마라톤과도 비교할 수 없는 초장거리 달리기에 가깝죠. 인생이라는 달리기를 완주하기 위해서는 무작정 달린다고 되는 것이 아닙니다. 내가 완주할 수 있는 페이스를 찾는 것이 먼저입니다. 나를 찾는다는 것은 이런 것입니다.

장거리 달리기에서 속도보다도 자기 페이스를 찾는 것이 중요한 이유가 있습니다. 페이스를 잃으면 어느 순간 숨이 가빠져서 더 이상 뛸 수 없다는 생각에 사로잡히게 됩니다. 그러면 결국 주저앉게 되고 말죠. 하지만 페이스를 유지하며 달리는 사람은 다릅니다. 흔들리지 않고 나만의 페이스로 꾸준히 달린 사람은 아무리 힘들어도 더 뛸 수 있다고 생각합니다. 자신의 페이스대로 뛸 때 얼마나 오래 달릴 수 있는지를 잘 알기 때문입니다.

그러니까 나의 개성을 살펴보고, 나의 약점을 긍정하고, 나의 욕구를 분별하고, 나의 행복을 찾아보면서 '나'라는 사람이 어떤 사람인지 알아가봅시다. 때로 삶에 답이 없는 것처럼 보일 때는, 그 삶을 수용하면서 내 삶의 의미를 찾아봅시다. 그러다 보면 더 이상 할 수 없다고 말하며 주저앉는 경험이 점차 줄어들 것입니다. 그리고 아직 달릴 수 있다는 마음이 솟아날 것입니다. 이런 방식으로 우리는 회복탄력성을 키울 수 있습니다.

물론 한 번에 내가 누구인지 찾을 수는 없습니다. 그게 가능한 사람은 거의 없습니다. 위대해 보이는 사람들도 평생에 걸쳐서 자신이 누구인지를 알아갔습니다. 그러니 조급해하지는 마세요. **지금 시작하기만 해도 충분합니다.** 앞으로 몇 번이고 반복해서 나를 찾아가면 됩니다. 내가 과정 중에 있다고 생각했으면 좋겠습니다. 그렇게 그 과정에 집중하다 보면, 어느새 회복탄력성이 높아진 자신을 발견하게 될 것입니다.

●●● 인생이라는 달리기를 완주하기 위해서는
무작정 달린다고 되는 것이 아닙니다.
내가 완주할 수 있는 페이스를 찾는 것이 먼저입니다.
나를 찾는다는 것은 이런 것입니다.

3장
자존감 높이기

늑대가 자존감이 높았다면?

들어가며

이솝 우화에 있는 많은 이야기 중에는 자존감에 관한 우화도 있습니다. 이 우화의 주인공은 늑대입니다. 늑대는 욕심이 많았습니다. 누구보다도 더 위로 올라가서 왕이 되고 싶은 마음이 컸습니다. 사자라는 절대 강자가 있었기에 가능성이 전혀 없었지만, 늑대의 욕심은 가라앉지 않았습니다. 늘 늑대의 마음속에는 사자가 앉아 있는 그 자리에 자기가 앉으면 좋겠다는 소망이 있었습니다.

그러던 어느 날 해가 저물고 있을 때였습니다. 그날도 늑대는 왕의 자리에 앉지 못하는 자신의 운명을 슬퍼하면서 땅을 쳐다보며 걷고 있었죠. 그러다 문득 자신의 그림자가 눈에 들어왔습니다. 해가 저물어가고 있었기 때문에 늑대의 그림자는 아주 길게 늘어져 있었습니다. 그림자를 보고 늑대는 이렇게 말했습니다. "아! 내가 이렇게 크구나!" 갑자기 늑대의 마음속에 자신감이 가득 차올랐습니다.

늑대는 그 순간부터 자기가 알고 있던 상식들을 의심하기 시작했습니다. 사자가 절대적으로 강하다고 알려져 있지만 사실 자기 주위에 사자랑 싸워본 동물은 없었다는 생각을 떠올렸습니다. 그런 다음 길게 늘어진 자기의 그림자를 다시 한번 보았습니다. 이 정도 크기라면 사자랑 싸워도 이길 것만 같았습니다. 아무리 생각해 봐도 사자에 대한 소문은 과장이었구나 하는 생각이 들었습니다.

그래서 늑대는 큰 소리로 외쳤습니다. "사자야, 나와라! 내가 왕이다!" 그 소리를 듣고 정말로 사자가 나타났습니다. 그리고 순식간에 늑대를 물어버렸죠. 늑대는 죽어가면서 큰 소리로 한탄했습니다.

"그림자가 아니라 내 모습을 봤어야 했어!"

이 우화는 자존감에 대한 오해가 무엇인지 잘 알려줍니다. 늑대는 자기의 실제 모습이 아니라 심하게 과장된 자기의 모습을 보고 기분 좋아했습니다. 늑대의 이런 모습을 높은 자존감이라고 착각하는 사람들이 의외로 많지만, 그건 진정한 자존감이 아닙니다. 진정한 자존감은 우리 삶을 더 풍요롭게 만들어주는 것인데, 늑대의 자존감은 자신의 삶을 망가뜨려버렸기 때문이죠.

∴

　진정한 자존감이란 무엇일까요? 우리는 늑대의 마지막 말에 주의를 기울여야 합니다. 그림자가 아니라 실제 우리 모습을 있는 그대로 봐야 한다는 것 말이죠. 그게 진정한 자존감입니다. 그리고 진정 자존감이 높다는 것은 '있는 그대로 보고, 본모습을 그대로 존중하는 것'을 가리킵니다.

　늑대가 진정 자존감이 높았다면, 자기는 결코 사자를 이길 수 없고 왕이 될 수 없음을 인정했을 것입니다. 동시에 왕이 될 수 없는 자기의 삶까지도 존중했을 것입니다. 이것이 바로 높은 자존감이고, 우리 부모들에게 정말로 필요한 것입니다. 특히 자신이 생각하는 이상적인 부모의 모습에 미치지 못해서 힘들어하는 이들에게는, 진정한 자존감이 절실히 필요합니다.

　자신의 모습을 있는 그대로 받아들이지 못하는 이유는 에너지가 부족하기 때문입니다. 자기를 비난하는 데 에너지를 불필요하게 사용하니 당연한 결과입니다. 이럴 때, 우리는 뭘 해보고자 하는 의욕을 가지기가 어렵습니다. 마음에 에너지가 없기 때문입니다.

　하지만 자신의 모습을 있는 그대로 받아들이게 되면 상황은 달라집니다. 우선은 불필요하게 에너지를 낭비하지 않습니다. 그러면 사용할 수 있는 에너지가 늘어난 것과 같은 효과가 있죠. 할 일이 많아져도 충분히 감당할 수 있고, 스스로 그것을 감당할 수 있다고 생각하면 자연스레 마음에 의욕이 생기게 됩니다.

    이런 모습이 바로 우리가 기대하는 건강한 마음의 모습입니다. 자존감을 높이면 회복탄력성도 따라서 높아집니다. 그러니 꺼져가는 의욕을 되살리고 마음의 건강을 회복하고 싶은 분들이라면 이제부터 나올 이야기들을 통해서 자존감이 무엇이고, 그것을 어떻게 높일 수 있을지 함께 알아보면 좋겠습니다.

> ●●● 늑대가 진정 자존감이 높았다면,
> 왕이 될 수 없는 자기의 삶까지도 존중했을 것입니다.
> 이것이 바로 높은 자존감이고,
> 우리 부모들에게 정말로 필요한 것입니다.

개념 정리로
자존감 높이기

'자존감'이라는 용어는 원래는 일상생활과 거리가 먼 단어였습니다. 심리학이나 정신의학에서나 사용되는 용어였기 때문입니다. 그런데 지금은 자존감이라는 단어를 낯설게 생각하는 사람이 거의 없을 정도로 아주 대중적인 용어가 되었습니다.

2017년 무렵부터 한국 사회에 불기 시작한 자존감 열풍을 주도한 대표적인 책으로 『자존감 수업』이 있는데요. 지금까지 100만 부 가까이 팔린 어마어마한 베스트셀러입니다. 이 책의 저자는 책을 출간한 적 없는 무명 저자였고, 출판사도 크지 않은 곳이었습니다. 그러나 자존감이라는 주제가 독자들의 간절한 열망과 맞닿았기에 무명 저자와 작은 출판사가 낸 책이 베스트셀러가 되었습니다. 얼마나 많은 사람들이 자존감에 대해 열렬한 관심을 가지고 있는지 보여주는 예입니다.

자존감에 관한 이야기는 여전히 많은 사람들의 관심을 끌고 있습니다. 자존감에 대한 책이나 영상들도 많이 나오고 있죠. 얼핏 생각하면 자존감에 대해서 더 알기 좋아진 상황인 것 같기도 하지만, 자세히 들여다보면 꼭 그렇지만은 않아 보입니다. 왜냐하면 정보는 너무나 많은데 통일성이 없기 때문입니다. 자존감이 수학의 공리처럼 명확하게 세계 공통으로 정리된 개념이 아니라서 그렇습니다.

자존감이 무엇인지 설명하라고 하면 사람마다 조금씩 다른 이야기를 합니다. 서로 아예 반대되는 이야기도 있습니다. 예를 들어, 다른 사람에게 좋은 평가를 받는 것이 자존감을 높이는 방향이라고 이야기하는 사람도 있는 반면에, 다른 사람의 평가를 통해 자존감을 찾는 것은 자존감을 죽이는 방향이라고 이야기하는 사람도 있습니다. 서로 관련 없는 분야에 종사하는 사람들이 다른 이야기를 하면 몰라서 그렇겠거니 할 수 있겠지만, 심리학을 연구하는 학자들 간에도 이렇게 의견이 다릅니다. 그러다 보니 자존감 열풍이 불고 자존감에 대한 글이 많아질수록, 역설적으로 자존감이 무엇인지 제대로 알기가 어려워집니다.

그렇기 때문에 자존감을 높이기 위해서는 자존감의 개념이 무엇인지 잘 정리해야 합니다. 진단이 정확해야 처방이 정확할 수 있기 때문입니다. 그래서 지금부터는 자존감이 정확하게 무슨 뜻인지, 그리고 자존감이 높거나 낮은 이유는 무엇인지 알아보려고 합니다. 물론 제가 이야기하는 것이 정답은 아닙니다. 자존감의 개념을 명확하게 정의내릴 수 있는 권위는 어느 누구에게도 없기 때문입니다. 하지만 저는 자존감의 사전적 정의뿐 아니라 오랫동안 이 주제를 연구한 학자의 의견에 기대서 설명하려 합니다.

자존감은 감정이 아니라 생각이다

먼저 자존감의 사전적 정의를 살펴보겠습니다. 우리말샘 사전을 보면, 자존감이란 "스스로 자기를 소중히 대하며 품위를 지키려는 감정"입니다. 나에 대해 느끼는 감정을 자존감으로 보는 것입니다. 이 말은 자존감이라는 단어의 한자어를 직역한 뜻풀이입니다.

실제로 많은 사람들이 이런 의미로 자존감을 이해합니다. 2017년에 20대 청년들을 대상으로 자존감이 낮아지는 순간이 언제인지 조사한 설문조사가 있었는데요. 조사 결과 자존감이 낮아지는 순간 1위는 "행복해 보이는 지인의 SNS를 볼 때"였습니다. 타인의 행복한 모습을 보고 자신과 비교하면서 우울감, 비참함, 열등감 같은 감정들을 느끼는 순간과 낮은 자존감을 연결지은 것입니다. 이 설문조사에 응답한 사람들은 자기의 모습이나 자신의 상황에 대해 느끼는 여러 감정들을 자존감이라고 생각했습니다. 자기에 대해 나쁜 감정을 느끼면 자존감이 낮다고 말하고, 자기에 대해 좋은 감정을 느끼면 자존감이 높다고 말한 것입니다. 물론 어쩌다 한 번 있는 일로 그렇게 말하지는 않았겠죠. 자기에 대해 나쁜 감정을 느끼는 날이 많다고 느끼면 그럴 때 자존감이 낮다고 말할 것입니다. 그리고 그런 상황이 지속적으로 유지되는 사람들이 그걸 해결하기 위해서 자존감에 관한 책들을 찾다 보니 자존감 열풍이 불었을 것입니다.

그런데 자존감을 감정이라고만 생각하면 설명되지 않는 부분이 있습니다. 예를 들어, 어떤 사람이 친구의 SNS를 보고 자신에 대해서 안 좋은 감정들을 느꼈는데, 그 이후에 거울을 보면서 자기 외모를 보고 자기에 대해 좋은 감정을 느꼈다고 생각해봅시다. 그러면 이 사람의 자존감은 높아진 것일까요? 아마도 대부분은 그렇지 않다고 생각할 것입니다. 자기에 대해 느끼는 감정이 바뀌었다고 해도 그건 일시적인 것이고, 중요한 본질은 바뀌지 않았다고 생각할 수 있기 때문입니다. 이를 보면, 사람들이 자존감을 단지 감정에만 국한시켜 생각하지는 않는다는 것을 알 수 있습니다. 사람들은 자신에 대해 느끼는 감정이 일시적으로 변한다고 해도 변하지 않는 본질이 따로 있다고 생각합니다. 그런데 자존감이라는 단어 자체는 이 본질을 잘 담아내지 못합니다.

자존감을 영어로는 'self-esteem'이라고 합니다. 여기에는 감정이라는 단어가 들어가지 않습니다. 그리고 존중이라는 단어도 들어가지 않죠. 이 개념의 핵심을 이루는 것은 평가 esteem 입니다. 평가는 감정이 아니라 생각의 영역입니다. 소위 잘나가는 친구의 SNS를 보면 누구라도 부정적인 감정이 생길 수 있습니다. "사촌이 땅을 사면 배가 아프다"라는 속담은 그것이 보편적인 감정임을 알려줍니다. 자존감을 감정이라고 보면 자존감이 높은 사람과 낮은 사람의 구분이 쉽지 않습니다.

그런데 자존감을 생각이라고 보면 상황이 달라집니다. 어떤 사람이 자존감이 높은 사람이고 어떤 사람이 자존감이 낮은 사람인지 구분하기가 쉬워집니다. 그 사람의 생각을 보면 되기 때문이죠. 친구의 SNS를 본 후에 '내 인생은 왜 이럴까?'라고 생각하면서 자기 인생에 대해 부정적인 평가를 한다면 그 사람은 자존감이 낮은 사람입니다. 반면 똑같은 경험을 했어도 '나는 나름대로 잘 살고 있어'라고 생각하면서 자기 인생에 대해 우호적인 평가를 하는 사람은 자존감이 높은 사람입니다. 감정이 아니라 생각을 기준으로 하면 자존감에 대해 더 많은 것들을 설명할 수 있습니다.

그리고 생각이 기준이라면 나의 자존감이 어떤 상태인지 파악하기도 쉬워집니다. 내가 나 자신을 어떻게 평가하고 있는지 생각을 정리해보면 되기 때문이죠. 자신이 감당하고 있는 사회적인 역할들을 한번 생각해보세요. 다양한 역할들이 있을 것입니다. 엄마 혹은 아빠라는 역할이 있기도 하고, 직장인 혹은 사업가라는 역할이 있기도 하고, 누군가의 아들 혹은 딸이라는 역할도 있을 것입니다. 이 목록들을 보면서 내가 어떻게 평가하고 있는지 생각해보는 것입니다. 복잡하게 생각할 필요도 없습니다. 그저 좋게 평가하고 있는지 나쁘게 평가하고 있는지만 생각해보면 됩니다. 그래서 종합해봤을 때, 나쁜 평가가 압도적으로 많은 것이 아니라면 자존감이 특별히 낮거나 문제가 있는 것이 아니므로 너무 의기소침해질 필요는 없습니다. 설령 나쁜 평가가 압도적으로 많이 나왔다고 해도 너무 걱정할 필요는 없습니다. 감정은 바꾸기가 쉽지 않지만, 생각은 얼마든지 달라질 수 있기 때문입니다.

자존감에 대한 지도가 필요하다

자존감은 감정이 아니라 생각이며, 생각은 바꿀 수 있다고 했습니다. 그런데 생각을 바꾸기 위해서는 원인을 잘 찾아야 합니다. 예를 들어, 세상에 자기를 좋아하는 사람이 없을 거라고 생각하는 사람이 있다고 해봅시다. 이 사람은 자기에 대해서 굉장히 부정적인 평가를 내리고 있습니다. 이 생각을 바꾸기 위해서는 먼저 이런 생각을 하게 된 원인을 찾아야 합니다.

그런데 여기에 어려움이 있습니다. 물리적인 세계는 찾고 또 찾다 보면 발견하지 못할 것이 없지만, 정신의 세계는 크기나 높이의 제한이 없기 때문에 무턱대고 찾아 나선다고 원하는 것을 찾기는 어렵다는 점입니다. 따라서 우리에게는 원인을 어디에서 찾아야 하는지 대략적인 지도가 필요합니다. 즉 자존감의 정의가 무엇이고, 자존감이 무엇으로 이루어져 있는지를 아는 것이 필요합니다.

물론 자존감을 다루는 많은 책들이 이것에 대해 이야기합니다. 대부분 제일 처음에 자존감의 정의나 자존감의 구성 요소 등을 다루죠. 그러나 형식적인 언급에 그치는 경우가 많습니다. 앞에서 자존감의 정의나 구성 요소를 언급하기는 하지만, 뒤에 가서까지 그 내용을 활용하지 않는 경우가 정말 많습니다. 자존감이 낮은 이유를 언급하면서 앞에서 이야기한 자존감의 정의를 활용하지 않는 경우도 많고, 자존감을 높이는 방법을 얘기하면서 역시 앞에서 이야기한 자존감의 구성 요소를 사용하지 않는 경우도 부지기수입니다. 이건 지도를 펼쳐놓고 지도와 상관없이 길을 찾는 모양새라 할 수 있습니다. 지도와 상관없이 길을 찾는다는 것은 근거가 없이 직감에 의존한다는 뜻입니다. 자존감이 무엇인지, 그 구성 요소는 무엇인지 밝혀놓고 그것과 상관없이 자존감에 대한 해법을 준다면, 그 해법은 직감에 의존한 해법이라고 볼 수 있겠죠. 물론 직감에 의존한 해법이라고 해도 통찰력이 있기에 도움은 되겠지만, 자신의 문제를 객관적으로 파악하고 해결할 방도를 찾으려고 할 때 큰 도움은 되지 않을 것입니다.

그래서 이제부터 이런 지도를 명확하게 그린 후에, 그에 따라서 자존감을 연구한 심리학자를 소개하고자 합니다. 자존감이라는 개념을 대중에게 처음으로 알렸으며, 자존감의 원리가 무엇인지를 명확하게 규명한 심리학자 너새니얼 브랜든 Nathaniel Branden입니다. 너새니얼 브랜든이 명확하게 그려준 자존감의 지도는 다음과 같습니다.

자존감 self-esteem = 자기효능감 self-efficacy + 자기가치감 self-respect

여기서 자존감은 '자기에 대한 평가'라고 앞에서 설명했습니다. 우리가 관심이 있는 것은 자신을 높이 평가하거나 낮게 평가하게 되는 그 원인이 어디에 있는가 하는 것이었는데, 너새니얼 브랜든은 그 원인이 무엇인지 밝혀줍니다. 그에 따르면 자기 자신에 대한 평가를 좌우하는 것은 자기효능감과 자기가치감입니다. 결국 나의 자존감이 왜 이러한지를 알기 위해서는 자기효능감과 자기가치감이 무엇인지 잘 이해하고, 그 개념들을 지도 삼아서 원인을 찾으면 됩니다.

자기효능감과 자기가치감

자기효능감은 '발전할 수 있다는 믿음'입니다. 이는 성공할 수 있다는 믿음이 아닙니다. 성공할 수 있다는 믿음은 자기효능감이 아니라 전지전능감이라고 불러야 어울릴 것입니다. 발전할 수 있다고 믿는 사람은 지금 하려고 하는 일이 실패할 수도 있다는 걸 인정합니다. 설령 실패하더라도, 교훈을 배워서 다음에는 보다 발전할 수 있을 것이라고 믿습니다.

자전거를 배우는 과정을 생각해봅시다. 자전거를 배울 때 한 번도 넘어지지 않는 사람은 없습니다. 누구나 넘어지면서 배웁니다. 운동신경이 아주 뛰어난 사람이 아니라면 여러 번 넘어져야 자전거를 배울 수 있습니다. 그런데 계속 넘어지면서도 연습을 지속할 수 있는 이유가 뭘까요? 바로 자기효능감 때문입니다. 비록 이번에는 실패했어도 다음에는 더 발전할 수 있다는 믿음이 있기 때문이죠. 그래서 또다시 넘어질 수 있는 것입니다. 그리고 그렇게 하다 보면, 결국 넘어지지 않고 자전거를 탈 수 있게 됩니다.

자기가치감은 '누군가는 나를 원할 거라는 믿음'입니다. 예를 들어 대학을 졸업하고 취업이 잘 안 되는 청년이 있다고 생각해봅시다. 이런 상황에 처하면 만나는 사람이 줄어드는 경우가 많습니다. 동창회 같은 모임에 나가는 것도 피하게 되죠. 다른 사람들이 나

같은 사람과 만나는 걸 원하지 않을 거라는 생각이 들기 때문입니다. 조금 심하게 말하면 아무도 나를 원하지 않을 거라는 생각이 드는 것이죠. 이것이 자기가치감이 낮은 상황입니다.

반대로 이런 어려운 상황 속에서도 친구들을 만나는 데 거리낌이 없고, 동창회 등에 나가서 자기의 상황을 솔직하게 이야기할 수 있다면, 그 사람은 자기가치감이 높다고 할 수 있습니다. 자기가 어떤 상황이어도 사람들이 자기를 원할 거라는 믿음이 있는 것이죠.

'가치가 있다'는 것이 추상적으로 느껴질 수 있어서 그 의미를 더 잘 살리는 표현을 떠올려본 것이 '누군가는 나를 원할 거라는 믿음'입니다. 자기가치감이 낮은 사람은 한 사람에게 거절당했는데, 마치 모든 사람에게 거절당하는 것 같은 느낌을 받기 때문입니다. 그래서 단순히 한 사람에게 거절당한 아픔을 느끼는 것이 아니라, 온 세상에 거절당한 것 같은 아픔을 느낍니다. 그러면 회복이 쉽지 않죠. 그런데 자기가치감이 높은 사람은 다릅니다. '이 사람'이 나를 거절한 것이지, 다른 사람은 그렇지 않을 거라고 믿습니다. 누군가는 나를 원할 거라고 믿는 것이죠. 그러니 그 사람에게 거절당한 크기만큼만 아픕니다. 털어내고 다시 일어설 수 있는 아픔이죠.

사회에서 거절당한 경우도 마찬가지입니다. 취업에 몇 번 떨어지고 나면 세상이 자기를 필요로 하지 않는다는 생각이 들고 자기를 자책하게 되는 경우가 많습니다. 그런데 자기가치감이 높은 사람은 이 회사가 아니라도 어딘가는 나를 원할 거라고 믿습니다. 그렇기 때문에 자기를 너무 자책하지 않습니다. 심지어 자기 같은 사람을 알아보지 못한 이 회사가 후회할 거라면서 웃는 여유를 보일 수도 있죠.

・ ・ ・

이 두 가지를 지도 삼아서 우리의 자존감에 대해 탐색해 나갈 수 있습니다. 앞서 말한 예를 다시 생각해볼까요? 자기를 좋아하는 사람이 없을 거라고 생각하는 사람 말입니다. 이는 대인 관계의 측면에서 자기에 대한 평가가 매우 낮은 것이라 할 수 있습니다. 이런 사람이 바로 자존감이 낮은 사람입니다. 그런데 자존감이 낮다는 걸 단순히 아는 데서 끝나면 안 됩니다. 왜 자존감이 낮아졌는지 그 원인을 알아야 앞으로 그것을 어떻게 높일 수 있는지도 알 수 있기 때문입니다. 그리고 이를 알기 위해서는 자기효능감과 자기가치감의 측면에서 살펴보면 된다고 이야기를 했는데, 정말 그런지 확인해보겠습니다.

먼저 자기효능감의 측면에서 살펴볼까요? 자기효능감은 더 발전할 수 있다는 믿음이라고 했습니다. 이런 측면에서 봤을 때 이 사람이 자기를 좋아하는 사람이 없을 거라고 생각하는 이유는 지금뿐 아니라 앞으로도 자기를 좋아하는 사람이 없을 거라고 믿기 때문입니다. 대인 관계에서 아무리 노력을 해봐야 나아질 것이 없다고 믿고 있기에 자존감이 낮은 것입니다.

다음으로는 자기가치감의 측면에서 생각해봅시다. 자기가치감은 누군가는 나를 원할 거라는 믿음이라고 했습니다. 그러면 이 사람이 자기를 좋아하는 사람이 없을 거라고 생각하는 이유는 주위의 모든 사람들이 자기를 좋아하지 않는다고 확신하기 때문입니다. 하지만 이 사람이 자기 주위의 모든 사람에게 자기를 좋아하는지 확인해본 것은 아니겠죠. 그저 그렇게 믿을 뿐입니다. 이 사람에게 필요한 것은 지금 내 눈에는 안 보여도 누군가는 나를 원할 거라는 믿음인데, 그것이 없기 때문에 자존감이 낮은 것입니다.

개념 정리로 해답 찾기

지금까지 자존감이 무엇인지를 알아보고, 자존감의 지도가 어떻게 생겼는지를 알아보았습니다. 자존감의 개념에 대해서 정리를 한 셈이죠. 어쩌면 너무 원론적인 이야기만 한 것은 아닌가 하는 생각이 들지도 모르겠습니다. 하지만 **잘 정리된 개념은 잘 적용할 수 있는 해답을 낳습니다.**

자존감의 문제를 해결하기 어려운 것은 방법을 몰라서가 아닙니다. 사실 자존감의 문제를 해결하기 위한 방법은 이미 너무나도 많이 알려져 있습니다. 우리에게 없는 것은, 그 많은 방법들 중에 어떤 것을 사용해야 하는지 선택할 수 있는 <mark>지혜</mark>입니다. 이런 지혜는 개념을 잘 정리할 때 나오는 법이죠. 예를 들어, 자신의 자존감이 낮은 이유가 대학 입시에 실패했기 때문이라고 생각해서 더 좋은 대학에 가기 위해 애쓰는 사람이 있다고 생각해봅시다. 좋은 대학에 가려고 애쓰는 것은 본인에게는 유익한 일입니다. 그러나 이 방법이 정말 맞는지에 대해서는 의문이 있을 수 있죠. 이때 필요한 것이 잘 정리된 개념입니다.

자기효능감과 자기가치감이라는 관점에서 이 솔루션이 합당한지를 점검해보겠습니다. 먼저 자기효능감의 관점에서 보겠습니다. 자기효능감은 내가 나아질 수 있다는 믿음이라고 했습니다. 나아질 거라는 믿음이 있기 때문에 계속 넘어지면서도 자전거를 탈 수 있다는 예시도 생각해보았습니다. 이런 관점에서 보면, 이 사람은 원하는 점수를 얻지 못해서 자존감이 낮은 것이 아니라, 앞으로 더 노

> ●●● 자존감의 문제를 해결하기 어려운 것은 방법을 몰라서가 아닙니다.
> 우리에게 없는 것은, 그 많은 방법들 중에 어떤 것을 선택할 수 있는 지혜입니다.
> 이때 필요한 것이 잘 정리된 개념입니다.

력을 한다고 해도 나아질 거라는 생각이 들지 않아서 불안하기 때문에 자존감이 낮은 것이라 할 수 있습니다.

다음으로는 자기가치감의 관점에서 보겠습니다. 자기가치감은 누군가는 나를 원할 거라는 믿음이라고 했습니다. 좀 더 자세히 이야기하면, 내가 아무리 실패해도 누군가는 나를 좋아하고 만나고 싶어 할 거라는 믿음을 가리키는 것이죠. 이런 관점에서 보면, 이 사람이 자존감이 낮은 이유는 자신이 입시에 실패했기 때문에 다른 사람들이 자신을 무시하거나 외면할 것이라는 생각 때문이라고 볼 수 있습니다. 입시 결과 그 자체 때문에 자존감이 낮은 것이 아닙니다.

이렇게 원인이 분명하게 파악되면 해법도 달라집니다. 자존감을 올바르게 안다면 입시 결과를 자존감을 높이는 해법으로 삼지는 않을 것입니다. 외적 조건을 바꿔서 문제를 해결하려고 하기보다는 자기의 생각을 더 들여다볼 것입니다. 자기 자신에 대한 생각이나 타인에 대한 생각이 자기의 자존감을 결정한다는 것을 알고 있기 때문입니다. 이런 생각들을 어떻게 바꿀 수 있는지는 이후에 더 자세히 다루도록 하겠습니다. 여기에서는 자기효능감과 자기가치감이라는 두 개의 단어만 기억해도 충분합니다. '내가 더 발전할 수 있다는 믿음'과 '누군가는 나를 원할 거라는 믿음'이 자존감을 이루고 있다는 것만 떠올려도 나의 자존감을 이해하는 데는 충분할 것입니다.

· · ·

우리는 어떻게 하면 자존감을 높일 수 있는지 그 방법을 알고 싶어 합니다. 그리고 그 방법을 알려주는 책들 또한 많이 있습니다. 그러나 우리에게는 방법이 아니라 정확한 개념이 필요합니다. 온도를 높이기 전에 온도계가 필요하고, 피아노를 더 빠른 박자로 연주하기 전에 메트로놈이 필요한 것과 같습니다.

다행히 너새니얼 브랜든이 우리에게 자존감의 개념을 정확하게 알려주었습니다. 이제 우리에게는 자기효능감과 자기가치감이라는 기준이 있습니다. 하지만 우리가 실생활에서 쓰는 단어가 아니어서 활용하기가 쉽지만은 않습니다.

그러니 시간이 날 때마다 스스로에게 물어보세요. 나는 발전할 수 있다는 믿음(자기효능감)이 있는지, 그리고 누군가는 나를 원할 거라는 믿음(자기가치감)이 있는지 나에게 계속 물어보세요. 그러다 보면 다소 어려워 보이는 이 개념들이 온전히 이해되고, 그것으로 내 자존감의 상태를 명확히 진단할 수 있게 될 것입니다.

분별력으로
자존감 높이기

2018년 미국의 존스홉킨스 대학에서는 자존감에 대한 새로운 연구를 시도했습니다. SNS를 사용하는 것이 자존감에 어떤 영향을 주는지에 대한 연구였죠. 252명의 남녀가 이 연구에 응답했습니다. 그들의 응답을 통해 연구자들이 얻은 결론은, '보정이 가능한 SNS를 사용하는 응답자가 그렇지 않은 응답자에 비해 자존감이 월등히 낮다'는 것이었습니다. 당시 전 세계적으로 SNS 사용이 활성화되면서 많은 사람들이 보정 기능이 있는 카메라 어플을 이용하고 있었기 때문에 이 연구는 주목을 끌었습니다. 하지만 대부분의 사람이 카메라의 보정 기능을 사용하는 만족감이 높았기 때문에 그 연구의 결과를 받아들이려 하지 않았습니다.

그런데 비슷한 시기에 영국에서도 비슷한 주장을 한 사람이 나타났습니다. 성형외과 의사인 티지언 이쇼Tijion Esho라는 사람이었죠. 이쇼는 한층 더 강한 주장을 펼쳤습니다. 카메라의 보정 기능이 새로운 질병을 낳았다고 주장한 것입니다. 그는 그 질병에 이름까지 붙였습니다. 이쇼가 명명한 그 질병의 이름은 '스냅챗 이형증'Snapchat Dysmorphia입니다. 이형증이란 자기의 얼굴이나 몸을 이상하게 생각하고 거부감을 가지는 질병을 가리킵니다. 쉽게 말해, 자기 얼굴이나 자기 몸을 극도로 마음에 안 들어 한다는 뜻입니다. 그런데 이쇼는 이런 질병이 생기는 원인까지 용어에 포함시켰습니다. 다름 아닌 '스냅챗'이 이형증의 원인이라고 말한 것이죠. 스냅챗은 사진을 기반으로 소통하는 SNS 어플인데, 미국의 젊은 세대 가운데 거의 절반이 사용할 정도로 인기가 많은 어플입니다. 이 어플이 인기를 끌게 된 것은 카메라 보정 기능이 탑재되어 있었기 때문입니다. 그러니까 이쇼는 이런 카메라의 보정 기능이 사람들의 마음을 병들게 해서, 자기 자신을 싫어하게 만들고 자존감을 심각하게 손상시킨다고 말한 것입니다.

• • •

이 이야기의 결론은 카메라 보정 기능을 사용하지 말자는 것이 아닙니다. 그 기능을 사용하지 않아도 우리는 또 다른 방식으로 우리의 자존감에 상처를 입힐 수 있습니다. 근본적인 문제 해결을 위해서는 카메라의 보정 기능을 사용하는 과정에서 어떤 일이 벌어지는지 자세히 살펴볼 필요가 있습니다.

우선 카메라의 보정 기능을 이용하는 사람들의 입장에서 생각해보겠습니다. 실제보다 더 낫게 보정된 사진을 올렸더니 사람들의 반응이 좋다면, 본인도 당연히 기분이 좋을 것입니다. 그러니 다음에 사진을 올릴 때도 보정을 해서 올리게 됩니다. 보정 없이 자기의 모습을 있는 그대로 올리게 되면 이전과 같은 반응이 없을 거라고 추측하기 때문입니다. 그런 행동을 반복하다 보면 보정된 모습이 곧 자기 모습이라고 생각하게 되기에 이릅니다. 그러면 실제 자기의 모습에 대해서 거부감을 가지게 되고 부정하고 싶은 마음이 생기게 되는 것입니다. 카메라 보정을 많이 이용할수록 성형 수술을 하고 싶어 하는 마음이 커지고, 심지어는 보정된 자신의 얼굴처럼 되고 싶어서 큰돈을 들여 성형 수술을 한 사람도 있다고 하죠.

여기서 중요한 것은, ==보정된 사진을 선택하는 우리의 마음속에 어떤 생각이 있는가==를 이해하는 것입니다. 보정된 사진을 있는 그대로의 사진보다 더 선호할 때는 보통 이런 생각들이 있을 것입니다. '보정하지 않은 내 모습은 사람들이 별로 좋아하지 않을 거야', '내 실제 모습은 이게 아니야. 차라리 보정한 모습이 내 모습에 가까워', '사람들이 좋아해주는 모습으로 살아가야 행복할 거야. 사람들이 좋아해주지 않는 모습으로 살면 불행할 거야.'

이런 생각들은 결국 자기의 진짜 모습을 받아들이지 못하게 만들고 자존감을 상하게 만듭니다. 그렇기 때문에 자존감을 높이기 위해 우리는 마음속의 생각들을 잘 분별할 줄 알아야 합니다. ==자존감을 높이기 위해서 분별력이 필요하다==는 말입니다. 우리의 모습을 있는 그대로 받아들이지 못하게 하고, 실제보다 더 부정적으로 보게 만드는 생각들을 분별하고 바로잡는 것이 자존감을 높이는 길입니다.

3P로 분별하기

우리가 흔히 쓰는 말 중에 '색안경을 끼고 본다'는 말이 있습니다. 상황이 문제가 아니고 그 상황을 보는 눈에 문제가 있을 수 있음을 알려주는 격언입니다. 이 격언을 자존감에 적용시켜보면 유익한 지혜를 얻을 수 있습니다. 즉, 실제 나의 모습이나 상황이 그리 부정적이지 않은데도 그것을 바라보는 나의 눈(관점)에 문제가 있어서 상황을 부정적으로 볼 가능성이 있다는 것입니다. 그런데 우리는 이런 가능성을 잘 생각하지 않습니다. 내가 색안경을 끼고 자신과 상황을 바라볼 수도 있다는 생각을 하기보다, 그렇게 바라본 결과에 울고 화내고 자신의 마음을 아프게 하는 경우가 많습니다.

마틴 셀리그만은 우리에게 두 가지의 색안경이 있음을 말해줍니다. 하나는 같은 상황을 부정적으로만 보는 안경이고, 하나는 같은 상황을 긍정적으로 보는 안경입니다. 둘 중에 어떤 안경을 쓰느냐에 따라 스스로에 대한 우리의 생각이 완전히 달라지고, 또 그에 따라서 자존감이 높아지기도 하고 낮아질 수도 있다는 것이 그의 주장입니다. 또한 그는 부정적으로 보는 색안경이 어떤 재료로 만들어졌는지 알려주는데요. 그 재료들을 요약한 것이 3P라고 할 수 있습니다. 세 개의 P로 시작하는 단어들이 모이면 우리에게 부정적인 색안경을 씌운다는 뜻입니다. 3P는 개인화 Personalization, 일반화 Pervasiveness, 항시화 Permanence로 이루어져 있습니다. 각 단어에 대응하는 한국어 단어가 여러 가지여서, 의미를 잘 살려주는 방향으로 의역해본 것입니다.

먼저 개인화는 무슨 일이 벌어졌을 때 그걸 내 탓으로 여기는 것입니다. 시험 결과가 나쁘게 나왔을 때 내가 노력을 안 해서 그랬다고 보는 관점이 개인화입니다. 이렇게 바라보면 자기에 대해서 나쁜 인식이 생길 수밖에 없겠지요. 그러나 이와는 다른 관점을 가진 사람은 어떨까요? 이 사람은 시험 결과가 나쁘게 나왔을 때 이번 시험이 어려웠다는 사실을 인정합니다. 그러면 필요 이상으로 자기를 힘들게 하지 않을 수 있습니다. 자기에 대한 인식도 그리 나빠지지는 않을 것입니다.

두 번째로, 일반화는 한 가지를 보고 전체를 판단하는 것입니다. 예를 들어, 친구와 소통이 잘 안 되어서 갈등을 겪는 상황에서 나는 친구를 사귀는 능력이 없는 사람이라고 생각한다면 일반화의 관점으로 상황을 보고 있는 것입니다. 이와 다른 관점을 가진 사람이라면, 내가 이 친구랑은 잘 안 맞는 것 같다고 생각할 수 있습니다.

마지막으로 ==항시화==란, 항상 그랬던 것(과거)처럼 생각하거나 항상 그럴 것(미래)처럼 생각하는 것입니다. 예를 들어, 다이어트를 시도했다가 실패한 사람이, 자신은 항상 실패만 하고 성공해본 적이 한 번도 없다고 생각한다면 과거를 항시화의 관점으로 바라보고 있는 것입니다. 또 취업을 하려다가 몇 번 실패를 한 사람이 자신은 앞으로도 항상 취업에 실패할 것 같다고 생각한다면, 역시 미래를 항시화의 관점으로 바라보고 있는 것입니다.

• • •

이 세 가지의 P를 합치면 ==자신을 가장 부정적으로 바라보는 색안경==이 됩니다. 이 색안경을 끼게 되면 실제 나의 모습과 실제 나의 상황을 보는 것이 아니라, 가장 최악인 나의 모습과 가장 최악인 나의 상황을 보게 되는 것입니다.

그러니 나에 대해 안 좋은 생각이 떠오를 때, 상황이 나쁘다는 생각이 들 때, 이 세 가지의 P를 사용해서 자신의 생각을 분별해보아야 합니다. 내가 지금 상황을 지나치게 개인화하고 있는 것은 아닌지, 지나치게 일반화하고 있는 것은 아닌지, 지나치게 항시화하고 있는 것은 아닌지 스스로에게 질문을 해봐야 합니다. 그리고 마음에 걸리는 것이 있다면 그 반대로 하면 됩니다.

개인화를 하고 있는 것 같다면 주변화를 해봅시다. 내 탓으로 돌리는 것(개인화)이 아니라 다른 사람이나 주위 상황의 문제는 아닌가(주변화) 생각하자는 뜻입니다. 일반화를 하고 있는 것 같다면 세분화를 해봅시다. 예를 들어, 자신의 대인 관계에 문제(일반화)가 있다는 생각이 든다면 모든 사람이 아니라 특정한 '이 사람'과 문제가 있는 것(세분화)이라고 생각해보는 것입니다. 이를 사회생활에도 적용해 볼 수 있습니다. 모든 사람에게 인정을 못 받는 것(일반화)이 아니라, '이 회사'의 '이 부서'에서는 내가 인정을 받지 못하고 있다(세분화)고 생각해보는 것입니다. 그리고 항시화를 하고 있는 것 같다면 일시화를 해봅시다. 내가 세운 계획은 항상 문제가 생긴다고(항시화) 생각하는 대신, '이번에는' 계획에 문제가 있었지만 앞으로는 그런 일이 없을 것(일시화)이라고 생각해보는 것입니다. 이렇게 3P로 분별하면 자신의 자존감을 높이는 데 유익합니다.

ABC로 분별하기

다음으로는 ABC로 분별하는 방법을 살펴보겠습니다. 이것 또한 마틴 셀리그만 박사가 만든 방법인데요. 앞의 3P가 내 눈에 문제가 있는지 분별하는 도구라면, ABC는 내 생각에 문제가 있는지 분별하는 도구라고 생각하면 좋습니다.

이런 경우를 생각해볼까요? 여느 가정에서나 흔히 있을 수 있는 일입니다. 엄마와 아들이 이야기를 하다가 서로 언성이 높아졌습니다. 화가 난 아들이 자기 방으로 들어가는데, 방문이 쾅 하고 닫혔습니다. 그러면 엄마는 더 화를 내면서 문을 열고 들어가 심하게 혼을 냅니다. 그런데 알고 보니, 아들이 일부러 문을 세게 닫은 것이 아니라 열린 창문으로 들어온 바람 때문에 문이 세게 닫힌 것이었습니다. 사실을 알게 된 엄마는 머쓱해집니다. 직접 경험했을 수도 있고, 주변에서 한 번쯤 들었을 법한 흔한 에피소드입니다.

여기서 배울 수 있는 교훈은, 우리는 잘못된 판단을 하기 쉬운 존재라는 것입니다. 내 머릿속에 들어온 생각이 모두 맞는 것은 아닙니다. 왜냐하면 다양하게 해석될 수 있는 하나의 사실을 가지고 실제로 존재하지 않는 의도를 추측하거나 단정 짓는 오류를 범할 수 있기 때문이죠. 그래서 셀리그만은 우리의 생각에 문제가 있는지 분별하는 도구를 만들었고, 이를 ABC로 나타낼 수 있습니다. 이는 사건 Accident, 믿음 Belief, 결과 Consequence를 가리킵니다.

조금 전의 상황을 가지고 생각해보겠습니다. 사건은 우리가 관측할 수 있는 것을 말합니다. 아들이 화를 내면서 방으로 들어갔고, 방문이 쾅 하고 세게 닫힌 것이 사건입니다. 우리의 눈과 귀로 관측이 가능한 것이죠. 그런데 여기서 아들이 문을 세게 닫은 '이유'는 사건이 아닙니다. 사람의 마음은 당사자가 말로 표현하지 않으면 눈과 귀로 관측이 불가능하기 때문입니다. 관측이 불가능한데 아는 것처럼 생각하게 되는 것은 뭘까요? 그걸 믿음이라고 합니다. 문이 쾅 닫혔을 때, 아들이 화가 나서 문을 세게 닫았다고 생각하는 것이 바로 믿음입니다. 그러면 결과는 무엇일까요? 엄마가 더 화가 나서 아들을 따라가서 혼낸 것입니다.

사건이 믿음으로 이어지고 그 믿음이 결과로 이어집니다. 여기서 사건에는 아무런 문제가 없습니다. 관측이 가능한 일이 발생했던 것뿐이기 때문입니다. 문제는 믿음에 있습니다. 아들이 의도적으로 문을 세게 닫았다는 엄마의 생각은 사실이 아닌데, 그게 사실인 것처럼 믿었기 때문입니다. 그 때문에 잘못이 아닌 행동에 대해서 혼을 내는 안 좋은 결과가 발생하게 되었습니다. 이렇게 보면 어떤 과정에서 문제가 생기는지 알 수 있습니다. 바로 믿음의 과정이죠. 잘못된 근거를 가지고 판단을 내렸기 때문에 나쁜 결과를 가져오게 되는 것입니다.

· · ·

다른 사람에 대해서만 이런 잘못을 범하는 것은 아닙니다. 우리 자신에 대해서도 이와 같이 잘못된 생각을 할 수 있습니다. 유명한 동화인 '미운 오리 새끼'의 이야기가 그 대표적인 예입니다. 미운 오리 새끼는 보통의 오리와는 다른 부리 모양, 다른 날개 모양, 다른 발 모양을 가졌습니다. 이것은 관측이 가능하므로 사건이라고 볼 수 있습니다. 그런데 그 사건을 통해서 미운 오리 새끼는 하나의 믿음을 가지게 되었는데, 바로 '나는 못생긴 오리'라는 것이었습니다. 그래서 그 결과가 어땠는지는 우리 모두가 압니다. 그는 자기에 대해서 낮은 자존감을 가지게 되었고, 자기를 드러내는 것을 부끄럽게 생각하게 되었고, 주변의 동물들이 자기를 함부로 대하는 것도 자기 탓이라고 생각하게 되었습니다. 이런 결과가 생긴 것은 믿음이 잘못되었기 때문입니다. 그는 못생겼기 때문에 보통의 오리들과 다르게 생긴 것이 아니라, 종이 달랐기 때문에 다르게 생겼던 것이었죠. 이처럼 우리는 우리 자신에 대해서도 잘못된 생각을 가질 수 있기 때문에, 우리가 하는 생각에 문제가 없는지 점검하는 ABC가 필요합니다.

방법은 간단합니다. 어떤 이유로든 부정적인 감정이 들 때 ABC를 사용해보는 것입니다. 가장 먼저, 무슨 사건이 있었는지 스스로에게 질문을 해봅시다. 여기서 중요한 포인트는 ==관측이 가능한 것만 사건==이라는 점을 명심하는 것입니다. 그러고 나면 그 사건의 결과가 어떻게 됐는지 스스로에게 질문해봅시다. 지금 나의 상태에 대해서 서술하는 것입니다. 나의 감정에 대해서도 서술하고, 그 감정으로 인해서 한 말이나 행동이 있다면 그것들도 빠짐없이 서술을 해봅니다. 그런 뒤에는 사건과 결과 사이에 어떤 믿음이 있었는지 생각해보면 됩니다. 답이 생각나지 않는데 억지로 만들어낼 필요는 없습니다. 그러나 이 질문을 곱씹으면서 자신에게 지속적으로 묻다 보면, 내 안에 어떤 믿음이 있었는지 찾을 수 있습니다. 믿음을 찾은 후에는, 그 믿음의 명확한 근거가 있는지를 점검해야 합니다. 명확한 근거가 없는 믿음이라면 틀릴 가능성이 있는 것이기 때문에 지나치게 확신을 하거나, 그에 근거해서 다른 사람들과 소통하는 것은 삼가야 합니다. 이런 방식으로 ABC를 사용해서 우리 안에 있는 믿음이 옳은지 틀린지를 분별하면 잘못된 판단으로 자존감이 상하는 것을 막을 수 있습니다.

AVE로 분별하기

마지막으로 AVE라는 도구가 있습니다. 앞선 두 가지와는 달리 AVE는 이런 이름을 가진 도구가 존재하는 것은 아닙니다. 다만 평생 자존감을 연구하면서 자존감이라는 개념을 대중적으로 알린 심리학자 너새니얼 브랜든의 해법을 세 글자의 약어로 정리해본 것입니다. 너새니얼 브랜든이 이러한 약어를 사용한 것은 아니고, 그의 해법을 선명하게 설명하기 위해 임의로 약어로 줄인 것임을 밝혀둡니다.

그럼 이제 각 글자의 의미를 설명하면서 내용을 살펴보겠습니다. AVE는 라틴어로 '안녕하세요'라는 뜻을 가지고 있습니다. 유명한 '아베 마리아' Ave Maria라는 말은 '안녕하십니까, 마리아님'이라는 의미입니다. 보통 상대방을 향해 관심을 가지고 있음을 표현할 때 가장 처음 하는 말이죠. 제가 AVE라는 단어로 마지막 도구를 설명하는 이유가 여기에 있습니다. 우리의 자존감에 문제가 있는 경우에, 우리 눈의 문제도 있고, 우리 생각의 문제도 있지만, 무엇보다 우리의 관심에 문제가 있기 때문입니다. 여기서 우리의 관심에 문제가 있다는 것은 나에 대한 관심에 문제가 있다는 뜻입니다. 물론 선뜻 이해가 안 될 수 있습니다. 우리는 대체로 다른 사람에 대한 관심은 없어도 자기 자신에 대해서는 잘 알고 관심도 많다고 생각하기 때문입니다.

사람들이 좋아하는 심리테스트를 생각해볼까요? 심리테스트를 하고 나면 사람들이 꼭 하는 이야기가 있습니다. 그것이 완전히 자기 얘기라는 것이죠. 해당 내용이 자신을 정말 잘 설명하고 있다고 많은 사람들이 감탄합니다. 그런데 이런 현상을 설명해주는 '바넘 효과'라는 말이 있습니다. 바넘 효과는 어떤 이야기가 사실은 아주 보편적인 이야기, 즉 나 말고도 해당되는 사람들이 많은 이야기인데, 마치 나를 특정해서 내 이야기를 하는 것처럼 느끼는 것을 가리킵니다.

여기에 해당하는 실험이 있습니다. 한 심리학자가 처음 본 다섯 명의 대학생을 대상으로 성격 검사를 합니다. 성격 검사를 한 후 심리학자는 각자의 성격을 분석한 결과지를 나누어주었습니다. 다섯 명 모두 검사 결과가 자신의 실제 성격과 80-90퍼센트 비슷하다며 신기해합니다. 하지만 놀라운 사실은, 다섯 명에게 나누어준 검사 결과지는 모두 똑같은 내용이었습니다. 그런데도 서로 다른 사람들이 다 자기 이야기처럼 받아들인 것입니다.

이러한 결과를 보면, 우리가 사실은 자신에 대해서 얼마나 모르고 또 관심이 없는지를 알 수 있습니다. 내가 어떤 사람인지 구체적으로 알지 못하기 때문에 누구에게나 할 수 있는 이야기를 내 이야기로 받아들이는 것입니다. 자신에게 관심을 가지고 자신에 대해 설명할 수 있는 구체적인 언어들을 가질수록 이런 오류에는 덜 빠지게 됩니다. 그럼 어떻게 자기 자신에 대해 관심을 가지고 자신을 알아갈 수 있을까요? 이를 위한 도구가 바로 AVE입니다. 자신에게 관심을 가지고 알아가자는 의미를 담았습니다.

· · ·

AVE를 풀어보면 회피 Avoidance, 가치관 Values, 평가 Evaluation 라는 의미입니다. 이 세 가지에 대해서 관심을 가지고 자신에 대해서 알아갈수록 우리는 스스로에 대해 더 정확한 이해를 할 수 있습니다. 그리고 자신에 대해 더 정확하게 이해하면 할수록 자신에게 잘 맞는 선택들을 할 수 있습니다.

이것이 중요합니다. 우리가 겪는 대부분의 문제는 우리가 자기 자신을 잘 모르고, 자신에게 맞지 않는 선택을 하는 데서 생겨나기 때문입니다. 자신을 잘 모르면 자신과 잘 맞지 않는 사람을 배우자로 맞이하게 됩니다. 자신을 잘 모르면 자신과 맞지 않는 공부를 몇 년 이상 하면서 시간을 낭비하기도 합니다. 이런 일을 피하기 위해서는 자신을 알아가면서 자신에게 맞는 선택과 그렇지 않은 선택을 분별해야 합니다. 그러면 AVE를 통해 분별력을 키우는 방법을 알아보겠습니다.

먼저 회피란 괴롭거나 어려운 현실을 피하거나 부정하려는 행위를 말합니다. 내일까지 제출해야 할 중요한 과제가 있는데 유튜브 동영상에 몰두하면서 시간을 보내는 것 같은 모습이 바로 전형적인 회피의 모습입니다. 회피가 지속되면 자기가 할 수 있는 일들도 못 하게 됩니다. 그리고 더 큰 문제가 있습니다. 자기의 능력에 대해 오해하거나 평가절하하게 된다는 것입니다. 회피를 하다 보면 자신의 능력이나 가능성에 대해 알 수가 없게 됩니다. 이를 막기 위해서는 자신이 어떤 일을 회피하고자 할 때 빠지는 것들의 목록들을 정리해두고, 내가 현재 그런 행동들을 하고 있는지 주의 깊게 관찰해야 합니다. 꾸준히 관찰을 하다 보면, 회피하고자 하는 마음이 막 생겼을 때 바로 파악하고 조율할 수 있습니다. 그러면 마음이 많이 진행되었을 때 이를 가라앉히는 것보다 훨씬 쉽게 마음을 돌릴 수가 있죠.

다음으로 가치관이란 무엇인가를 가치 있게 여기는 나만의 기준을 말합니다. 어떤 사람은 가족을 위해 희생하는 것이 부모로서 좋은 모습이라고 생각하는 반면, 어떤 사람은 부모도 자기를 잘 돌보고 챙겨야 한다고 생각할 수 있습니다. 이런 차이가 바로 가치관의 차이입니다. 자기의 가치관이 무엇인지 아는 것은 정말 중요합니다. 이것을 잘 모르면 다른 사람이 가치 있다고 여기는 것에 나의 인생을 허비할 수 있기 때문입니다. 예를 들어, 예술에 가치를 두는 사람이 자신을 잘 모르면 돈에 가치를 두는 사람을 따라서 살아갈 수 있습니다. 그러면 마음에 만족감이 들기가 어렵고, 자기가 하는 일에 대해서 회의도 느낄 수 있습니다. 자기의 가치관이 아니기 때문이죠. 그리고 그런 경험이 계속되면 결국 자존감이 낮아지게 됩니다.

그러니 자신의 가치관을 잘 알고, 자신의 가치관이 아닌 것을 분별할 줄 알아야 합니다. 자신의 가치관이 무엇인지 잘 모르겠다면, 앞에서 이야기한 VIA 검사를 통해서 자기가 인생에서 중요하게 여기는 가치가 무엇인지 찾아보면 됩니다. 그리고 그 가치관에 맞는 선택과 맞지 않는 선택을 구분하는 연습을 해봅시다. 그 과정을 반복하다 보면 어떤 가치관이 정말 나를 설명해줄 수 있는 가치관인지 아닌지가 드러납니다. 그리고 이 내용들이 분명해질 때 우리는 매 순간 자신의 마음에 만족스러운 선택을 할 수 있게 될 것입니다.

마지막으로 평가는 자신의 노력과 수고에 대한 평가를 가리킵니다. 우리가 매일매일 자연스럽게 하고 있는 활동이죠. 그런데 의외로 내가 평가를 내리는 기준이 어디서 온 것인지, 그 기준이 과연 합당한지 살펴보는 사람은 많지 않습니다. 대부분의 부모들이 생활적인 측면에서 아이들을 잘 돌보면서도 자신이 부족하다고 생각합니다. 정서적 측면이나 교육적 측면, 또 여러 가지 다양한 측면들의 기준을 가지고 자신을 평가하기 때문입니다. 그리고 자기가 이미 하고 있는 것은 '기본적인 것'으로 치부하고, 자신이 하지 못하는 것으로 자신을 평가합니다. 그런데 이런 기준이 정말 합당한 것인지 의심하지 않습니다. 그러다 보니 부모로서의 자존감도 낮아지게 됩니다.

・・・

이런 일들이 일어나는 것을 막기 위해서는 나를 평가하는 기준에 대한 분별력을 갖춰야 합니다. 먼저 내 안에 어떤 기준이 있는지를 살펴봐야 합니다. 부모로서 내가 낮은 자존감을 느낀다면, 낮은 자존감을 느끼게 만드는 자신의 평가 기준이 무엇인지 먼저 살펴보자는 것입니다. 예를 들어, 자녀에게 화를 냈는데 그것 때문에 자괴감을 느끼고 괴롭다면, 부모로서 화를 내는 것에 대해 내가 가지고 있는 기준이 무엇인지 살펴봐야 합니다. 화를 한 번도 내면 안 된다는 기준을 가지고 있는 것인지, 화를 낼 수는 있는데 감정을 절제하지 못하면 안 된다는 기준을 가지고 있는 것인지, 아니면 화를 내는 건 괜찮지만 상처 주는 언행은 하지 말아야 한다는 기준을 가지고 있는 것인지, 이런 식으로 자신을 돌아봐야 합니다.

그러고 나서는 <mark>그 기준이 타당한지</mark> 따져보아야 합니다. 혹시라도 화를 한 번도 내면 안 된다는 기준을 가지고 있다면, 그 기준은 타당하다고 볼 수 없습니다. 애초에 지키는 것이 불가능한 기준이고, 지켜야 할 이유도 없는 기준이기 때문입니다. 반면 상처 주는 언행을 하지 말자는 기준은 구체화시키기가 쉽습니다. 자녀에게 하고 나서 자괴감이 드는 말들의 목록을 정리해보면 됩니다. 그래서 '그 말을 하지 않는 것'을 기준으로 삼는다면, 이는 타당한 기준이라 할 수 있습니다. 이렇게 우리 안에 있는 기준들의 타당성을 따져보면 우리를 정당하게 평가하지 못하게 만드는 기준들을 걸러낼 수 있습니다.

이런 식으로 우리는 AVE의 각 항목을 통해서 우리가 자신을 제대로 이해하고 있는지 분별할 수 있습니다. 회피하고 있는 모습을 내 모습이라고 오해하거나, 다른 사람의 가치관을 내 모습이라고 오해하거나, 잘못된 기준에 근거한 평가를 내 모습이라고 오해하고 있지는 않은지 분별해야 합니다. 자기 자신에 대해 어설픈 관심이 아니라 깊이 있는 관심을 가져야 합니다.

• • •

지금까지 우리는 자신의 모습을 분별하는 여러 방법에 대해 이야기했습니다. 분별이 필요하다는 것은 노력하지 않으면 알기가 어렵다는 뜻입니다. 그렇습니다. 노력하지 않으면 자기 자신에 대해서도 오해할 때가 너무나 많습니다. 자신에 대해 오해하고 있는 상태로 높은 자존감을 가질 수는 없습니다. 자신에 대한 정확한 이해가 자존감의 기초이기 때문입니다.

여기서는 3P, ABC, AVE 같은 여러 분별 도구들을 소개했는데, 이 모두를 사용할 필요는 없습니다. 이 중에 자신에게 맞는 도구를 택해서 반복적으로 사용하는 것이 중요합니다. 반복해서 사용하는 만큼 익숙해지고, 익숙해지는 만큼 분별력이 커지기 때문입니다.

앞에서도 몇 번이나 이야기했지만 우리는 자신의 모습을 잘 모릅니다. 그리고 너무나 쉽게 오해합니다. 하지만 그걸 인정하기가 쉽지 않습니다. 나에 대해 잘 안다는 착각이 늘 우리 안에 있기 때문입니다. 그것이 착각이라는 걸 인정해야 분별력의 싹이 트기 시작합니다.

그러니 우리의 상태를 인정하는 것부터 시작합시다. 시작이 반이라는 말이 있으니, 그 정도면 충분합니다. 그렇게 시작하고 꾸준히 노력하다 보면 어느새, 자신에 대한 오해와 편견을 분별하고 스스로를 보호할 수 있는 사람이 되어 있을 것입니다.

자기 보호로 자존감 높이기

자존감에 관련한 어휘들을 살펴보면 한국어와 영어 사이에 재미있는 차이점이 있음을 발견할 수 있습니다. 영어로 자기를 사랑하는 것을 'self-love'라고 하는데요, 이를 한국어로 번역하면 '자기애'라고 합니다. 두 단어는 완전히 같은 뜻입니다. 그러나 영어권에서 'self-love'가 사용되는 방식과 한국에서 '자기애'가 사용되는 방식은 큰 차이가 있습니다.

온라인에서 두 단어를 각각 검색해보면 차이가 확연하게 드러납니다. 'self-love'를 검색하면 자기를 사랑하는 방법에 대한 글이나 영상이 많이 나옵니다. 자기를 사랑하는 것이 중요하다는 점을 강조하고, 또 어떻게 자기를 사랑할 수 있는지 구체적인 방법을 알려주기도 합니다. 그런데 한국어로 '자기애'라고 검색하면 이와는 다른 관점을 가진 글과 영상이 많이 나옵니다. 대부분 나르시시즘에 관련되거나 자기애성 인격 장애에 대한 내용들입니다. 같은 단어인데 문화에 따라 사용되는 맥락이 완전히 다른 것입니다. 이런 차이를 보면, 영어권에서는 자기를 사랑하고 아끼는 것에 대해 긍정적인 데 반해, 한국은 자기를 사랑하는 것에 대해 부정적임을 알 수 있습니다.

자존감의 관점에서 보았을 때, 자기를 사랑하는 것을 부정적으로 여기는 문화는 개인의 삶에 치명적인 영향을 미칩니다. 왜냐하면 마음속에 스스로를 가차 없이 비난하는 자아가 있기 때문입니다. 『자존감 수업』의 저자 윤홍균은 이런 자아를 "다그치는 나"라고 부릅니다. 그는 "다그치는 나"로부터 스스로를 지키려면 나를 돌봐주고 사랑해줘야 한다는 것을 강조합니다. 그런데 우리가 속한 문화가 자기를 사랑하는 것을 부정적으로 보거나 이기적인 것으로 보는 경향이 있기에 이렇게 하기가 쉽지 않죠. 그 때문에 많은 사람들이 "다그치는 나"로부터 자신을 보호하지 못하는 경우가 많습니다. 한국 사람들이 자신을 잘 보호하지 못한다는 것을 증명이라도 하듯, 2020년에 OECD 국가들을 대상으로 우울증 발병률을 조사했더니 한국이 1위를 기록했습니다. 그래서 이번 장에서는 어떻게 하면 이러한 "다그치는 나"로부터 자신을 보호할 수 있는지 자기 보호의 방법을 알아보려 합니다.

파국화 반응과 평가절하 반응

우리는 다른 사람은 몰라도 나는 내 편이라고 생각합니다. 그런데 정말로 그게 사실인지 의심이 드는 순간들이 있습니다. 부모 교육을 하면서 엄마들을 만나보면 특히 그런 생각이 듭니다. 대부분의 엄마들이 자기가 좋은 엄마라고 생각하지 않습니다. 이유는 명확하지 않지만, 자기 아이에게 죄책감을 가진 엄마들이 많습니다. 그런 죄책감이 어디서 오는지는 앞에서 살펴보았지만, 설령 죄책감이 든다고 하더라도 내가 나의 편을 들어준다면 그리 큰 문제는 없습니다. 한 귀로 듣고 한 귀로 흘려보낼 수도 있죠. 그런데 그렇지 않을 때는 문제가 됩니다.

예를 들어, 타당한 이유 없이 아이에게 화를 낸 경우가 있다고 생각해봅시다. 타당한 이유가 없이 화를 낸 것은 물론 잘못된 일입니다. 그리고 그에 대해서 죄책감이 드는 것도 당연합니다. 잘못한 것에 대해서는 죄책감을 느끼는 것이 자연스럽습니다. 잘못한 것에 대해서도 죄책감을 느끼지 못한다면 그 또한 문제라고 할 수 있겠죠. 그런데 죄책감을 느끼는 데서만 끝나지 않는다는 것이 문제입니다. 죄책감 뒤에 여러 가지 생각과 반응들이 따라오게 됩니다. 그 생각과 반응들의 종류나 분류는 다를 수 있지만, 중요한 공통점이 있습니다. 전부 나를 비난하고 다그치는 내용이라는 것입니다. "다그치는 나"의 등장입니다. 이 때문에 죄책감을 느껴야 할 그 이상으로 자신을 힘들게 하는 일이 벌어집니다.

대표적인 것이 '파국화 반응'입니다. 파국이라는 단어의 의미에서 드러나듯이, 이는 자기 자신을 향해서 끝났다고 선언하는 것입니다. 자기의 잘못으로 일어난 결과를 지나치게 크게 생각해서 더이상 회복할 수 없는 상태라고 판단하는 것이죠. 자기가 맡은 어떤 역할에 대해서든 이런 반응이 일어날 수 있습니다. 아이에게 이유 없이 화를 내고 나서 '나는 이제 엄마로서 자격이 없다'는 생각이 드는 것이 대표적인 경우입니다. 사실 이런 생각은 냉정하게 보면 완전한 오류입니다. 설령 같은 실수를 반복한 횟수가 많다고 하더라도 앞으로 안 그럴 수 있는 날들이 훨씬 많이 남아 있는데, 마치 더이상 부모로서 자신을 고칠 수 있는 기회가 없는 것처럼 생각하는 것이기 때문입니다.

가정에서만이 아니라 우리가 맡은 어떤 역할에서도 이런 파국화 반응은 일어날 수 있습니다. 직장에서도 당연히 일어날 수 있죠. 직장에서 나의 실수로 인해 회사에 손해를 끼친 일이 일어났다고 생각해봅시다. 물론 이런 일이 일어나면 안 되겠지만, 사람이 하는 모든 일에는 언제나 오류의 가능성이 있습니다. 그런데 그런 순간에 이런 생각이 들 수 있습니다. '나는 이제 끝났어. 나 같은 사람이 도움되는 곳이 어디 있겠어'라는 생각 말입니다. 이것도 대표적인 파국화 반응입니다.

파국화 반응 외에도 다양한 반응들이 "다그치는 나"의 모습으로 나타납니다. 하나만 더 이야기해보자면, '평가절하 반응'도 있습니다. 내게는 물론 단점도 있지만 반대로 내가 가지고 있는 좋은 면들이 있는데, 그것들이 하나도 없는 것처럼 생각하는 것입니다. 부모가 아이한테 부당하게 화를 내는 일이 있을 수도 있습니다. 그렇다고 평상시에 아이를 위해서 해줬던 일들이 없어지는 것이 아닙니다. 직장에서 일하는 것도 어떤 면에서는 아이를 위해서 수고하는 것이고, 가정에서 어떤 일을 하든지 그것도 아이를 위해서 수고하는 것입니다. 아이에게 어떤 잘못을 했다고 그 수고의 시간들이 아무 의미가 없어지거나, 존재 가치를 잃어버리는 것은 아닙니다. 그런데 마치 그 시간들이 다 사라진 것처럼, 아니면 그 시간들에 대한 기억을 상실한 것처럼 생각할 수 있습니다. 이것이 바로 평가절하 반응입니다.

1차적인 생각과 2차적인 생각

이런 반응 하나하나에 대한 솔루션을 소개할 수도 있겠지만, 여기서는 보다 근본적인 해결책을 소개하려고 합니다. 바로 자기의 편을 드는 것입니다. 자기의 편을 드는 것은 잘못한 행동 이후에 다양한 반응과 생각이 따라올 때 내 위치를 분명히 하는 것입니다.

앞에서 말한 반응들은 죄책감을 더 심화시키고 드러내는 위치에 내가 있을 때 일어나는 반응들입니다. 재판장의 이미지를 적용해보면, 잘못한 사람을 고발하는 검사의 위치에 내가 있을 때 일어나는 반응들이라고 할 수 있습니다. 이 위치를 바꾸는 것이 자기의 편을 드는 것입니다. 즉, 검사에서 변호사로 나의 위치를 바꿔야 합니다. 검사의 위치에 있을 때는, 나의 잘못을 드러내는 증거들이 나타나면 그것들을 어떻게든 긍정적으로(즉, 내가 잘못했다고 말하기 위해서) 검토할 것입니다. 하지만 반대로 변호사의 위치에 있다면 나의 죄를 드러내는 증거들에 대해서 어떻게든 그것을 의심하고 부정적으로(즉, 나의 잘못을 변호하려고) 검토할 것입니다. 그런 태도가 중요합니다.

방식은 매우 간단합니다. **마음에 죄책감이 들 때**가 자기편을 들어야 할 때입니다. 그런 순간이 온다면 먼저 이 죄책감이 어떤 사건에서 비롯된 것인지 정리해야 합니다. 명확한 사건이 없이 드는 죄책감이라면, 그 죄책감에 대해서는 의심하고 거리를 둘 필요가 있습니다. 명확한 사건이 있어서 드는 죄책감이라면, 그때는 그것이 1차적인 생각인지 2차적인 생각인지를 구분할 필요가 있습니다. 그 사건 때문에 발생한 생각(1차적인 생각)인지, 그 사건을 겪고 나서 드는 내 생각들 때문에 발생한 생각(2차적인 생각)인지 구분할 필요가 있다는 말입니다. 물론 둘 다 나를 아프게 하지만, 그 생각들 사이에도 구분은 필요합니다.

예를 들어, 아이에게 이유 없이 화를 낸 상황에서 1차적인 생각은 이런 생각들입니다.

'확실한 근거가 있을 때까지 기다렸어야 했는데….'
'그렇게까지 화를 내면서 이야기할 필요는 없었는데….'

이런 생각들은 일어난 사건 때문에 발생한 1차적인 생각입니다. 그런데 이런 생각 이후에 '나는 이제 엄마로서 자격이 없어' 혹은 '내가 엄마로서 잘해준 것이 하나도 없어' 같은 생각이 든다면, 그것은 앞에서 설명했던 파국화 반응이나 평가절하 반응으로 인한 것입니다. 이런 생각들은 사실 일어난 사건 자체 때문에 발생한 생각이 아닙니다. 화를 냈다고 엄마로서 자격이 없다고 말할 수는 없기 때문이죠. 엄마로서 잘해준 것이 없다는 생각도 마찬가지입니다. 화를 냈다고 그동안 잘해준 것이 없어지는 것은 아니기 때문입니다. 일어난 사건 자체 때문에 발생한 것이 아니므로 이런 생각들은 2차적인 생각이라고 할 수 있습니다.

1차적인 생각과 2차적인 생각 구분하기

다행히도 1차적인 생각과 2차적인 생각을 구분하는 것은 아주 어려운 일은 아닙니다. 사건과 생각의 순서를 바꿔서 인과관계 문장을 만드는 것만으로도 1차적인 생각과 2차적인 생각을 구분할 수 있습니다. 앞에서 살펴본 예시 사건과 1차적인 생각을 가지고 인과관계 문장 만들기를 해보겠습니다.

사건	생각
아이에게 이유 없이 화를 냈다.	확실한 근거가 있을 때까지 기다려야 했다.

인과관계 문장 만들기 (생각에서 사건의 순서로)
확실한 근거가 있을 때까지 기다리지 않아서 아이에게 이유 없이 화를 냈다.

이렇게 인과관계 문장을 만들었을 때 이 문장이 타당하다면 우리의 마음속에 떠오른 생각은 1차적인 생각입니다. 1차적인 생각은 피할 수 있는 것이 아닙니다. 억누르거나 부정해서도 안 됩니다. 반드시 겪어야 할 감정이고 생각입니다. 그 과정 속에서 잠시 정서적으로 힘들 수도 있지만 결국은 우리의 발전을 위해 필요한 과정이기 때문입니다. 그러면 이번에는 같은 사건과 2차적인 생각을 가지고 인과관계 문장을 만들어보겠습니다.

사건	생각
아이에게 이유 없이 화를 냈다.	나는 이제 엄마로서 자격이 없다.

인과관계 문장 만들기 (생각에서 사건의 순서로)
엄마로서 자격이 없기 때문에 아이에게 이유 없이 화를 냈다.

이렇게 인과관계 문장을 만들어봤을 때 문장이 타당하지 않다면 우리의 마음속에 떠오른 생각은 2차적인 생각입니다. 방금 만든 인과관계 문장은 타당하거나 논리적인 설득력이 전혀 없죠. 엄마로서 자격이 없어서 화를 낸 것이 아니기 때문입니다. 순서를 바꿔서 인과관계를 구성하면 내 안에 떠오른 생각이 사건과 직접적인 관련이 있는지 없는지가 쉽게 드러납니다. 그러나 이렇게 재구성하지 않으면 명확하게 보이지가 않습니다. 그러니까 설득력이 없는 생각임에도 불구하고 거기에 대해 자신을 변호하지 못하고 자기를 지키지 못하게 되는 것이죠.

자기 변호로 자기를 보호하기

이렇게 인과관계 문장 만들기를 통해 1차적인 생각과 2차적인 생각을 구분했다면, 이제 본격적으로 나 자신을 변호해야 합니다. 2차적인 생각을 부정하고 반박할 수 있는 대답을 준비하는 것입니다. 아이에게 이유 없이 화를 냈을 때, 자신이 엄마로서 자격이 없다는 생각이 드는 게 2차적인 생각이라고 이야기했습니다. 이제 이 생각을 나만의 언어로 반박해보는 것입니다. 이런 사고가 익숙하지 않은 분들을 위해 네 가지의 질문을 준비했으니, 그 질문을 따라 답하다 보면 2차적인 생각을 반박할 수 있을 것입니다. 반박을 위한 질문들은 다음과 같습니다.

1. 반박해야 할 2차적인 생각은 무엇인가?
2. 2차적인 생각의 근거와 이유는 무엇인가?
3. 이에 반대하는 나의 주장은 무엇인가?
4. 내 주장의 근거와 이유는 무엇인가?

이 질문들을 따라 앞에서 살펴본 2차적인 생각을 반박해보겠습니다. 반박해야 할 2차적인 생각은 '엄마로서 자격이 없다'는 것입니다. 그렇게 생각하는 것은 자신이 이유 없이 화를 냈기 때문입니다. 이를 반박하는 주장은, 이유 없이 화를 낸 것과 엄마로서의 자격을 연결시키면 안 된다는 것입니다. 그러한 주장의 근거는 이유 없이 화를 내는 것은 거의 모든 인간이 범하는 실수이기 때문에, 그 기준으로 엄마의 자격을 판단한다면 자격을 갖출 수 있는 사람이 세상에 거의 없을 것이고, 그런 어려운 기준을 가지고 엄마의 자격을 판단하는 것은 잘못되었다는 것입니다. 이런 식으로 2차적인 생각을 부정하고 반박할 수 있습니다. 이런 과정에 익숙해지면, 우리는 우리도 모르는 사이에 마음속에 들어왔던 2차적인 생각들을 정리하고, 그 생각들이 자기 자신을 해치려고 할 때 자기를 보호할 수 있게 될 것입니다.

정당한 죄책감을 책임지기

이렇게 자기를 변호하고 보호하는 작업들이 잘 이루어졌다면, 이제 우리가 짊어져야 할 죄책감을 명확하게 할 차례입니다. 내가 잘못한 것에 합당한 죄책감을 가져야 한다는 말입니다.

물론 죄책감이 없으면 없을수록 당사자의 기분이나 정서는 좋은 상태일 수 있습니다. 그러나 내가 잘못한 것이 무엇인지 느끼지 못한다면 다음에도 또 똑같은 잘못을 되풀이할 수 있겠죠. 그리고 나의 잘못으로 인해 벌어진 일들과 내 잘못으로 인해 영향을 받은 사람들에 대해서 공감을 하지 못할 수 있습니다. 따라서 과도하게 죄책감을 느끼는 것도 막아야 하지만, 죄책감을 아예 없애려 하거나 무시하려는 것도 바람직한 태도는 아닙니다. 2차적인 생각들이 우리를 아프게 하는 것을 잘 막아냈다면, 그다음은 내가 짊어져야 할 죄책감을 정확하게 알고 그만큼의 책임을 지는 것이 필요합니다.

그러면 어떻게 해야 우리가 짊어져야 할 죄책감을 정확하게 파악할 수 있을까요? 1차적인 생각을 잘 정리하는 것에 그 실마리가 있습니다. 어떤 행동 이후에 죄책감이 들었을 경우, 왜 죄책감이 드는지 그 이유를 정리하고 그중 2차적인 생각들을 추려내고 나면 1차적인 생각들만 남게 됩니다. 그런 뒤 1차적인 생각들의 목록을 살펴보면서, 나의 잘못이 나에게 미친 영향이 무엇이고, 타인에게 미친 영향이 무엇이고, 주변 환경에 미친 영향이 무엇인지 세 가지 차원에서 파악해보는 것입니다. 그러고 나서 내 잘못으로 인해 영향을 미친 범위에 대해 어떻게 책임질 것인가를 고민하면 됩니다.

책임지는 방법은 여러 가지가 있습니다. 진심 어린 말로 사과하는 방법도 있고, 변화된 행동으로 사과하는 방법도 있고, 다른 성과를 내서 잘못을 만회하는 방법도 있습니다. 이렇게 자신이 잘못한 만큼 정확하게 책임을 지는 것까지 해야 진정한 자기 보호라고 할 수 있습니다.

· · ·

누군가는 이런 방식에 의문이 들지 모릅니다. 자기를 보호하기 위해서 이렇게 복잡하게 생각을 해야 하는지 의문을 가질 수 있습니다. 혹은 무조건적으로 자신을 위로하고 자기 편을 들면 되는 게 아닌가 생각할 수도 있습니다. 하지만 자존감의 개념을 살펴보면 그 이유를 알 수 있습니다.

앞에서 자존감에 대한 이야기를 시작하면서, 자존감이란 자기효능감과 자기가치감의 결합이라고 했고, 자기효능감은 '내가 더 발전할 수 있다는 믿음'이라고 했습니다. 내가 더 발전할 수 있다는 믿음을 가지기 위해서 우선 전제되어야 하는 것이 있습니다. 바로 지금 실패한 것이 무엇이고, 어떻게 해야 그 실패를 다시 하지 않을 수 있는지를 아는 것입니다. 그리고 다시는 실패하지 않겠다는 의지도 있어야 합니다.

그런 의미에서 책임지는 것은 중요합니다. 책임을 정확하게 지기 위해 노력하는 과정에서, 우리는 자신이 무엇을 실패했는지를 파악하게 되고 어떤 선택을 했어야 하는지를 다시 생각해보게 됩니다. 또한 잘못한 것에 대해 온전한 책임을 질 때, 다시는 같은 잘못을 저지르지 않겠다는 의지도 생깁니다.

이렇게 보면 무조건적인 자기 보호는 오히려 좋지 않습니다. 온전한 책임을 지지 못하게 만들기 때문입니다. 그러니 다소 복잡하게 보여도 내 잘못인 것과 내 잘못이 아닌 것을 구분해서 자기를 보호해야 합니다. 그럴 때 우리는 과도하게 자신을 괴롭히지 않으면서도 온전한 책임을 질 수 있기 때문입니다.

회복탄력성을 키우는
자존감 높이기

나가며

자존감의 중요성은 사실 애써 설명할 필요가 없어 보입니다. 자존감을 높이는 것이 중요하다는 사실을 많은 사람이 이미 알고 있기 때문입니다. 그런데 많은 사람이 자존감이 정확히 무엇인지 알려고 하기보다는, 당장 자신의 기분을 좋게 해주는 일들을 하려는 경우가 많습니다.

그래서 우리는 진짜 자존감이 무엇인지 배웠습니다. 자존감이 감정이 아니라 생각이라는 것을 배웠고, 자존감을 정확하게 알기 위해서는 자기효능감과 자기가치감을 구분할 줄 알아야 한다는 것을 배웠습니다.

그리고 자존감을 높이는 방법에 대해서도 배웠습니다. 외부 상황을 통해 부정적인 생각들이 들어올 때 어떻게 분별할 수 있는지를 배웠습니다. 이 도구를 잘 사용하고 꾸준히 연습한다면 분별력을 키울 수 있을 것입니다.

또한 "다그치는 나"에게서 **어떻게 나를 보호할 수 있는지도** 배웠습니다. 1차적인 생각과 2차적인 생각으로 나누어서 정당한 죄책감과 정당하지 않은 비난을 구분하는 법을 배웠습니다. 이를 잘 구분할 수 있게 되면, 자신이 책임져야 할 것을 책임질 수 있게 되고 정당하지 않은 비난으로부터는 자신을 보호할 수 있습니다.

여기서 중요한 것은 **연습**입니다. 우리가 하는 부정적인 생각들은 순식간에 일어나기 때문에 그것을 이기려면 꾸준히 연습하는 것이 필요합니다. 충분히 훈련되기 전에는 제대로 분별을 시작하기도 전에 부정적인 결론에 사로잡혀 버립니다. 그럴 때는 나 자신을 있는 그대로 존중할 수가 없겠죠. 하지만 꾸준한 연습을 통해서 체득이 된다면 즉각적인 속도로 분별을 할 수 있게 됩니다. 그러면 나를 사로잡으려고 하는 부정적인 생각에 저항할 수 있고, 나 자신을 있는 그대로 존중할 수 있습니다.

조급해하지 말고 꾸준히 연습해보세요. 당장은 효과가 없는 것처럼 보여도 포기하지 마세요. 어느 순간 더 이상 부정적인 생각에 잘 사로잡히지 않는 순간이 올 것입니다. 자기를 비난하느라고 불필요한 에너지를 낭비하지 않는 순간이 올 것입니다. 마음에 의욕이 넘쳐서, 내 마음이 건강하다는 확신을 가지게 되는 순간이 올 것입니다. 그 순간을 바라보면서 꾸준히 자존감을 키우는 연습을 합시다. 그것만이 회복탄력성을 키우는 방법입니다.

4장
감정 다루기

신데렐라가 감정을 다루지 못했다면?

 들어가며

신데렐라 이야기에는 여러 가지 버전이 있습니다. 그중에서 프랑스 버전과 독일 버전이 가장 잘 알려져 있지요. 프랑스 버전은 샤를 페로가 지었고 작품의 이름은 『상드리용』(재투성이)입니다. 독일 버전은 그림 형제가 지었고 작품의 이름은 『아셴푸텔』(재투성이)입니다. 사용하는 언어만 다를 뿐 같은 제목을 가지고 있습니다. 당연히 두 이야기의 기본 구조 또한 비슷합니다.

그런데 결정적인 차이를 보이는 부분이 있습니다. 상드리용에서는 신데렐라가 무도회에 가서 왕자를 만날 수 있었던 것은 요정의 도움 덕분이었습니다. 우연히 신데렐라 곁에 요정이 있어서 그 덕분에 왕자를 만날 수 있었던 것입니다. 그런데 아셴푸텔에서는, 신데렐라가 왕자를 만날 수 있었던 것은 ==자기의 감정을 잘 다룰 수 있었==

기 때문입니다. 왜 그런지 아셴푸텔의 이야기를 들여다보겠습니다.

신데렐라가 계모와 언니들에게 괴롭힘을 당하며 지내던 어느 날, 신데렐라의 아버지가 시장에 가기 전에 신데렐라와 언니들에게 무엇을 사다줄까 묻습니다. 그런데 신데렐라는 아버지에게 계모와 언니들의 악행을 고자질하지 않았고, 또 좋은 물건을 사달라고 하지도 않았습니다. 신데렐라는 아버지에게, 어머니의 무덤에 심을 작은 나뭇가지 하나만 가져다주면 충분하다고 말합니다.

얼핏 이해하기가 어려운 장면입니다. 괴로운 나날을 보내고 있었을 신데렐라의 마음속에는 분노나 억울함이나 서글픔 같은 감정이 가득했을 법한데, 그런 감정이 보이지 않기 때문입니다. 그렇다고 신데렐라의 감정이 무뎌진 것도 아닙니다. 그녀는 아버지가 가져다준 나뭇가지 앞에서 어머니에 대한 그리움으로 눈물을 흘립니다. 읽으면서 이 눈물에는 신데렐라의 서러움과 자기 연민이 담겼을 것이라고 생각했는데, 아니었습니다. 신데렐라의 눈물은 어머니와의 추억을 그리워하는 순수한 눈물이라는 것이 그다음의 대사를 통해서 드러납니다. 마치 잡초를 뽑듯이, 마음속에서 자기 파괴적인 감정들을 골라낸 것 같은 그런 모습이 놀라웠습니다.

· · ·

이런 신데렐라의 모습은 감정을 다루는 것이 왜 중요한지를 잘 보여줍니다. 우리에게 슬픔이나 분노, 자기 연민이 찾아오는 것을 막을 방도는 없지만, 찾아온 감정들을 다룰 방법은 있다는 것입니다.

실제로 신데렐라는 슬픔이 찾아오는 것을 막지는 못했지만, 그 감정이 자기 연민으로 빠지는 것은 막을 수 있었습니다. 만약 신데렐라가 감정을 다루지 못해 자기 연민에 빠졌다면 계모가 구박할 때 좌절하고 아무것도 하지 못하는 무기력한 상태였을 것입니다. 하지만 신데렐라는 그러지 않았고, 계모가 어떤 악조건을 제시해도 그것을 전부 해내고야 마는 의지력을 보여줍니다. 이를 통해 신데렐라의 슬픔이 자기 연민과는 다른 성격을 가진 슬픔이라는 것을 알 수 있죠.

이 이야기가 중요한 것은 우리들 중에 많은 이들이 감정을 불가항력인 것처럼 대하는 경우가 많기 때문입니다. 감정이 불가항력적인 것이라면 우리가 할 수 있는 일은 아무것도 없을 것입니다. 그러면 우리는 수동적일 수밖에 없고, 감정이 이끄는 대로 끌려갈 수밖에 없습니다. 감정이 더 나빠져서 파괴적인 감정으로 이어진다고 해도 거기에 동참할 수밖에 없습니다. 그렇게 된다면 우리가 할 수 있는 일이라고는 원망하는 일밖에 없을 것입니다. 이런 상태에서는 마음이 건강해질 수 없겠죠.

그러나 신데렐라를 보면 또 다른 가능성이 보입니다. 신데렐라는 아무리 상황이 나빠도, 아무리 안 좋은 감정이 찾아와도 충분히 그것을 다룰 수 있었습니다. 우리도 그렇게 할 수 있습니다. 우리는 감정에 저항할 수 있고, 자기 파괴적인 감정으로 이어지지 않도록 막을 수 있습니다. 감정이 이끄는 대로 끌려가지 않고 내가 옳다고 생각하는 것을 선택할 수 있습니다.

여기에 우리의 희망이 있습니다. 감정이 지나쳐서 내 마음을 상하게 하는 것을 막을 수 있다는 희망이 있습니다. 감정이 지나쳐서 상해버린 마음을 회복할 수 있다는 희망이 있습니다. 이제 이런 희망을 가지고 감정을 어떻게 다룰 수 있을지 함께 살펴보겠습니다.

> ◯◯◯ 신데렐라는 아무리 상황이 나빠도, 아무리 안 좋은 감정이 찾아와도 충분히 그것을 다룰 수 있었습니다. 우리도 그렇게 할 수 있습니다.

감정의 종류보다 방향이 중요하다

 토끼와 거북이 이야기는 너무나 유명한 이야기입니다. 누가 이기고 누가 졌는지, 승패를 가른 원인이 무엇이었는지 모르는 사람은 없습니다. 그러나 이 이야기를 감정과 정서의 측면으로 바라보는 경우는 별로 없는 것 같습니다. 토끼의 감정이 어땠을지, 거북이의 감정이 어땠을지 생각하면서 이야기를 따라가다 보면 우리는 의외의 교훈을 얻게 됩니다. 지금부터 토끼와 거북이의 감정에 주목하면서 이야기를 풀어보겠습니다.

 토끼와 거북이는 이솝 우화에 나오는 이야기입니다. 이 이야기에서 토끼의 상태를 네 글자로 표현하자면 '기고만장'이라고 할 수 있습니다. 거북이와 만나는 첫 장면에서 거북이에게 아무렇지도 않게 모욕을 주기 때문입니다. 그저 길을 가고 있었을 뿐인 거북이를 가리켜서 느림보라고 부른 것입니다. 거북이를 놀리는 데 전혀 주저함이 없는 걸 보면, 토끼는 이전에도 거북이를 놀린 경험이 있거나, 아니면 거북이가 놀림을 받아도 자기에게 어쩌지 못하는 약한 존재라고 생각하고 있음을 알 수 있습니다.

이때 토끼의 표정이 어땠을까요? 아마도 즐겁게 웃고 있었을 것입니다. 만만하고 쉬운 존재를 놀리는 것만큼 잔인하면서 즐거운 일이 없기 때문이죠. 토끼의 감정은 어땠을까요? 아마도 거북이가 어떤 반응을 보일지 흥분되고 설레는 마음이 있지 않았을까요? 걱정은 하지 않았을 것입니다. 걱정해야 하는 상대라면 이렇게 다짜고짜 모욕감을 줄 수는 없기 때문입니다.

그러면 모욕을 받은 거북이는 어떤 표정을 지었을까요? 평온한 표정은 아니었을 것입니다. 표정이 딱딱하게 굳고 토끼를 바라보는 눈빛이 날카로웠을 것입니다. 그때 거북이의 감정이 어땠을지 생각해볼까요? 다짜고짜 놀림을 받았으니 우선 화가 났을 것입니다. 그리고 이렇게 무시를 받아도, 토끼의 높은 콧대를 꺾을 수 있는 실력이 자신에게 없다는 사실에 서글펐을 것입니다. 자기의 느린 발과 신체 능력에 대해서 부끄러움을 느꼈을 수도 있습니다.

• • •

단순히 감정의 긍정적이거나 부정적인 면에 대해서만 생각하면, 두 등장인물 중에 더 긍정적인 감정을 가지고 있는 것은 토끼입니다. 반면 거북이는 굉장히 부정적인 감정을 가지고 있죠. 능력을 떠나서 감정의 종류만 봐도 토끼가 더 좋은 성과를 낼 것처럼 보입니다. 왜냐하면 우리 안에는 긍정적인 감정은 인간에게 긍정적인 영향을 미치고, 부정적인 감정은 인간에게 부정적인 영향을 미친다는 믿음이 있기 때문입니다.

<인사이드 아웃>이라는 영화를 보면 이런 믿음이 잘 드러납니다. 이 영화의 주인공은 기쁨, 슬픔, 걱정, 불안, 까칠이라는 다섯 가지의 감정들인데, 이 중에서 주인공의 역할을 하는 '기쁨'은 '슬픔'이 감정의 주인에게 아무런 도움이 안 될뿐더러 오히려 안 좋은 영향을 미친다고 생각합니다. 그래서 슬픔의 활동을 막거나 제한하려고 하죠. 영화 속의 이런 장면들은, 슬픔을 비롯한 부정적인 감정들을 우리가 어떻게 대하는지 적나라하게 보여주는 거울과도 같습니다. 우리 또한 슬픔 같은 부정적인 감정이 우리에게 도움이 안 된다고 생각하는 경우가 많기 때문입니다.

하지만 토끼와 거북이 이야기의 결론은 보통의 예상과는 달랐죠. 시종일관 즐겁고 신나게 뛰어다니던 토끼는 결국 시합에서 졌고, 분노와 슬픔과 수치심을 느꼈을 거북이는 결국 시합에서 이겼습니다. 이들의 결국을 보면 이들이 느꼈던 '감정의 종류'가 무엇인지가 중요한 게 아니라는 걸 알 수 있습니다. 감정이 긍정적이냐 아니냐 하는 것과 시합의 결과는 아무런 상관이 없었기 때문입니다.

그것보다 더 중요한 것은, 그들이 느꼈던 감정이 그들을 어떤 방향으로 이끌고 갔느냐 하는 것이었습니다. 토끼의 긍정적인 감정은 토끼로 하여금 자만하게 만들었고, 시합 중에 낮잠을 자는 객기를 부리게 만들었습니다. 하지만 거북이의 부정적인 감정은 거북이로 하여금 절치부심하게 만들었고, 시합을 포기하고 싶을 정도로 차이가 났을 때도 포기하지 않고 계속 갈 수 있는 원동력이 되었습니다. 이를 보면 감정의 종류가 아니라 ==감정의 방향이 중요하다==는 것을 알 수 있습니다.

감정을 이분법적으로 볼 때 생기는 문제

우리는 흔히 감정의 종류를 나눌 때 긍정적인 감정들과 부정적인 감정들로 나누는 습성이 있습니다. 긍정적인 감정에는 기쁨, 즐거움, 만족함, 평안함 등이 들어가고 부정적인 감정에는 슬픔, 우울함, 억울함, 분노 등이 들어갑니다. 보통 그 감정을 느꼈을 때 기분이 좋다고 느껴지면 긍정적인 감정으로 분류됩니다. 그리고 그 반대의 경우, 그러니까 그 감정을 느꼈을 때 기분이 나쁘다고 느껴지면 부정적인 감정으로 분류됩니다. 그런데 기분이 좋거나 나쁘다는 표현에는 가치 판단이 들어가 있지 않은 반면, 긍정적이거나 부정적이라는 표현에는 가치 판단이 들어가 있다는 점을 같이 생각해보려고 합니다.

먼저 **기분**이라는 단어를 살펴보겠습니다. 사전에서는 기분이 대상이나 환경에 따라 마음에 절로 생기는 유쾌함이나 불쾌함 등이라고 말하고 있습니다. 유쾌함이나 불쾌함은 옳고 그름의 문제라기보다는 나에게 잘 맞느냐 아니냐의 문제입니다. 불쾌지수라는 단어를 생각해보면 알 수 있죠. 불쾌지수는 날씨에 따라 인간이 느끼는 불쾌감의 정도를 수치로 표현한 것인데, 불쾌지수가 높은 날씨는 보통 날씨가 아주 덥고 습한 경우를 말합니다. 이건 이 날씨에 무슨 문제가 있거나 잘못되었다는 뜻이 아니고, 나랑 맞지 않는다는 뜻입니다. 틀림이 아니라 다름의 문제인 것이죠.

그런데 긍정과 부정이라는 단어는 그런 의미로만 쓰이지 않습니다. 일단 사전적 정의 자체가 옳음을 인정하는 것을 긍정이라고 하고, 옳지 않다고 반대하는 것을 부정이라고 합니다. 그러니까 긍정적 감정이라고 하거나 부정적인 감정이라고 할 때는 가치 판단이 들어갈 수밖에 없습니다. 기쁨, 즐거움, 만족함, 평안함 등의 감정을 느끼는 것이 바람직한 것이고 옳은 것이라면 슬픔, 우울함, 억울함, 분노 등의 감정을 느끼는 것은 옳지 않다는 의미가 그 단어 안에 내포되어 있습니다.

• • •

그런데 이렇게 옳고 그름의 문제로 감정을 바라보게 되면 생기는 문제가 있습니다. 바로 **감정을 억압하게 된다**는 것입니다. 실제로 우리는 부정적인 감정들을 억압할 때가 많습니다. 대표적으로 억압되어온 감정이 슬픔입니다. 사람이 슬프면 그 슬픔을 표출하는 것이 자연스러운 모습인데, 오랫동안 그러지 못하게 하는 문화가 특히 한국 사회에 존재했습니다. '남자는 태어나서 세 번 운다' 같은 말로 남자가 우는 것을 부끄럽게 여기게 만들었죠. 남자뿐 아니라 여자들도 감정을 억압하는 일이 많습니다. 울화병 혹은 화병이라고 하는 마음의 병은 한국에서만 보고되는 증세로, 화가 나는 감정을 오랫동안 억압하면서 생기는 우울증의 일종이며 신체 증상을 동반하기도 합니다. 주로 결혼한 지 시간이 오래 지난 여성들에게 많이 나타나는 증상이라는 것을 보면, 우리나라의 여성들이 화가 날 때 그 감정을 억압하는 경우가 많다는 것을 보여주는 증거이기도 합니다.

    이런 일들이 벌어지는 이유는 우리가 감정의 종류를 긍정적인 것과 부정적인 것으로 구분하기 때문입니다. 그런 구분은 어느 정도의 가치 판단을 담고 있기 때문에 감정을 억압하게 하는 원인이 됩니다. 그러니 이런 식으로 감정의 종류를 구분하는 것은 지양하는 것이 좋습니다. 특히 어떤 감정이 더 우월하거나 더 옳은 것처럼 보이게 하는 식의 구분은 피해야 합니다. 단순히 단어만 바꾼다고 해결될 문제는 아닙니다. 감정의 종류를 이분법적으로 나누는 그 구조가 바뀌지 않는다면 다른 용어를 쓴다 하더라도 우리의 인식은 전과 비슷할 것이기 때문입니다. 문화적 관성이 있어서 그렇습니다.

우리의 인식을 바꾸기 위해서는 서로 다른 감정들을 뭉뚱그려서 긍정적인 감정과 부정적인 감정으로 묶는 방식 자체를 탈피하는 것이 좋습니다. 그 대신 구체적인 그 감정의 이름을 찾아서 부르는 연습이 필요합니다. 이런 행위를 '감정 라벨링'Emotional Labeling 이라고 하는데요. 심리학에서 개인의 감정을 다루기 위해서 자주 사용하는 방법입니다.

감정 라벨링의 원리

감정 라벨링이란 자신의 감정에다 이름을 붙이는 작업을 말합니다. 예를 들어, 화가 났을 때 그 감정에 정확한 이름을 붙여보는 것입니다. '분노'라고 이름을 붙이는 것이 적절한지, 아니면 '억울함'이라고 이름을 붙이는 것이 적절한지, 아니면 '짜증'이라고 이름을 붙이는 것이 적절한지, 여러 이름들을 비교해가면서 가장 잘 어울리는 이름을 붙이는 것입니다. 물론 상당히 번거로운 일처럼 느껴질 수 있습니다. 감정은 우리가 노력하지 않아도 느끼는 것인데, 감정에 이름을 붙이는 것은 상당한 노력을 요구하기 때문입니다. 감정들의 목록도 찾아봐야 하고, 그중 내가 느끼는 것에 어울리는 이름을 찾기 위해 비교하고 대조해보는 일은 분명 수월한 일은 아닙니다. 하지만 이 방법의 원리를 안다면 그런 수고를 감당할 만한 가치가 있다고 생각할 것입니다.

우리의 뇌에는 ==이성적인 판단을 담당하는 기관==이 있는데, 그것을 전두엽이라고 부릅니다. 전두엽을 거쳐서 반응할수록 우리는 나중에 후회할 만한 행동을 덜 하게 됩니다. 어떤 말과 행동이 타인에게 어떤 영향을 미치고 나에게는 어떤 영향을 미칠지 전두엽에서 판단하기 때문입니다. 그러니 우리가 느끼는 감정이 격렬하면 할수록 전두엽을 많이 활용하는 것이 나중에 후회할 만한 실수를 줄이는 방법입니다. 그러나 안타깝게도 우리의 뇌는 이와 반대로 작동합니다. 그 이유는 생존 본능 때문입니다.

오늘날 우리는 감정과 생존을 연결시키는 경우가 별로 없습니다. 그만큼 우리가 살아가고 있는 문명사회가 우리에게 안전을 담보해주기 때문입니다. 그러나 원래 감정은 우리의 생존과 밀접한 연관이 있었습니다. 먹을 것을 발견했을 때 '기쁨'을 느끼고, 위협적인 맹수를 발견했을 때 '불안'을 느끼고, 타인이 나의 생존에 위협을 끼칠 때는 '분노'를 느끼는 등 감정은 생존을 위한 신호였습니다. 뇌로 하여금 상황에 재빠르게 반응할 수 있도록 알려주는 신호였던 것입니다. 그런데 빨리 반응하기 위해서는 전두엽을 거치면 안 됩니다. 전두엽은 이성적으로 충분한 근거를 가지고 판단을 하는데, 생존의 위기가 달린 상황에서는 그럴 시간이 없기 때문이죠. 그래서 뇌는 격렬한 감정을 느끼게 되면 그것을 전두엽이 처리하도록 하지 않고 변연계가 담당하도록 합니다.

변연계는 쉽게 말해 생존 본능을 다루는 기관이라고 할 수 있습니다. 느끼는 감정에 따라 신체가 즉각적으로 반응할 수 있도록 하죠. 심장이 빨리 뛰게 한다든지, 숨을 가쁘게 한다든지 하는 식으로 생각에 앞서 몸이 먼저 반응하게 합니다. 이성적인 판단을 거치지 않고 직접 행동하도록 하는 것입니다. 그러다 보니 변연계를 거쳐서 나오는 말과 행동들은 나와 내 주변에 문제를 일으키기가 쉽습니다. 사춘기의 자녀들이 감정을 조절하지 못하고 충동적인 말과 행동을 하는 것도 주로 전두엽을 거치지 않고 변연계를 통해서 반응을 하기 때문에 벌어지는 현상입니다.

감정 라벨링의 방법과 그 효과

그런데 우리가 약간만 노력하면 상황이 달라질 수 있습니다. 우리의 노력에 따라서, 변연계를 거쳐서 반응하기 때문에 발생하는 문제들을 해결할 수 있습니다. 우리가 느낀 격렬한 감정들을 변연계에서 다루도록 하지 않고 전두엽에서 다루도록 할 수 있기 때문입니다. 이 방법이 바로 감정 라벨링입니다.

감정을 느꼈을 때 그 감정에 이름을 붙이는 과정은 이성적인 판단을 뇌에 요구합니다. 그러면 뇌는 전두엽을 활성화시키고, 전두엽은 지금 느낀 감정들에 대해 이성적으로 판단해서 반응하도록 지시합니다. 그렇기 때문에 감정 라벨링을 하다 보면 감정에 휘둘리거나 순간적인 충동에 따라 반응하지 않게 됩니다.

그러니 다소 수고스럽더라도 나의 감정에 이름을 붙이는 감정 라벨링을 실천하다 보면 실수가 줄어듭니다. 감정적으로 대하는 실수가 줄어들면 불필요한 에너지 소모를 막을 수 있습니다. 우리 대부분이 감정에 휘둘려서 지나치게 반응했던 경험들이 있을 것입니다. 자녀에게 굳이 안 해도 될 말을 해서 하루 이틀 냉랭한 관계로 지냈던 경험도 있을 것이고, 그 과정에서 실수한 자기 자신에 대해 자책하고 후회하는 것을 반복해본 경험도 있을 것입니다. 그것이 전부 불필요한 에너지를 소모하는 과정이죠. 그 에너지를 나를 위해서 혹은 가족을 위해서 사용할 수 있다면 어떤 일이 벌어질까요? 분명 삶이 더 행복해질 것이고, 설령 힘든 일이 생기더라도 대응할 수 있는 여력이 생길 것입니다.

이에 도움이 되길 바라면서 다음의 표를 만들었습니다. 한국심리학회지 19권 1호에서 다룬 한국어 감정 단어 목록을 폴 에크먼 Paul Ekman 박사의 '여섯 가지 기본감정'에 맞춰서 표로 정리한 것인데요. 기존의 감정 목록들이 영어를 번역한 것이다 보니, 우리의 정서를 표현하는 데는 다소 아쉬움이 있어서 작업해본 것입니다. 이 표를 참고하면 감정 라벨링을 하는 데 도움이 될 것입니다.

감정 단어 목록

분노	혐오	공포	기쁨	슬픔	놀람
화나다	거부감	불안하다	좋다	그립다	놀라다
괘씸하다	경멸하다	무섭다	고맙다	외롭다	무안하다
증오하다	싫다	절박하다	재미있다	우울하다	황당하다
한 맺히다	싫증나다	초조하다	즐겁다	후회스럽다	서먹하다
약오르다	역겹다	주눅들다	기쁘다	속상하다	망설이다
억울하다	귀찮다	의심스럽다	만족스럽다	서럽다	창피하다
답답하다	열등감	걱정되다	사랑스럽다	슬프다	부끄럽다
배신감	실망스럽다	겁나다	행복하다	심란하다	민망하다
짜증나다	질투나다	긴장되다	보람 있다	불행하다	쑥스럽다

감정의 방향

감정에 이름을 붙이는 라벨링이 익숙해지면 감정을 이분법적으로 바라보는 경향이 조금은 완화될 것입니다. 예전에는 긍정적인 감정과 부정적인 감정으로 뭉뚱그려서 이해했다면, 이제는 내가 느끼는 감정들이 하나하나 또렷하게 보일 것입니다. 그러면 이제 감정의 종류가 아니라 방향성을 볼 준비가 된 것입니다. 방향성이라고 하면 거창해 보이지만, 쉽게 말하면 우리가 얼핏 생각할 때 좋지 않아 보이는 감정에도 장점이 있다는 것입니다.

앞에서 잠시 소개했던 영화 <인사이드 아웃>에서는 어린 소녀의 마음속에 있는 다섯 가지 감정이 주인공입니다. 한국어로 번역

된 이름 중에는 성격이 모호하게 표현된 감정도 있지만, 원래의 영어 이름은 폴 에크먼 박사의 분류와 비슷합니다. 기쁨, 슬픔, 분노, 혐오, 공포인데요. 이 다섯 감정들 중에서 '슬픔'은 처음에는 아무런 도움이 안 되는 캐릭터처럼 비춰집니다. 영화의 감정선을 따라가다 보면 슬픔이라는 캐릭터가 답답해 보이거나 싫어지게 됩니다. 그런데 그것이 이 영화의 의도입니다. 영화가 진행되면서 아무짝에도 쓸모가 없어 보이던 슬픔이 사실은 한 사람의 성숙에 없어서는 안 되는 것이었음이 드러나며, 슬픔에 대해 마뜩잖게 여겼던 관객들의 편견이 깨져버립니다. 이 영화를 본 사람이라면 모든 감정은 다 자기의 역할이 있고, 그 감정이 필요한 이유가 있다는 것을 깨닫게 됩니다.

심리학자들도 동일한 주장을 하는데요. 그중 한 사람인 팀 로마스 Tim Lomas 는 『툭하면 기분 나빠지는 나에게』라는 저서에서, 우리가 부정적으로 생각하는 감정들도 각각 알맞은 목적과 의미가 있고 가치가 있음을 보여줍니다. 특히 이 책에는 슬픔이 가지고 있는 의외의 장점을 보여주는 재미있는 실험이 하나 소개되어 있습니다. 실험을 진행한 연구자들은 20명의 학생을 모아놓고 각자의 테이블 위에 영화표를 놓아두었습니다. 그리고 학생들에게 이 영화표를 가져갈지 말지 선택하라고 했습니다. 일부 학생들은 영화표를 가져갔고, 나머지 학생들은 영화표를 가져가지 않았습니다. 그런 뒤에 학생들을 인터뷰하는 영상을 촬영하면서, 모든 학생들에게 '영화표를 가져가지 않았다'는 대답을 하도록 지시했습니다. 실제로 영화표를 가져간 학생들의 입장에서는 거짓말을 하게 된 셈이죠.

그런 다음에 연구자들은 영화표와 관계가 없는 다른 학생들을 불러서, 인터뷰 영상을 보고 그중에 거짓말을 한 학생을 찾아내는 실험을 했습니다. 인터뷰 영상을 보기 전, 일부는 즐거운 영상을 보고 왔고, 일부는 슬픈 영상을 보고 왔고, 일부는 감정을 자극하지 않는 영상을 보고 온 상태였습니다. 그랬더니 세 집단 중 슬픈 영상을 보고 온 집단이 거짓말을 하는 사람이 누군지를 가장 잘 맞혔습니다. 이 실험은 슬픔이라는 감정이 해롭기만 한 것이 아니라 판단력이나 분별력에 도움이 되기도 한다는 것을 우리에게 알려줍니다.

● ● ●

안타깝게도 많은 사람들이 어떤 감정들은 필요가 없거나 삶에 도움이 안 된다고 여깁니다. 그림 언어로 이해하면 이렇습니다. 우리는 감정과 그 결과를 외길이라고 생각합니다. 부정적인 감정은 부정적인 결과로 이어진다고 생각하는 것이죠. 다른 길이 있다는 생각을 거의 못 합니다.

그런데 지금 우리가 나누는 이야기들은 전혀 다른 그림을 제시하고 있습니다. **감정은 마치 여러 갈래로 나뉘는 갈림길과 같다는** 것입니다. 이 중에 한 길은 우리가 뻔히 예상하는 그런 길일 수 있습니다. 슬픔이나 분노 같은 감정이 우리에게 해로운 영향을 미치는 미래가 그 앞에 있을 수 있습니다. 그러나 '갈림길'이라는 것이 중요합니다. 그렇지 않은 길도 있다는 뜻입니다. 슬픔이나 분노 같은 감정을 경험했지만, 오히려 그 감정이 우리를 행복하게 만들어주는 미래가 우리 앞에 있을 수도 있습니다. 한 가지 감정이 우리를 서로 다른 방향으로 인도해갈 수 있습니다.

이어지는 내용에서는 우리가 싫어하고 꺼리는 세 가지의 대표적인 감정들을 하나하나 살펴보려고 합니다. 그리고 그 감정들 앞에 놓인 갈림길을 천천히 살펴볼 것입니다. 이 과정에 함께한다면, 어떤 방향으로 갈 때 감정이 우리의 삶을 더 어렵게 만드는지, 또 어떤 방향으로 갈 때 감정이 우리의 삶을 보다 행복하게 만드는지 알게 될 것입니다.

슬픔의 방향
이해하고 다루기

예술가들 중에 우울증을 앓는 사람이 많습니다. 우울증까지는 아니더라도 우울한 감정에 사로잡혀서 살아가는 이들도 많이 있죠. 『파우스트』로 잘 알려진 작가 괴테도 예외는 아니었습니다. 현대 의학의 관점으로 과거 인물의 상태를 판단하는 것이 적절하지 않을 수 있지만, 괴테가 거의 우울증에 가까운 상태였다는 것을 보여주는 증거들이 많습니다. 자프란스키가 쓴 괴테의 전기를 보면, 괴테는 젊은 시절에 한동안 침대 옆 탁자에 단도를 놓아두고 살았다고 합니다. 의식이 깨어 있는 시간들이 너무나 괴롭다는 이유 때문이었습니다. 언제라도 견딜 수 없을 때 바로 삶을 끝낼 수 있도록 칼을 곁에 두고 살았던 것입니다. 자프란스키는 그런 괴테의 모습을 그리면서, 그가 심한 자살 충동에 시달리던 사람이었다고 했습니다.

그런데 괴테는 변했습니다. 어느 순간부터 괴테의 모습은 우울증을 겪는 사람 같지 않았습니다. 오히려 우울감에 빠져서 인생을 허비하는 사람들을 위로하는 사람이 되었습니다.『젊은 베르테르의 슬픔』의 서문에 그런 괴테의 모습이 잘 드러나 있는데요. 괴테는 서문에서 독자들을 향해 이렇게 말합니다.

선한 영혼을 가진 분들이시여, 만일 그대가 베르테르와 똑같은 충동을 느낀다면, 그의 슬픔에서 위로를 찾도록 하십시오. 그리고 만일 그대가 어떤 운명이든 자신의 잘못 때문이든, 이보다 더 가까운 친구를 찾을 수 없다면, 이 조그만 책을 그대의 벗으로 삼아주십시오.

이 짧은 문장에서 우리는 괴테의 마음속에 타인에 대한 연민과 공감이 가득한 것을 볼 수 있습니다. 이 문장만 보면, 이걸 쓴 사람이 우울증 때문에 늘 자살을 생각하면서 살았던 사람인가 싶을 정도입니다.

분명 과거의 괴테가 마음속에 품고 있던 슬픔은 파괴적이었고, 자기 자신을 파괴하고 주변 사람들에게 괴로움을 주었습니다. 그런데 그는 완전히 달라졌습니다.『젊은 베르테르의 슬픔』을 다 썼을 때 괴테의 마음속에 있던 슬픔은 자신을 파괴하는 방향으로 흘러가는 대신 타인과의 유대감을 제공했고, 타인에 대한 깊은 긍휼을 불러일으켰습니다. 저는 이것이 괴테가 자신의 마음속에 있던 슬픔을 부정하거나 억누른 것이 아니라, 자기 자신을 더 성숙하게 만드는 쪽으로 감정의 방향을 바꾼 결과라고 생각합니다.

이런 괴테의 모습은 우리에게 <mark>슬픔을 대할 수 있는 또 다른 가능성</mark>을 보여줍니다. 슬픔을 부정적으로 보고 억누르고 감추는 것이 아니라, 슬픔을 통해서 더 성숙해질 수 있는 길이 있음을 보여주는 것입니다. 그래서 이제부터는 괴테가 어떻게 슬픔의 방향을 바꿀 수 있었는지를 알아보려 합니다. 자기 자신을 성숙하게 만드는 슬픔의 방향에는 어떤 특징이 있는지, 그리고 자기 자신을 파괴하는 슬픔의 방향에는 또 어떤 특징이 있는지 살펴보도록 하겠습니다.

괴테가 슬픔의 방향을 바꾼 방법

베르테르 효과라는 말이 있죠.『젊은 베르테르의 슬픔』을 읽은 젊은이들이 소설에 나오는 베르테르의 옷차림을 따라 입고 연달아 자살하는 일이 벌어지면서 생긴 단어입니다. 다른 말로는 '동조 자살' 혹은 '모방 자살'이라고 합니다. 세계 최고의 문호가 쓴 작품에 관련된 어휘치고는 불명예스러운 말입니다. 그러나 실제로 그런 일들이 많이 일어났기에 생긴 말이기도 하죠.

전해 내려오는 이야기에 의하면, 그 당시 한 사람이 괴테에게 이렇게 물어봤다고 합니다. "선생님이 쓰신 『젊은 베르테르의 슬픔』 때문에 많은 젊은이들이 자살을 하고 있다는 사실을 알고 계신 가요?" 그러자 괴테는 그런 것을 전혀 알지 못한다는 표정으로 질문자를 바라보면서 이렇게 대답했다고 합니다. "저는 그 작품을 쓰고 오히려 슬픔에서 벗어났는데, 그런 일이 정말로 있었나요?"

이 짧은 대화에 괴테가 어떻게 슬픔의 방향을 바꿨는지에 대한 실마리가 들어 있습니다. 괴테는 작품을 통해서 자기의 슬픔의 방향을 바꿀 수 있었습니다. 실제로 『젊은 베르테르의 슬픔』의 주인공인 베르테르는 괴테와 닮은 면이 아주 많습니다. 일단 생일이 같습니다. 괴테의 실제 생일은 8월 28일인데, 베르테르의 생일도 8월 28일입니다. 그리고 다른 사람의 약혼녀를 좋아했던 경험도 똑같습니다. 괴테는 다른 사람의 약혼녀를 사랑했었는데 이 여성의 이름은 샤를로테 부프입니다. 그런데 작품 속의 베르테르 또한 다른 사람의 약혼녀를 사랑했고, 그 여성의 이름도 샤를로테입니다. 심지어 법률사무소에서 일하던 시절에 만났다는 상황까지도 똑같습니다. 괴테가 자기 자신을 소설의 주인공으로 옮겨놓은 모습이 베르테르라고 해도 과언이 아닐 정도입니다.

그런데 이렇게 비슷한 상황에 놓인 괴테와 베르테르의 마지막 운명은 완전히 달랐습니다. 괴테는 다른 사람의 슬픔을 깊이 공감하고 위로하는 사람이 되었지만, 베르테르는 슬픔을 이기지 못해서 자살을 하고 말았던 것입니다. 여기서 우리는 괴테가 자기의 슬픔의 방향을 바꾼 방법을 엿볼 수 있습니다. 괴테는 자기와 똑같은 인물을 그려놓고, 그가 자기를 파괴하는 슬픔의 방향을 따라가도록 해본 것입니다. 이를 통해서 괴테는 자기를 파괴하는 슬픔의 방향이 어떤 모습인지를 구체적으로 알게 되었고, 자기의 실제 삶에서는 이와 반대로 본인이 느끼는 슬픔의 방향을 바꾼 것입니다.

물론 괴테는 다른 사람에게 어떻게 그렇게 할 수 있는지 그 방법을 알려주지는 않았습니다. 하지만 괴테의 이후 시대에 태어난 우리는 다행스럽게도 서로 다른 슬픔의 방향을 걸어간 괴테와 베르테르를 비교해볼 수가 있습니다. 이제부터는 괴테와 베르테르의 상반되는 특징들을 비교해보면서, 우리를 더 성숙하게 만드는 슬픔의 방향을 알아보겠습니다.

크기의 차이가 방향의 차이를 만든다

표면상으로는 괴테와 베르테르의 슬픔은 같습니다. 이루어질 수 없는 사랑에 대한 슬픔입니다. 그런데 두 사람의 슬픔의 크기는 다릅니다. 베르테르는 자신이 가지고 있던 모든 슬픔을 합친 크기만큼 슬퍼했습니다. 예술가적인 기질을 가지고 태어났지만 그것과는 상관없이 살아야 했던 슬픔, 귀족에 못지않은 재능을 가지고 있지만 평민이기 때문에 좌절당했던 슬픔 등 자신이 삶에서 겪은 모든 슬픔을 샤를로테와의 사랑을 통해서 해결하려고 한 것입니다. 쉽게 말하면, 자기가 가지고 있는 '모든 슬픔을 다 모아서' 슬퍼했습니다. 그런 베르테르를 향해 샤를로테는 간곡하게 부탁합니다.

제발, 자제하도록 하세요! 당신의 정신, 당신의 학식, 당신의 재능이면 얼마든지 즐거운 일이 있을 수 있어요! 남자다운 사람이 되어주세요! 당신을 안타깝게 여길 뿐, 달리 어떻게 할 도리가 없는 저 같은 여자에 대한 슬픈 집착을 다른 데로 돌려주세요.

샤를로테가 하고자 했던 말은 자신에게 모든 슬픔을 다 쏟아붓지 말라는 것이었습니다. 샤를로테는 이를 '슬픈 집착'이라고 표현했습니다. 그리고 다른 곳으로 그 마음들을 돌려달라고 부탁합니다. 다른 곳을 바라보면서, 한곳에 모아놓은 슬픔들을 원래 있어야 할 곳으로 보내주라는 뜻입니다. 하지만 베르테르는 그렇게 하지 않았고, 자기의 모든 슬픔을 한곳에 다 더해서 슬퍼했습니다. 이렇게 큰 슬픔은 결국 그의 마음을 파괴하고 그에게서 희망을 빼앗고 극단적인 선택을 하도록 그를 내몰았습니다.

재미있는 것은, 괴테는 샤를로테의 조언대로 살았다는 것입니다. 그 또한 이룰 수 없는 사랑에 마음 아파했지만, 베르테르와는 다르게 살았습니다. 그는 이루지 못한 사랑만 바라보지는 않았습니다. 문학과 상관없는 일을 그만두고 과감하게 작가의 길을 걸었습니다. 거기서 그치지 않고, 바이마르로 가서는 직접 정치에 뛰어들었습니다. 그래서 자기와 같이 예술을 하고자 하는 이들을 지원하는 나라를 만들었습니다. 독일의 모든 문화 예술인들이 바이마르로 모여들었고, 괴테가 직접 관장을 맡았던 도서관은 유럽 제일의 도서관이 되었습니다.

괴테는 샤를로테의 조언처럼 '슬픈 집착'을 다른 곳으로 돌리는 삶을 살았습니다. 그래서 실연의 아픔을 만났을 때도 아파야 할 만큼만 슬퍼할 수 있었습니다. 그 결과 괴테는 다른 이들의 슬픔에 공감하고 그들을 보듬을 수 있는 사람이 되었죠.

여기서 우리는 슬픔이라는 하나의 감정에 두 가지의 방향성이 있는 것을 보게 됩니다. 괴테처럼 아파야 할 만큼만 슬퍼하는 방향이 있고, 베르테르처럼 가지고 있는 모든 슬픔을 다 더해서 슬퍼하는 방향이 있습니다. 당연히 전자는 우리를 성숙하게 하는 방향이고, 후자는 우리를 파괴하고 무너뜨리는 방향입니다.

• • •

그런데 안타깝게도 우리는 후자의 방향을 따라갈 때가 많습니다. 예를 들어, 배우자가 바빠서 실수로 내 생일을 잊어버리고 챙기지 않았다고 해봅시다. 그럴 때 그 상황에 대해서만 슬퍼하는 것이 쉽지는 않습니다. 결혼하고 살아오면서 어려웠던 시간들도 떠오르고, 아이들을 키우면서 힘들었던 시간들도 떠오르고, 가족만 있고 나는 없어진 것처럼 느껴졌던 시간들도 떠올라서 여러 가지 슬픔을 합친 것만큼 아파하는 경우가 종종 있습니다.

우리는 이와 반대로 해야 합니다. 아픈 만큼만 아파하는 방향으로 가야 합니다. 비폭력대화에서 많이 사용하는 'I-메시지'가 이럴 때 도움이 됩니다. 'I-메시지'는 타인을 비난하지 않으면서 나의 감정을 전달하기 위해 고안된 방법이지만, 자신의 감정을 돌아보고 다룰 때에도 유용합니다. 'I-메시지'를 적용할 때는 먼저 상대의 행동을 이야기하고, 그로 인해 내가 받은 느낌을 말하고, 마지막으로 그런 느낌을 받은 이유를 말하는데, 이 순서에 따라서 생각하면 나의 느낌을 먼저 생각하는 것이 아니라 그 느낌이 발생한 상황을 먼저 생각하게 됩니다.

구체적으로 적용하기 위해 앞서 예로 든 상황을 'I-메시지'로 표현해보겠습니다.

행동	당신이 …하면	당신이 내 생일을 잊어버리고 챙기지 않으면
느낌	나는 …라고 느낀다	나는 당신이 나를 사랑하지 않는 것처럼 느낀다.
이유	왜냐하면 …이기 때문이다	왜냐하면 표현하지 않으면 마음을 알 수 없기 때문이다.

이렇게 정리하기 전에는 이것과 상관없는 슬픔까지도 같이 섞이는 경우가 많습니다. 그러다 보면 슬픔의 크기가 커져서 나를 망가뜨리고 파괴하는 방향으로 흘러갑니다. 그런데 이렇게 'I-메시지'로 정리하면 지금 내가 슬픈 이유가 상대방의 마음을 모르기 때문이라는 것이 명확해집니다. 그러면 이 상황은 마음의 표현에 대한 문제로 정리되고, 내 감정은 상대방이 마음을 표현해주지 않기 때문에 생기는 감정으로 한정됩니다. 이렇게 하면 내가 겪고 있는 아픔만큼만 슬퍼할 수 있습니다. 그리고 이런 방법을 통해 우리는 자신을 더 성숙하게 만들어 주는 쪽으로 슬픔의 방향을 바꿀 수 있습니다.

방식의 차이가 방향의 차이를 만든다

슬픔의 크기에 따라 슬픔의 방향이 달라진다는 것을 배웠으니, 이제는 **슬픔을 대하는 방식에 따라 슬픔의 방향에 차이가 생긴다는** 점을 살펴보려고 합니다. 먼저 베르테르가 슬픔을 어떻게 대했는지 살펴보겠습니다. 베르테르는 우울증에 걸린 사람들에 대해서 혐오에 가까운 감정을 가지고 있었습니다. 작품 속에서 그는 우울증에 대해 논쟁을 벌이기도 했는데, 심지어 이렇게 주장했습니다.

우울증이란 태만과 비슷한 겁니다. 아니 태만의 일종이지요. 우리 인간에게는 천성적으로 그런 기질이 있어요. 하지만 우리가 단 한 번만이라도 스스로를 다잡을 힘을 갖게 된다면, 우리가 하는 일은 수월하게 이루어질 것이고 우리는 그 속에서 진정한 기쁨을 맛볼 수 있을 겁니다.

베르테르는 우울증에 걸린 사람이 '태만하다'고 생각했습니다. 태만이란 자기가 할 수 있는 일을 하지 않는다는 뜻이죠. 그러니까 베르테르의 생각은, 슬픔에 젖어 있는 사람은 무엇인가 자기가 할 수 있는 일을 안 하고 있다는 것입니다.

슬픔에 젖어 있는 사람이 해야 할 일이 무엇인지는 베르테르의 말을 보면 알 수 있습니다. 베르테르는 단 한 번만이라도 스스로를 다잡을 힘을 갖게 되면 기쁨을 맛볼 수 있게 될 거라고 말합니다. 스스로를 다잡고 기쁨을 맛보는 것이 슬픔에 젖은 사람이 해야 할 일이라고 생각하는 것입니다. '다잡는다'는 것은 단속하거나 통제하는 것을 말하죠. 그러니까 베르테르는 슬픔에 젖은 사람이 자기의 슬픔을 잘 단속해서, 주위에까지 우울한 감정을 퍼뜨리지 않아야 한다고 생각하고 있습니다. 노골적으로 말하면 슬픔에 빠져 있는 것이 주위 사람들에게 민폐라는 것입니다.

반면 저자 괴테는 작품의 서문에서, 베르테르처럼 슬픔 속에 빠져버린 사람들을 "선한 영혼을 가진 분들"이라고 부릅니다. 이는 슬픔 속에 빠지는 것은 죄가 아니고 잘못된 것도 아니라는 뜻입니다. 설령 지나친 슬픔으로 인해 주변 사람들을 힘들게 하거나 어렵게 할 수도 있지만, 그것이 슬픔에 빠진 사람의 잘못이 아니라는 것입니다. 그러니 슬픔에 빠져 있을 때 조금의 죄책감도 가질 필요가 없다는 것을 말하고 있습니다.

이어서 괴테는 슬픔에 빠진 사람들에게 필요한 것은 '위로'라고 말합니다. 이는 당연한 귀결입니다. 슬픔에 빠지는 것이 자기의 잘못이 아니라면, 슬픔에 빠진 그 어떤 사람이라도 마땅히 위로를 받을 자격이 있기 때문입니다. 심지어 슬픔이 지나쳐서 잘못된 말과 행동으로 주위 사람들이 떠나간 사람한테도, 괴테는 자신의 책을 벗 삼아서 위로를 얻으라고 말합니다. 슬픔이 지나쳐서 주위 사람들을 잃어버린 것은 그의 잘못일 수 있겠지만, 설령 잘못이 있더라도 <u>그의 슬픔 자체에 대해서는 위로를 해야 한다</u>는 것이 괴테의 생각이었습니다.

・・・

우리가 슬플 때의 모습을 한번 생각해볼까요? 우리는 슬퍼하는 자기 자신을 어떻게 대하나요? 베르테르처럼 자신이 게으르고 태만해서 그렇다고 생각하며 스스로에게 슬픔을 다잡으라고 윽박지르는 모습에 가까운지, 아니면 괴테처럼 슬픔에 빠진 것은 잘못이 아니라고 생각하며 당연히 위로를 받을 자격이 있다고 품어주는 모습에 가까운지 생각해봅시다.

베르테르처럼 차갑고 냉정하게 자기 자신을 대하지는 않을지 몰라도, 많은 사람이 슬플 때 마음껏 슬퍼하지 못하거나 슬퍼하는 자기 자신에게 위로를 건네지 못하는 경우가 많습니다. 어렸을 때부터 들어온 교육의 영향일 수도 있고, 이 사회가 가진 문화의 영향일 수도 있겠지만, 원인이 무엇인가는 그리 중요하지 않습니다. 마음껏 슬퍼하지 못하고, 슬플 때조차 죄책감이라는 가시에 찔리면서 눈치를 보는 우리의 상태를 해결하는 것이 더 중요합니다.

이제부터는 괴테가 독자들을 바라봤던 눈으로 우리 자신을 바라봅시다. 슬퍼하는 자신을 바라볼 때 선한 영혼을 가진 사람이라고 생각해봅시다. 그런 마음으로 슬픔에 빠진 자신에게, 슬퍼하는 것은 죄가 아니고 잘못된 것도 아니라고 말해주세요. 그러면 필요한 만큼 충분히 슬퍼할 수 있을 것입니다. 동시에 그 슬픔을 충분히 위로할 수 있을 것입니다. 자신의 슬픔에 대해 충분히 슬퍼하고 충분한 위로를 스스로에게 주다 보면, 괴테처럼 다른 사람의 아픔을 긍휼히 여길 줄 아는 사람이 될 것입니다. 더 성숙해지는 쪽으로 우리 슬픔의 방향이 바뀌는 것입니다.

소통의 차이가 방향의 차이를 만든다

괴테와 베르테르의 마지막 차이점은 소통이었습니다. 베르테르는 자신의 온 마음을 샤를로테에게만 쏟고 있었는데, 샤를로테에게 거절당하자 마치 아무도 자신을 사랑하지 않는 것 같은 외로움에 빠져들었습니다. 왜냐하면 베르테르의 눈에는 샤를로테만 보이고 다른 사람은 보이지 않았기 때문입니다. 작품 속에서 베르테르는 자기의 그런 마음을 이렇게 표현합니다.

어디를 가든 그녀의 모습이 날 따라다니고 있네! 눈을 감으면, 그녀의 눈동자가 또 저기에 나타난다네. 바다처럼, 심연처럼 그녀의 눈동자는 내 앞에 그리고 내 마음속에 깃들이고, 내 이마의 모든 감각을 가득 채우고 있다네.

베르테르의 눈에는 자기의 마음을 거절한 샤를로테만 가득했습니다. 그러다 보니 그 한 사람에게 거절당한 것이 마치 온 세상이 그를 거절한 것 같은 슬픔으로 다가왔습니다. 어쩌면 베르테르는 샤를로테라는 한 여성이 이 세상의 전부가 아니라는 것을 알아차리기에는 너무 젊었는지도 모릅니다. 조금만 더 다른 사람들에게 시선을 돌리고 그들과 소통할 수 있었다면 자신을 좋아해주고 사랑하는 주위 사람들의 존재가 보였을 텐데, 그는 그러지 못하고 외로움 속에서 생을 마감했습니다.

그런데 놀랍게도 그의 장례식에는 업무 관계로 알고 지냈던 법무관의 아이들까지 참석을 했는데, 아이들은 굉장히 슬퍼하면서 그의 관을 붙잡고 떨어지려고 하지 않았습니다. 주위 사람들이 베르테르를 얼마나 좋게 봤는지, 또 그에 대해 얼마나 많은 호의와 애정을 가지고 있었는지를 단적으로 보여주는 장면입니다. 안타깝게도 베르테르는 이런 주위 사람들의 마음을 알지 못한 채 자기만의 슬픔에 빠져서, 결국 자기 자신을 망가뜨리는 방향으로 나아가고 말았죠.

반면에 괴테는 사랑의 아픔을 경험하면서도 다른 사람들과 교류하는 것을 멈추지 않았습니다. 그는 자신을 좋아하고 자신에게 호의를 베푸는 사람들을 소중히 여길 줄 알았습니다. 그중에서도 특히 아우구스트 공작과의 관계가 깊었는데요. 아우구스트 공작은 당시 독일의 작은 소도시인 바이마르를 다스리던 지도자로, 주위의 반대를 물리치고 괴테를 등용할 정도로 괴테를 좋아했습니다. 괴테 또한 집안의 반대를 물리치고 그의 밑으로 갈 정도로 그를 신뢰했습니다. 그들은 단순히 군주와 신하의 관계가 아니라 친구 같은 사이였습니다. 밤을 새워 술을 같이 마시고 문학에 대해 토론하기도 했고, 말을 타고 덤불과 개천을 달리면서 사냥을 함께 즐기기도 했습니다. 그러다가 어두워지면 모닥불을 피워놓고 근처 오두막에서 밤을 지새우며 우정을 깊이 쌓아갔습니다. 나중에 괴테가 예술가 특유의 방랑벽 때문인지 무단으로 일을 내팽개치고 이탈리아로 떠났는데, 아우구스트 공작은 2년 동안 아무 말 없이 그에게 월급을 주고 그가 돌아올 때까지 기다려줄 정도였습니다.

또한 괴테는 『군도』라는 희곡 작품으로 유명한 프리드리히 실러와도 깊은 우정을 나눴습니다. 실러는 『젊은 베르테르의 슬픔』을 읽고 괴테를 존경했던 후배 문인이었습니다. 실러와 괴테는 편지를 교환하면서 우정을 쌓았는데, 실러는 괴테를 너무나 좋아한 나머지 당대의 최고 명문대학이었던 예나 대학의 교수 자리를 버리고 앞길이 보장되지 않았던 작은 도시인 바이마르로 올 정도였습니다. 두 사람은 문학에 대한 생각이 완전히 달랐지만 그건 문제가 되지 않았습니다. 생각의 차이에도 불구하고 두 사람은 깊은 우정을 쌓았습니다. 괴테는 실러가 준 편지들을 아주 소중히 여기고 가장 귀한 선물로 여겼으며, 실러가 자기보다 먼저 세상을 떠나자 "내 존재의 절반을 잃은 것 같다"며 고통을 토로할 정도였습니다.

괴테는 이렇게 베르테르와는 다른 삶을 살았습니다. 괴테도 베르테르처럼 한 여성을 무척 사랑했지만, 그래도 괴테는 그녀 외에도 자기 주위에 소중한 사람들이 많이 있다는 것을 알았습니다. 괴테는 그들로부터 자신을 고립시키지 않고 적극적으로 소통했습니다. 덕분에 괴테는 주위 사람들의 우정과 호의를 누릴 수 있었고, 이런 관계들이 있었기 때문에 괴테는 이루지 못한 사랑에 대한 슬픔을 딛고 더 성숙해질 수 있었습니다. 소통의 차이가 슬픔의 방향을 바꾼 것입니다.

• • •

우리는 슬픔에 빠질 때 베르테르와 비슷한 모습을 보이는 경우가 많습니다. 부모도 그렇고 자녀도 그럴 때가 많습니다. 자녀들은 부모와 갈등을 겪거나 부모에게 비난을 받으면 온 세상이 자기를 거절한 것같이 상처를 받고 슬퍼하는 경우가 많습니다. 부모 또한 마찬가지입니다. 자녀가 부모와의 대화를 거절하고, 부모의 적절한 조언을 듣지 않고 외면한다면 부모들은 세상에 자기 홀로 있는 것 같은 고립감과 슬픔을 만나게 됩니다.

그런데 그럴 때 필요한 것이 소통입니다. 지금 내 눈앞에 있는 사람과 관계에 문제가 생기고 그 때문에 슬픔이 내 마음을 침범해 들어올 때, 우리는 주위를 둘러봐야 합니다. 그리고 주위에 있는 사람과 소통해야 합니다. 그러다 보면 현실이 내가 생각하는 것처럼 외롭고 고립된 상황은 아니라는 것을 알게 됩니다. 나를 힘들게 하는 관계도 있지만, 여전히 나를 사랑하고 나에게 호의를 가지고 있는 관계들이 있음을 알게 됩니다. 이런 관계들을 마음속에 기억하고 새겨둘 수 있다면, 어떤 슬픔을 만나더라도 걱정할 것이 없습니다. 그 슬픔이 나를 더 성숙하게 만드는 방향으로 이끌어줄 것이기 때문입니다.

수치심의 방향
이해하고 다루기

수치심과 죄책감은 비슷해 보이지만 다른 감정입니다. 감정의 표면만 보면 두 감정은 얼핏 비슷해 보입니다. 두 감정 모두 표면상으로는 부끄러움이라는 모습으로 드러나기 때문입니다. 그러나 감정의 이면을 들여다보면 다릅니다. 왜 그런 감정이 발생했는지에서 차이가 나기 때문이죠.

　예를 들어, 어떤 사람이 길을 지나가다가 바닥에 돈이 떨어져 있는 것을 보았다고 생각해봅시다. 번화가가 아니어서 마침 주위에 지나가는 사람이 한 명도 없는 상황입니다. 사람이 없는 곳에 떨어진 돈이다 보니 주인을 찾아주기도 어려운 상황입니다. 근처 경찰서에 가져다준다고 한들, 돈에 이름이 쓰여 있는 것도 아니기 때문에 주인을 찾을 수 있을 가능성은 거의 없습니다. 이런 상황에서는 누구라도 돈을 주울 것인가 아니면 그대로 둘 것인가 고민을 하게 될 것입니다. 고민 없이 선뜻 돈을 줍지 못하는 이유는 내 것이 아닌데 그걸 가져가자니 양심이 불편하고 부끄러운 마음이 들기 때문입니다. 이렇게 양심이 불편해서 생기는 부끄러움이 죄책감입니다.

그런데 죄책감을 이기고 돈을 주운 순간, 그 돈의 주인이 나타나서 그것이 자기가 방금 떨어뜨리고 간 돈이라고 말한다면 어떤 마음이 들까요? 역시 부끄러운 마음이 들 것입니다. 그런데 이때의 부끄러움은 아까 돈을 주울까 말까 고민했던 부끄러움과는 다릅니다. 왜냐하면 양심 때문에 부끄러운 것이 아니라, 자기를 바라보는 돈 주인의 시선 때문에 부끄러운 것이기 때문입니다. 이렇게 양심이 아니라 타인의 시선 때문에 느끼는 부끄러움은 수치심이라고 합니다.

물론 죄책감과 수치심을 완전히 분리할 수는 없습니다. 옳지 못한 말이나 행동을 했다는 하나의 뿌리에서 두 가지의 감정이 갈라져 나온 것이기 때문입니다. 실제 삶에서도 죄책감과 수치심은 한데 얽힌 채로 우리에게 다가옵니다. 하지만 이 중에서 어떤 것이 더 우리에게 파괴적인 감정인지는 구분이 가능합니다.

• • •

가톨릭대학교의 이영호 교수가 수치심과 죄책감 중에서 우울증에 더 큰 영향을 미치는 감정이 무엇인지를 연구했는데요. 연구 결과, 그는 우울증에 큰 영향을 미치는 것은 죄책감이 아니라 수치심이라는 결론을 내렸습니다. 타인의 시선 때문에 발생하는 부끄러움이 우리의 마음에 더 파괴적인 영향을 끼친다는 것을 연구를 통해 밝혀낸 것입니다.

그런데 우리가 가정에서 느끼는 대부분의 부끄러움은 죄책감보다는 수치심이라는 것이 문제입니다. 가정은 아주 특수한 장소입니다. 우리는 나이가 들고 삶의 경험이 많아질수록 자신의 부끄러운 모습들을 숨기고 감출 수 있는 기술을 발전시키지만, 그 기술은 가정에서는 통하지 않습니다. 가정은 우리의 민낯이 드러날 수밖에 없는 곳이죠. 그러다 보니 우리는 가정에서 무엇인가 잘못을 저지르게 되면 죄책감보다는 수치심을 더 크게 느끼게 됩니다.

그런데 수치심은 자존감에 파괴적인 영향을 주기 때문에, 우리는 수치심을 다루는 방법을 알아야 하고 우리를 더 성숙하게 만드는 수치심의 방향은 무엇인지 이해할 필요가 있습니다. 그래서 이제부터 『레미제라블』의 등장인물들을 통해서 수치심에 대해 알아보려고 합니다. 여러 인물 중에 특히 장발장과 자베르를 보면서, 수치심에도 우리를 보다 더 성숙하게 만드는 방향이 있음을 알아보겠습니다.

장발장과 자베르의 공통점

보통 『레미제라블』은 수치심보다는 죄책감에 관한 내용이라고 생각됩니다. 왜냐하면 장발장이 자기에게 호의를 베풀어준 미리엘 주교의 주교관에서 은으로 만든 식기들을 훔친 이야기가 가장 잘 알려져 있기 때문입니다. 자기에게 호의를 베풀어준 사람의 물건을 훔쳤으니 그때 느꼈을 죄책감이 클 것이라고 생각되는 것입니다. 물론 장발장도 양심이 있는 사람이니, 그 물건을 훔칠 때 갈등도 하고 죄책감도 느꼈을 것입니다.

그러나 장발장이 가장 큰 내적 갈등을 경험했던 순간은 사실 그 물건을 훔칠 때가 아니었습니다. 물건을 훔쳐서 나가던 중 헌병들에게 들켜서 자기가 배신했던 미리엘 주교의 앞에 다시 서야 했던 때야말로 가장 내적 갈등이 컸던 순간이었습니다. 꼼짝없이 죄가 폭로당하고 다시 감옥에 들어가야 한다는 두려움도 컸겠지만, 자기에게 호의를 베풀어준 사람을 배신하고 그 사람의 시선 앞에 설 때 느끼는 두려움이 가장 컸을 것입니다. 이 감정이 바로 수치심입니다.

그런데 장발장만 수치심을 깊이 느꼈던 것은 아닙니다. 장발장과 함께 『레미제라블』의 이야기를 이끌어가는 자베르 역시 깊은 수치심을 경험한 인물입니다. 이야기의 후반부에는 왕을 몰아내고 공화정을 세우고자 하는 시민들의 봉기가 시작되는데, 자베르는 정부군의 스파이로 주동자를 알아내기 위해 시민군에 잠입합니다. 그러다 자베르의 얼굴을 알아보는 이가 있어서 죽음의 위기에 처하고 말았습니다. 놀랍게도 이때 자베르의 처형을 담당하게 된 사람이 바로 장발장이었습니다. 자베르는 장발장이 자신을 죽일 거라고 생각했지만, 장발장은 자베르를 살려줍니다. 평생 나쁜 죄인이라고 생각하고 뒤쫓았던 장발장이 스파이가 된 자신을 살려줄 때, 자신을 바라보는 장발장의 눈빛 앞에서 자베르가 느꼈던 감정 역시 수치심입니다.

두 사람은 정반대의 위치에 있었지만 깊은 수치심을 경험했다는 공통점이 있습니다. 자베르는 자기가 사회의 악으로 규정했던 장발장 덕분에 죽음을 면하는 수치심을 경험했고, 장발장은 자신이 도의를 저버리고 배신했던 미리엘 주교 덕분에 구속을 면하는 수치심을 경험했습니다. 그런데 이 두 사람의 결말은 완전히 다르다는 것을 우리는 알고 있습니다. 장발장은 깊은 수치심을 경험하고 난 뒤 완전히 새로운 사람이 되어, 사람들에게 존경받는 사람이 되었습니다. 그런데 자베르는 깊은 수치심을 경험하고 난 뒤 어떻게 살아가야 할지 혼란에 빠지고, 결국 세느강에 몸을 던지고 맙니다. 같은 수치심을 경험했지만, 수치심을 경험한 이후에 두 사람이 걸어간 인생의 방향은 완전히 달랐던 것입니다.

수치심에 대한 자베르의 대응

과연 두 사람의 차이가 무엇이었기에 비슷한 경험에도 불구하고 다른 결말을 맞은 것일까요? 먼저 자베르의 수치심에 대해서 생각해보겠습니다.

　자신이 집요하게 뒤쫓고 괴롭혔던 장발장이 자신을 살려주었을 때, 자베르는 장발장 안에 있는 선함을 보게 되었습니다. 그러면서 자베르에게 수치심이 찾아왔습니다. 지금까지 그는 장발장이 나쁜 사람이라고 확신하고 있었기 때문에 그를 몰아붙이고 집요하게 뒤쫓는 것에도 당당했는데, 장발장이 선한 사람일 수 있다는 생각을 하자마자 그동안 자기가 해온 모든 행동들이 부끄러워지기 시작한 것입니다. 그는 더 이상 자기 자신에 대해서 당당할 수 없었습니다. 그런 상태에서 장발장이 자신을 구해주고, 자신에게 욕 한마디 하지 않고 자유를 주었을 때 자베르는 깊은 수치심을 느끼게 되었습니다.

　자베르는 이러한 수치심을 어떻게든 해소하고자 했습니다. 그가 선택한 방법은 사회의 탓을 하는 것이었습니다. 자베르가 남긴 유서에는 프랑스 사법제도의 문제점을 고발하는 내용이 가득 담겼습니다. 물론 그 시대의 사법제도가 죄를 지은 사람들을 가혹하게 대했던 것은 사실입니다. 하지만 이 유서에는 심각한 문제가 있는데, 바로 자기의 잘못된 확신으로 가혹한 대우를 받았던 사람들에게 사과하는 내용이 없다는 것입니다. 자베르는 마치 모든 책임이 나라의 사법제도 때문인 것처럼 변명을 하고 있습니다.

우리가 뉴스에서 종종 보게 되는 모습이기도 합니다. 강력범죄를 저지른 사람들이 자신의 잘못을 반성하기보다 사회를 비판하는 모습 말이죠. 사람들은 그런 모습에 뻔뻔하다며 분노하지만, 사실 그들이 수치심을 전혀 느끼지 못하는 것은 아닙니다. 오히려 깊은 수치심을 느꼈기 때문에 그것을 해소하기 위한 방편으로 변명이 나오게 된 것입니다. 큰 수치심을 감당할 수 없으니, 잘못한 적이 없다며 자기 자신을 속이게 되는 것입니다. 자베르 또한 마찬가지였습니다. 자베르는 그동안 자신이 저질렀던 잘못과 그로 인한 수치심을 감당할 수 없었습니다. 그래서 자기의 잘못이 아니고 사회의 잘못이라며 자신을 속이는 방법을 선택한 것입니다.

이 방법은 효과가 있었습니다. 자베르는 정말로 자기가 저지른 잘못이 사회 탓이라고 믿었습니다. 그리고 그 순간 자베르는 가해자가 아니라 피해자가 되었습니다. 자신은 선하게 살고자 했는데, 나라의 사법제도에 이용당해서 사람들에게 가혹하게 대한 불쌍한 사람이 된 것입니다. 그러자 자베르의 마음속에는 자기를 향한 연민이 가득해졌습니다. 열심히 살았는데 그게 잘못된 방향으로 드러났기 때문에, 인생을 허비해버린 자기 자신에 대한 연민이 생겨난 것입니다. 그의 마음속에는 자기 때문에 아파하고 고통받았던 사람들에 대한 연민이 들어갈 자리가 없었습니다. 그래서 자베르는 유서에 사과하는 내용을 단 한 줄도 남기지 않았습니다.

하지만 자베르의 수치심은 해결되지 않았습니다. 자베르가 변명과 연민으로 자기의 잘못을 부정하면 부정할수록 그의 수치심은 점점 더 커져만 갔습니다. 그럴 수밖에 없습니다. 마치 깨끗한 옷일수록 자국이 더 신경 쓰이는 이치와도 같죠. 자기가 잘못이 없다고 생각할수록 다른 사람의 부정적인 시선이 더욱 신경 쓰이고 견디기가 힘든 법입니다. 결국 자베르는 계속해서 커지는 수치심을 감당하지 못하고 마침내 모든 사람들의 시선으로부터 도망치고 말았습니다. 그가 세느강에 몸을 던진 이유입니다.

수치심에 대한 장발장의 대응

장발장은 어땠을까요? 『레미제라블』의 저자 빅토르 위고 Victor Hugo는 미리엘 주교에게 호의를 입었을 때 장발장의 마음이 어땠는지를 이렇게 설명합니다.

무한한 관용에 대해 그는 마치 악의 소굴에 갇힌 듯 저항하고 있었다.

무한한 관용은 분명 너무나 고마운 것입니다. 하지만 자기가 배신한 상대에게 무한한 관용을 받는다면, 더군다나 그 사람 앞에 서서 그 사람의 얼굴을 마주 봐야 하는 상황이라면 수치심을 느낄 수밖에 없습니다. 그 수치심은 장발장의 입장에서는 위협이었습니다. 그것을 받아들이자니 자기가 너무나 형편없는 사람이 되어버릴 것 같은 두려움을 느꼈던 것입니다. 그래서 장발장의 입장에서는 수치심이 자기의 목숨을 위협하는 악당의 무리들처럼 보였고, 그런 무리들로부터 자신을 보호하기 위해 필사적으로 저항을 했던 것입니다. 저항의 방법이 자세히 나와 있지는 않지만, 어떻게든 자신을 덜 나쁘게 만들고 주교를 더 나쁘게 만들 이유, 변명거리를 찾았을 것입니다. 왜냐하면 그렇게 변명하는 것 외에는 수치심을 가릴 수 있는 방법이 거의 없기 때문입니다.

불행히도 장발장은 확실한 변명거리를 찾지는 못했습니다. 그런 다음 머리가 복잡하고 괴로워서 들판에 앉아 있는데 갑자기 은화가 굴러왔습니다. 그 은화는 한 소년이 하루 종일 굴뚝을 청소하고 받은 돈이었습니다. 장발장은 자신도 의식하지 못하는 새에 은화 위에 발을 올렸습니다. 그리고 발을 치워달라고 애원하는 소년을 겁을 줘서 쫓아내버렸습니다. 소년이 달아난 다음에야 장발장은 자기가 무슨 짓을 한 것인지를 깨닫습니다. 그러자 엄청난 수치심이 몰려들었습니다. 미리엘 주교는 성인이었고 도량이 넓고 여유 있는 사람이었다지만, 이번에는 자기보다 어리고 약하고 가난한 아이의 전 재산을 가로채고야 말았기 때문입니다. 밀려오는 수치심을 장발장은 피하지 않습니다. 그걸 그대로 인정합니다. 그리고 그 수치심이 말해주는 자기의 모습을 자기의 입으로 고백합니다. "레 미제라블(나는 얼마나 비참한 인간인가)!" 이때 장발장이 직면한 자신의 모습이 얼마나 비참했는지를 빅토르 위고는 상세하게 소개합니다.

> 그는 자기 자신의 모습을 처음으로 마주 대했다. 지팡이를 들고, 작업복을 입고, 훔친 물건으로 꽉 찬 배낭을 지고, 음울하고 일그러진 표정으로, 사악한 생각을 품고 서 있는 죄수 장발장의 모습 말이다.

자기의 모습을 생각만 해도 치밀어오르는 부끄러움 때문에 두려움까지 느낀 장발장이었지만, 자기의 비참한 모습을 피하지 않고 있는 그대로 인정하자 변화가 일어났습니다. 장발장은 이때부터 완전히 새로운 사람이 되어서 새로운 인생을 살아갑니다. 자신의 모든 것을 바쳐서 어려운 사람들을 도와주고, 자기를 괴롭히던 사람들을 어떻게든 용서하는 삶을 살아갑니다. 자기에게 무한한 관용을 베풀었던 미리엘 주교를 닮은 모습으로 살아가게 된 것입니다. 자베르와 비슷하게 깊은 수치심을 경험했지만, 장발장은 자베르와는 전혀 다른 결말을 맞이하게 됩니다.

수치심을 인정하고 수용하는 방법

자베르와 장발장을 통해 우리는 수치심을 느끼는 것이 잘못된 것이 아니라는 교훈을 얻을 수 있습니다. 두 사람이 우리에게 알려 주는 것은, 수치심을 어떻게 대하느냐가 중요하다는 것입니다. 우리가 반대로 생각할 때가 많기 때문에 이 깨달음은 중요합니다. 우리는 수치심을 어떻게 다루어야 하는지 생각하기보다는, 수치심을 느끼게 된 그 상황을 만든 자기 자신을 탓하는 경우가 많습니다.

우리는 인간으로 살아가면서 잘못을 저지르지 않고 살아가기란 불가능하다는 것을 기억해야 합니다. 또 우리가 저지르는 모든 잘못을 타인에게 들키지 않는 것도 불가능하다는 것을 기억해야 합니다. 우리는 필연적으로 잘못을 저지를 수밖에 없는 존재고, 또 필연적으로 타인의 시선 앞에 부끄러운 모습으로 설 수밖에 없는 존재입니다. 누구나 실수로 잘못을 저지르고, 누구나 잘못된 판단이나 과잉된 감정으로 잘못을 저지릅니다. 여기서 자유로운 사람은 없습니다. 그러니 수치심이 느껴지는 상황이 왔을 때 자기 자신을 탓할 필요가 전혀 없습니다. 그런 상황에서 모든 것을 자기의 책임으로 돌리는 것은, 자신에게 인간 이상이 되라는 말도 안 되는 기준을 강요하는 것이나 마찬가지입니다.

중요한 것은 수치심을 느끼는 상황을 없애는 것이 아니라, 그런

==상황이 왔을 때 수치심을 어떻게 대하느냐 하는 것입니다.== 앞서 살펴보았던 것처럼, 자베르와 장발장이 수치심을 대하는 방법의 차이를 한마디로 표현하자면 '변명'이라고 할 수 있습니다. 자베르는 변명을 했고, 장발장은 변명을 하지 않았습니다. 자베르는 변명을 해서 수치심을 받아들이기를 거부했고, 장발장은 변명을 하지 않음으로 수치심을 인정하고 수용할 수 있었습니다.

● ● ●

실제 삶에 이를 적용해보겠습니다. 우리가 부모로서 수치심을 느끼게 되는 순간은 자녀 앞에서 명백한 잘못을 저질렀을 때입니다. 자녀에게 중요하다고 가르친 것을 본인이 실천하지 않는다거나, 자녀의 잘못이 크지 않은데 내 감정 때문에 정도 이상으로 화를 표출하고 자녀를 혼낸다거나 하는 상황들이 그런 순간들이겠죠. 그럴 때 우리는 깊은 수치심을 느끼고, 그 수치심을 견디지 못해 변명을 합니다. 그러다 보면 아이에게 미안함을 느끼는 것이 아니라 나의 수고와 고생에 대한 연민을 느끼게 됩니다. 바로 이것이 자베르가 경험한 것입니다. 이 지점이 우리가 자베르와 같은 방향으로 갈 것인지, 장발장과 같은 방향으로 갈 것인지 선택하는 갈림길입니다.

이 지점에서 우리가 단호하게 선택해야 할 것은 ==변명하지 않는 것==입니다. 물론 변명할 말은 많이 있을 것입니다. 아이가 그동안 잘못한 다른 것들을 끄집어내면서 나의 잘못을 줄이려 할 수도 있습니다. 부모에게는 자신의 수치심을 가리기 위해 변명할 수 있는 카드가 많습니다. 그러다 보니 변명하고 싶은 마음을 참는 것이 정말 어렵습니다. 하지만 그럴 때, 참아야 합니다. 내 마음을 면밀하게 관찰해서, 마음속에 일말의 부끄러움이라도 느껴진다면 지금 내가 하고자 하는 말이 변명이 아닌가 의심해봐야 합니다. 그리고 변명일 가능성이 있다면 그 말을 하지 않는 것이 좋습니다. 변명을 하지 않기만 해도 수치심의 상당량을 인정하고 수용할 수 있게 됩니다.

예를 들어, 아이에게 너무나 심하게 화를 냈을 때, 몸이 안 좋다거나 할 일이 너무나 많아서 예민해서 그랬다고 이유를 대고 싶을 수 있습니다. 하고 싶은 말들이 마음속에 떠오르겠지만, 변명하지 않는 것은 그 모든 말들을 접어두는 것입니다. 그것이 나의 수치심을 인정하고 받아들이는 과정입니다.

변명하지 않고 수치심을 충분히 인정하고 받아들이면, 비로소

> **부모에게는 자신의 수치심을 가리기 위해 변명할 수 있는 카드가 많습니다.**
> **하지만 그럴 때, 참아야 합니다.**
> **변명을 하지 않기만 해도 수치심의 상당량을 인정하고 수용할 수 있게 됩니다.**

내가 잘못한 것이 무엇인지 명확하게 보입니다. 자기객관화가 이루어지는 것입니다. 물론 자기객관화가 금방 이루어지지는 않습니다. 스스로에 대해 변명하지 않고 받아들일 수 있기까지는 시간이 걸리기 때문입니다. 그럴 때는 생각을 정리할 시간을 가지는 것도 좋습니다. 아이에게는 이따가 생각이 정리되면 이야기하자고 하고, 잠시 내 마음을 정리하는 시간을 가지는 것입니다. 그러면서 자신의 내면에서 떠오르는 변명들을 마주해보고, 그것들을 단호하게 거절합시다. 그러다 보면 잘못을 있는 그대로 인정하는 순간이 올 것입니다. 그때가 바로 자기객관화가 이루어진 순간입니다. 빅토르 위고는 장발장이 자기 객관화에 이르는 과정을 이렇게 묘사했습니다.

> 장발장은 엎드려 울었다. 그는 뜨거운 눈물을 흘리고 또 흘렸다. 어떤 여자보다도 연약하고, 어떤 아이보다도 무서워하면서. 끝없이 울면서 그의 머리는 차차 맑아졌다. 신비로움과 깨끗함, 그리고 충격적인 밝음이었다.

장발장은 자신의 내면에서 떠오르는 변명들을 마주했고, 그 변명들을 단호하게 거절했습니다. 그 결과가 그를 너무나 아프게 한 나머지 계속 울기만 했습니다. 하지만 그러는 과정에서 그의 머리가 맑아지고, 자기의 지금 모습이 어떤지 인정되기 시작했습니다.

자기객관화가 된 것이죠.

· · ·

우리에게도 이런 시간이 필요합니다. 이런 시간을 충분히 가진 뒤 자기객관화가 이루어지면, 그때 우리는 아이에게 진솔한 사과를 할 수 있습니다. 부모의 진솔한 사과는 아이의 마음에 생긴 상처를 치유해주고 부모에 대한 신뢰를 더해줍니다. 그뿐만이 아닙니다. 자기객관화를 바탕으로 진솔한 사과를 하게 되면 나의 잘못이 무엇인지 명확하게 알게 되고, 그 잘못된 말이나 행동에 대해 거부할 수 있는 마음을 가지게 됩니다.

이렇게 할 때 우리는 비로소 우리 자신의 약함과 악함을 넘어서게 됩니다. 늘 같은 자리로 돌아와서 자괴감과 수치심을 느끼는 악순환에서 벗어날 수가 있는 것입니다. 장발장이 물건을 훔치고 수치심을 느끼는 악순환에서 벗어나 새로운 사람이 된 것처럼 말입니다.

분노의 방향 이해하고 다루기

'분노조절장애'라는 병명이 있습니다. 정식 명칭은 아니지만 많은 사람들이 부르는 말입니다. 이 병의 정식 명칭은 '간헐적 폭발장애' 인데요. 이름에서 느껴지는 것처럼 폭탄 같은 파괴력을 가지고 있는 질병입니다. 정말로 이런 병에 걸린 사람이라면 정상적인 사회생활이 불가능합니다. 자기의 생명이 위험해지는 것조차도 고려하지 않고 분노를 폭발시키는 매우 심각하고 위험한 정신 질환입니다.

그런데 사람들 사이에 이와 같은 정식 명칭이 아니라 분노조절장애라는 다른 이름이 회자되는 데는 이유가 있습니다. 많은 사람들이 화가 많은 것을 질병처럼 생각하고 염려하기 때문입니다. 특히 부모들 중에서 이런 사람들이 많습니다. 자신이 분노조절장애가 아닌가 하는 걱정을 하는 것이죠. 그만큼 화를 내는 횟수나 강도가 많다는 것이고, 또 그로 인해 걱정이 많다는 뜻입니다.

그런 마음에는 충분히 공감할 수 있지만, 용어는 정확히 사용할 필요가 있습니다. 분노로 인한 '질병'이라고 부를 정도가 되는 것은 대부분의 사람들과는 상관이 없습니다. 자신이 화를 많이 내는 것 같아서 걱정이 될 수는 있겠지만, 특별하거나 이상한 일은 아닙니다. 나 말고 다른 사람들도 이 정도로 화를 내는 경우가 많기 때문에 이런 정도로는 질병으로 분류되지 않는 것이죠. 그럼에도 불구하고 혹시 자신이 분노조절장애가 아닌가 걱정이 된다면 다음의 기준을 보고 점검해보세요. 미국 "정신장애진단 및 통계편람" 5판에 나오는 간헐적 폭발장애의 진단 기준입니다.

- 재산 손괴나 신체 손상을 동반하지 않은 육체 폭력 또는 언어폭력이 최근 3개월 동안 1주일에 2일 이상 발생한다.
- 재산 손괴나 신체 손상을 동반하는 감정 폭발이 1년 이내 세 번 이상 발생한다.
- 공격성 및 감정 폭발로 경제적·법적 문제를 겪는다.

여기에 해당되지 않는다면 내가 분노조절장애가 아닐까 하는 염려는 내려놓아도 좋습니다. 나 말고도 많은 사람들이 나 정도는 화를 내고 살아갑니다. 물론 화를 자주 내는 것을 정당화하거나 옹호하는 것은 아닙니다. 다만 화를 내는 나 자신을 너무 이상하게 생각할 필요는 없다는 의미입니다. 누구라도 그럴 수 있습니다. 아마도 자녀에게 분노하는 자기 자신을 미워하고 이상하게 생각하는 부모들이 많을 텐데, 그런 분들에게 우선 괜찮다고, 다들 그러고 산다고 위로를 전하고 싶습니다.

그리고 위로할 뿐 아니라 마음속의 장애물을 치워주고 싶습니다. 자신이 분노하는 것을 질병으로 이해하는 순간 우리 마음속에는 분노를 다루지 못하게 하는 장애물이 생기기 때문입니다. 이건 분노뿐 아니라 다른 어떤 감정도 마찬가지입니다. 어떤 감정이 너무 과해서 내 삶에 영향을 미치고 나로 하여금 고민하게 하는 상황이 있다고 생각해봅시다. 그럴 때 이 감정을 질병으로 여기게 되면 내가 할 수 있는 일은 별로 없습니다. 전문가를 찾아가서 도움을 구해야 하는 일이 되기 때문입니다. 그러다 보니 자신의 상태를 질병으로 생각하는 사람들은 그 상황을 해결하고자 하는 의지가 약해질 수밖에 없습니다. 내가 노력해서 나아질 수 있는 문제가 아니라는 믿음이 자리 잡는 것입니다. 이런 마음이 바로 장애물입니다.

분노를 다루기 위해 가장 먼저 해야 할 일은 이 장애물을 치우는 것입니다. ==우리 대부분이 경험하고 있는 분노는 질병과는 거리가 멀다==는 것을 인정하는 것이 분노를 다루는 출발점이라는 뜻이죠.

분노를 억누르는 이유

나의 상태가 질병이 아니라는 것을 인정하고 나의 노력에 따라 달라질 수 있다는 것을 받아들인다면 이제 분노를 다룰 준비가 된 것입니다. 그럼 이제 다음 단계는, 우리가 그동안 분노를 다뤄왔던 방법에 대해서 생각해보는 것입니다. 누구에게나 분노를 다루는 자기만의 방법이 있을 것입니다. 그런데 그동안 그 방법이 성공적으로 작동하지 않았다면 대체 왜 그런 것일까 원인을 파악해봐야 합니다.

많은 사람들이 분노를 다루는 방식은 억누르는 것입니다. 심리학에서 분노에 대한 대표적인 방어기제로 이야기하는 두 가지 중의 하나는 억압이고 다른 하나는 억제입니다. 분노에 대해서 사람들이 어떻게 반응하는지를 한눈에 보여주는 설명이라고 할 수 있습니다. 사람들은 분노를 인정하지 않고 참는 방식으로 분노에 대응합니다. 즉, 분노를 억누르는 것으로 분노를 다루려고 합니다.

여기서 우리는 왜 억누르는 방식으로 분노를 다룰까 생각해볼 필요가 있습니다. 지금까지 우리가 다뤄온 감정들과 비교해서 생각해보면 좋습니다. 슬픔을 대할 때 우리가 어떻게 대하는지, 수치심을 대할 때 우리가 어떻게 대하는지 생각해보자는 뜻입니다. 우리는 수치심을 외면하거나 피하는 방식으로 대응하지, 수치심과 정면으로 싸워서 수치심을 누르거나 하지는 않습니다. 슬픔도 마찬가지입니다. 물론 옛날에는 슬픔을 억누르도록 요구하는 사회 분위기가 있었지만, 지금은 그런 문화가 많이 사라졌습니다. 남자라는 이유로 울지 말라고 하면 차별이라는 분위기가 형성되어 있고, 자신이 우울증에 걸렸다고 공개적으로 말하는 연예인도 있습니다. 감추거나 억누르지 않는 것이죠. 그런데 분노는 왜 억누르는 방식으로 다룰까요? 그것은 대부분의 사회와 문화에서 분노를 악한 것으로, 최소한 악에 가까운 것으로 규정하기 때문입니다.

"참을 인 세 번이면 살인도 면한다"라는 속담이 있죠. 이 속담에는 분노가 가진 위험성과 분노를 억눌러야 하는 이유가 모두 나타납니다. 『명심보감』도 비슷한 이야기를 합니다. "한때 분함을 참아라. 백날의 근심을 면하리라." 분노가 가진 파괴적인 영향력을 말하면서 역시 분노를 억누를 것을 해결책으로 제시하고 있습니다. 로마의 철학자 플루타르코스는 "분노를 억제하지 못하는 것은 절제와 수양이 부족한 탓이다"라고 말하기도 했습니다. 분노를 인격의 문제와 연결시켜서, 고매한 인격일수록 분노하지 않고 분노를 잘 억누른다고 본 것입니다. 이렇듯 동·서양을 막론하고 분노는 타인뿐 아니라 자신에게도 해악을 끼치는 악한 것으로 인식되어왔음을 알 수 있습니다.

분노에 대한 이해가 중요하다

하지만 역사를 생각해보면 분노가 부정적이고 악하기만 한 것은 아닙니다. 세계의 민주주의 역사에 중요한 분기점으로 알려진 3대 시민혁명(프랑스 혁명, 미국 독립혁명, 영국 명예혁명)을 생각해볼까요? 이 혁명들의 공통점은 사람들을 억압하는 악한 제도에 대한 분노에서 출발했다는 것입니다. 이런 혁명들을 이야기할 때 분노를 빼고 이야기할 수는 없습니다. 만약 사람들의 분노가 없었다면 악한 제도들은 아직까지도 바뀌지 않고 유지되고 있었을지도 모릅니다.

우리나라의 역사를 생각해보면 더욱 그렇습니다. 민주주의를 총과 칼로 억압하는 것에 분노하지 않았다면, 아직도 대한민국은 미얀마처럼 군부 독재 아래에 있을지도 모릅니다. 이런 사례들을 보면 분노에도 긍정적인 면이 있음을 보게 되죠. 불의를 물리치고 정의를 구현하는 데 분노는 필수불가결한 감정이기 때문입니다.

이렇게 보면, 우리에게 필요한 일은 분노 자체를 부정하는 것이 아닙니다. 어떤 경우에 분노가 긍정적인 방향으로 작동하고 어떤 경우에는 부정적인 방향으로 작동하는지를 이해하는 것이 우리에게 중요합니다. 그래서 분노의 두 가지 방향에 대해 잘 보여주는 작품을 소개하려 합니다. 하퍼 리 Harper Lee의 『앵무새 죽이기』라는 작품인데요. 여기에는 완전히 대조되는 두 사람이 등장합니다. 애티커스 핀치라는 남자와 밥 유얼이라는 남자입니다. 애티커스 핀치는 모든 사람에게 법이 평등해야 한다고 믿는 정의로운 변호사이고, 밥 유얼은 분노조절장애가 있어서 주위 사람들에게 파괴적인 폭력을 휘두르는 알코올 중독자입니다. 닮은 점이 하나도 없는 것처럼 보이는 이 두 사람의 동기를 살펴보면 놀랍게도 그 근간에 '분노'라는 공통점이 있습니다.

물론 이 두 사람의 공통점이 분노라고 하면 의아할 수 있습니다. 밥 유얼은 간략한 설명만 들어도 그에게 분노가 있다는 것을 알 수 있는데, 애티커스 핀치는 간략한 설명만 듣고서는 그의 행동 어디에 분노가 있는지 파악하기가 어렵기 때문입니다.

우리가 애티커스 핀치에게서 분노를 발견하지 못하는 이유는 명확합니다. 그것은 우리의 '분노에 대한 이해' 때문입니다. 우리는 흔히 분노 자체를 악한 것으로 이해하곤 해서, 정의를 수호하기 위해 싸우는 애티커스 핀치에게서는 분노를 발견하기 어렵습니다. 물론 이런 모습은 전혀 이상하지 않습니다. 아주 오래전부터 ==분노를 어떻게 이해해야 하는가==에 대해서 논쟁이 있어왔기 때문입니다.

예를 들어, 고대 그리스의 철학자들 가운데 스토아학파에 속한 세네카는 분노를 '광기'로 보았습니다. 분노는 이성에 귀를 기울이지 않는 위험한 것이며, 아예 제거해야 할 대상으로 보았던 것입니다. 그러나 에피쿠로스학파에 속한 필로데모스는 분노 자체가 악한 것은 아니라고 보았습니다. 오히려 어떤 악행의 크기와 영향에 대해 올바른 판단을 근거로 한 분노는 자연스럽고 지혜롭고 선한 것이라고 보았습니다. 예를 들어, 제자가 잘못된 길을 갈 때 비판하고 고쳐주는 스승의 분노나, 사회가 잘못된 방향으로 갈 때 이를 바로잡기 위한 분노가 있을 수 있다고 본 것입니다. 필로데모스는 이런 분노를 '자연적 분노'라고 불렀습니다. 반면에 잘못된 판단을 근거로 한 분노도 있을 수 있는데, 그는 이를 '헛된 분노'라고 부르면서 이런 헛된 분노가 악한 것이지 분노 자체가 악한 것은 아니라고 주장했습니다.

즉, 세네카의 입장에서 보면 애티커스 핀치에게서는 분노를 발견할 수 없지만, 필로데모스의 입장에서 보면 둘 모두에게 분노가 존재하는 것입니다. 필로데모스의 용어를 사용하면 밥 유얼의 분노는 '헛된 분노'이고, 애티커스 핀치의 정의는 '자연적 분노'라고 할 수 있습니다.

사람이 아니라 신념에 의한 분노

두 사람의 이야기를 좀 더 자세히 살펴보겠습니다. 애티커스 핀치는 백인입니다. 당시 미국은 흑인에 대한 인종 차별이 심각한 사회였습니다. 그런 사회에서 애티커스 핀치는 흑인과 백인 사이에 차별을 두지 않는 독특한 사람이었습니다. 그는 법 앞에서는 피부색과 관계없이 모두가 평등하다는 신념을 가지고 있었습니다.

그런데 그가 살고 있던 마을에서 톰 로빈슨이라는 성실한 사람이 밥 유얼의 딸을 강간한 혐의로 체포당해서 재판을 받게 되었습니다. 그는 흑인이라는 이유로 재판도 하기 전에 이미 범인으로 낙인찍혀 있었습니다. 애티커스 핀치는 편견 없이 자신의 능력을 최대한 발휘해서 톰 로빈슨을 변호했죠. 그러자 마을의 아이들이 애티커스 핀치의 자녀들을 조롱하고 따돌립니다. 그리고 애티커스 핀치는 톰 로빈슨을 폭행하려고 달려드는 사람들의 폭력을 경험하기도 합니다. 자녀들도 위협을 받고 자기 자신도 위협을 받는 위험한 상황 속에서도, 애티커스 핀치는 굴하지 않고 계속해서 재판을 이끌어나갑니다.

여기서 중요한 사실은, 애티커스 핀치가 주위의 위협에도 흔들리지 않고 계속해서 톰 로빈슨을 변호했다는 것입니다. 그것은 돈이나 명예 때문이 아니었습니다. 톰 로빈슨은 변호사를 살 수 없을 정도로 가난한 사람이었고, 오히려 애티커스 핀치는 이 재판을 맡으면서 자신과 아이들의 명예마저 바닥까지 추락했습니다. 그가 재판을 통해서 얻을 수 있는 이익은 아무것도 없었습니다. 그를 움직이게 만든 것은 법 앞에서 만인이 평등해야 한다는 그의 신념이었습니다. 그 신념의 근간에는 정당한 분노가 있었죠.

애티커스 핀치는 소설이 전개되는 내내 신사다운 모습을 흐트러뜨리지 않기에 감정이 잘 드러나지 않지만, 위험을 겪고 난 뒤 자녀들에게 해준 당부의 말 속에 그의 분노가 드러납니다.

"흑인의 무지를 이용하는 저질 백인보다 구역질 나게 하는 건 없단다. 절대로 바보 같은 짓을 해서는 안 된다. 그 모든 것이 쌓이면 언젠가는 그 대가를 톡톡히 치르게 될 테니까."

이 말 속에서 그의 분노를 느낄 수 있습니다. 그런데 여기서 그의 분노가 향하는 방향을 잘 봐야 합니다. 그는 흑인의 열등한 사회적 위치를 이용해서 흑인을 괴롭히는 백인에 대해 분노하고 있지만, 그 백인이 누구인지는 전혀 특정하고 있지 않습니다. 그 대신 악한 행위에 대해서는 굉장히 구체적으로 묘사합니다. 그의 분노는 사람에 대한 것이 아니라 악한 행위에 대한 것이었습니다. 좀 더 정확히 말하면, 자신의 신념에 어긋나는 악한 행위에 대해 분노한 것이죠. 애티커스 핀치의 모습을 통해 우리는 분노가 악하기만 한 것은 아니라는 걸 깨닫게 됩니다. 분노가 있었기 때문에 그가 흔들리지 않고 불의와 싸울 수 있었기 때문입니다. 불의와 싸우는 신념과 분노는 뗄래야 뗄 수 없는 관계인 것이 그의 모습에서 잘 드러납니다. 그러면 이제부터는 어떻게 해야 파괴적인 분노를 피하면서, 불의와 싸우는 분노로 나아갈 수 있는지 알아보도록 하겠습니다.

보편적 신념인가 자기만족인가

애티커스 핀치의 이야기는 우리에게 분노를 어떻게 다루어야 하는지에 대한 실마리를 제공해줍니다. 그의 이야기는 우리가 느끼는 분노의 근원이 무엇인지 탐색해볼 것을 요구합니다. 분노의 근원까지 거슬러 올라갔을 때 그곳에 있는 것이 신념이라면, 그 분노는 필로데모스가 말한 '자연적 분노'라고 할 수 있습니다. 악한 것이나 어리석은 것이 아니고 오히려 선하고 지혜로운 상태인 것이죠.

물론 여기서 한 가지는 분명히 짚고 넘어가야 합니다. 내 마음 속에 있는 것이 신념이 되기 위해서는 ==보편적인 가치를 담고 있어야 한다==는 것입니다. 예를 들어, 흑인을 차별하면 안 된다는 애티커스 핀치의 신념은 보편적인 가치를 가진 신념입니다. 어느 나라나 어느 문화권에서도 피부색으로 사람을 차별하는 것에 대해 반대하기 때문입니다.

그렇지만 이런 경우는 어떨까요? 아이가 집 벽에 낙서를 했다고 가정해봅시다. 당연히 부모의 입장에서는 분노가 일어날 수 있는 상황입니다. 그런데 벽에 낙서를 하면 안 된다는 것이 신념일 수 있을까요? 보편적인 가치를 가지고 있는 신념인가요? 그렇지 않다고 대답할 수밖에 없습니다. 왜냐하면 벽에 낙서하는 것은 용인되지 않을 때가 많지만, 식당이나 카페, 혹은 길거리에서 때로 낙서가 합법적으로 이루어지는 경우들이 있기 때문입니다. 그러니 이런 분노는 신념에 어긋나기 때문에 일어난 것이 아닙니다. 내가 원하는 집의 상태가 있는데, 아이가 그걸 망쳤기 때문에 일어난 분노죠. 즉 자기만족에 어긋나서 일어난 분노이지 보편적인 신념과는 상관이 없는 것입니다.

이렇게 분노의 근원을 거슬러 올라가 보면, 우리는 수용할 수 있는 분노와 수용하면 안 되는 분노를 구분할 수 있게 됩니다. 이를 자신의 삶에 적용하기 위해서는 분노를 느낄 때 스스로에게 이 질문을 던지면 됩니다.

'이 분노는 보편적 신념 때문인가? 아니면 자기만족 때문인가?'

이 질문에 답하는 과정에서 우리는 굳이 분노할 필요가 없는 일들을 분별할 수 있고, 그리고 분노로 반응해서는 안 되는 일들 또한 구분할 수 있게 됩니다. 예를 들어 아이가 숙제를 잘 하지 않아서 갈등을 겪는 가정이 있다고 생각해봅시다. 부모들의 고충을 듣다 보면 이런 경우가 종종 있습니다. 아이에게 화를 냈다가 후회하기도 하고, 또 화를 내지 않으려다 보니 아이가 점점 더 숙제를 안 하는 것 같다는 부모들의 고민이 있습니다. 그런데 이럴 때 문제의 핵심은 화를 낼 것인가 내지 않을 것인가가 아니라, ==이 감정의 근원에 있는 것이 과연 보편적 신념인가== 하는 것입니다.

그걸 알아보는 방법은 간단합니다. 그걸 행하지 않았을 경우에 도덕적이나 윤리적으로 문제가 있는 사람인지 물어보는 것입니다. 그러니까 숙제를 하지 않는 사람은 도덕적이나 윤리적으로 문제가 있는 사람인가를 질문해보라는 것입니다. 답은 명확합니다. 숙제를 하지 않았다고 윤리적으로 문제가 있는 사람은 아니죠. 그런데 이게 명확하게 구분이 안 될 수도 있습니다. 그런 상태는 내 기준과 도덕적 기준에 대한 구별이 없는 상태입니다. 그러면 단순히 나의 기준에 맞지 않을 뿐인데, 그것을 윤리적인 문제처럼 생각하고 분노를 표출하는 일들이 벌어질 수가 있는 것입니다.

이와는 다른 경우도 있습니다. 자녀가 부모를 평가하는 말을 하는 경우가 있죠. 엄마나 아빠가 자신에게 해준 것이 뭐가 있느냐는 식의 질문이 대표적인 경우입니다. 부모의 수고와 역할을 부정하는 말이죠. 이런 경우는 어떨까요? 역시 질문을 던져보면 됩니다. 부모의 수고와 역할을 부정하는 사람은 도덕적이나 윤리적으로 문제가 있는 사람인가 질문을 해보는 것입니다. 이 역시 명확한 답이 있습니다. 부모의 역할을 부정하는 것은 윤리적으로 문제가 있는 일입니다. 아주 극단적인 일부의 부모를 제외하고는 대다수의 부모가 자녀를 잘 키우기 위해 노력하는데, 그 수고를 부정한다는 것은 부모의 마음에 깊은 상처를 남기는 행위이기 때문입니다. 자녀가 이런 말을 한다면 그게 왜 문제가 있는 말인지를 알려주되, 단호하게 이야기를 해야 합니다. 이럴 때는 분노가 필요한 것입니다.

사람이 아니라 악한 행위에 대해 분노해야 한다

하지만 여기서도 오해가 있을 수 있습니다. 비록 상대의 말이나 행동이 보편적인 신념에 어긋나는 것이고, 그때의 분노는 합당한 것이라고 해도 조심해야 할 부분이 있기 때문입니다. 그것이 무엇인가 하면, 분노의 대상이 특정한 사람이 아니라 악한 행동이 되어야 한다는 것입니다. 애티커스 핀치는 자기를 죽이려고 했던 사람들에 대해서 자녀들에게 이렇게 설명합니다.

"젬, 너도 나이를 먹으면 좀 더 이해할 수 있게 될 거야. 폭도란 그것이 무엇이든 언제나 인간이거든. 커닝햄 아저씨는 어젯밤 폭도 중의 한 사람이었지만 여전히 인간이셔."

자신을 죽이려고 했던 사람들의 악한 행동, 흑인을 차별하는 행위에 대해서는 구역질이라는 표현까지 쓰면서 반대하고 분노했지만, 그 행위를 실행한 사람에 대해서는 분노하지 않았던 것이 애티커스 핀치의 모습이었습니다. 그 결과로 그는 끝까지 흔들리지 않고 자신이 옳다고 믿는 신념대로 살 수 있었습니다.

그러나 밥 유얼은 달랐습니다. 그는 사람을 쉽게 미워하고, 사람에 대해서 분노를 일으키는 사람이었습니다. 애티커스 핀치가 재판에서 자신의 거짓말을 밝혀내자, 그는 거짓말을 한 것을 부끄러워하는 것이 아니라 애티커스 핀치를 죽여야겠다고 생각합니다. 결국 그는 핀치의 자녀들을 죽이려고 시도하다가, 그들을 보호하려는 이웃 주민에 의해 죽음을 맞이합니다. 이 둘의 차이를 통해서 우리가 배울 수 있는 교훈은 **사람이 아니라 악한 행위를 미워하고, 그에 대해 분노해야 한다**는 것입니다.

● ● ●

애티커스 핀치와 밥 유얼은 분노 자체가 문제가 아니라 분노의 방향이 문제라는 것을 잘 보여줍니다. 밥 유얼의 분노는 자기와 주변을 다 파괴하는 방향으로 나타나는 반면, 애티커스 핀치의 분노는 불의와 싸우고 불의한 상황을 변화시키는 방향으로 나타났기 때문입니다.

우리의 삶에도 이런 분노가 필요합니다. 우리의 삶 곳곳에 불의가 도사리고 있기 때문입니다. 그런 불의와 싸우기 위해서는 분노가 필요합니다. 물론 분노의 영향력은 파괴적이기 때문에 자신의 마음을 잘 돌아보는 것이 선행되어야 합니다. 자신의 마음을 잘 돌아보지 않는다면, 분노는 파괴적인 방향으로 우리를 이끌고 갈 수 있기 때문입니다.

회복탄력성을 키우는
감정 다루기

감정에 대해서는 많은 오해가 있습니다. 감정을 불가항력적인 것으로 보는 오해도 있고, 또 슬픔이나 분노, 수치심 같은 감정들을 무조건 부정적으로 보는 오해도 있습니다.

이런 오해들 때문에 우리가 충분히 좋은 방향으로 이끌 수 있는 감정들을 방치해버리는 경우가 많습니다. 예를 들어, 슬픔을 잘 다루어서 좋은 방향으로 이끌고 가면 타인의 아픔에 공감하는 마음을 지닐 수 있는데, 이를 방치하면 파괴적인 자기 연민으로 빠지게 됩니다. 수치심도 그렇습니다. 잘 다루어서 좋은 방향으로 이끌고 가면 자기의 잘못을 인정하고 변화되는 동력으로 삼을 수 있는데, 이를 방치하면 사람들 앞에 나설 수 없을 정도가 되어서 숨어버리게 되고 맙니다. 분노 또한 마찬가지입니다. 잘 다루어서 좋은 방향으로 이끌고 가면 흔들리지 않는 정의로 이어질 수 있는데, 이를 방치하면 타인을 해치는 최악의 상황으로 갈 수도 있습니다.

지금까지는 이런 일들이 왜 벌어지는지를 자세히 살펴보았습니다. 그리고 감정의 종류보다 방향을 봐야 한다는 것을 배웠습니다. 감정의 종류를 보면서 감정을 대하면, 부정적인 감정을 만났을 때 수동적이 되기 쉽습니다. 부정적인 감정이 없어질 때까지 할 수 있는 일이 없으니까요. 반면에 감정의 방향을 보면서 감정을 대하면, 능동적으로 대처할 수 있습니다. 어떤 감정을 만나도 좋은 방향으로 이끌고 가면 되기 때문입니다. 그러면 아무리 깊은 슬픔이나 수치심이나 분노를 만난다 하더라도 무력해지지 않습니다. 나의 선택에 따라 감정의 방향을 바꿀 수 있다는 희망이 있기 때문입니다.

이런 희망을 우리는 회복탄력성이라고 부릅니다. 아무리 깊은 슬픔과 분노와 수치심이 덮쳐온다고 할지라도 무력해지지 않고 어떻게든 건강한 마음으로 돌아가려는 힘을 우리에게 주기 때문입니다. 우리 모두에게, 특히 감정 때문에 아프고 무력해지는 부모들에게 이런 회복탄력성이 절실합니다.

5장
관계를 기뻐하기

솔로몬이 관계를 기뻐했다면?

무엇의 대명사처럼 되어버린 사람들이 있습니다. '봉사' 하면 마더 테레사가 떠오르고, '인권' 하면 마틴 루터 킹이 떠오르는 것처럼 말이죠. 그중에서도 '지혜'의 대명사가 된 사람이 있습니다. 고대 이스라엘의 왕이었던 솔로몬입니다.

솔로몬은 원하는 모든 것을 다 가질 수 있는 지혜가 있었습니다. 그 지혜로 자기 나라를 군사적인 강대국으로, 무역의 중심지로 만들었습니다. 나라가 부강해지고 돈이 쌓여서 넘쳐흐를 지경이었죠. 그는 그렇게 강해진 나라 안에서 자기가 하고 싶은 모든 것을 다 해봤습니다. 진귀한 음식과 술을 마음껏 먹고 마셨고, 700명의 후궁과 300명의 첩을 두었고, 집필 활동도 활발히 했습니다. 시에도 조예가 깊었고, 식물도감이나 동물도감까지 쓸 정도였습니다. 솔로몬은 '하고 싶은 걸 다 해본 사람'이라고 자기를 소개합니다.

그런데 그런 그가 노년에 쓴 글을 보면 굉장히 비관적입니다. 돈을 많이 벌어봐야 죽어서 가지고 갈 것도 아니고, 아무리 똑똑해봐야 사실 아무 도움도 안 되고, 나라를 강하게 만들어봐야 그게 무슨 소용이냐고 말하면서 모든 것이 다 쓸데없다고 말합니다. 그런데 딱 한 가지, 살아 있을 때 누려야 하는 것이 있다고 말합니다. 그의 말을 직접 들어보면 이렇습니다.

네 위태로운 인생에서 사랑하는 배우자와 함께 하루하루를 즐겨라. 하루하루가 신의 선물이다. 그것이 생존이라는 노고의 대가로 받는 전부다.

모든 것을 가져본 사람이 배우자와 함께 하루하루를 즐기는 것이 인생의 전부라고 말하고 있습니다. 그는 모든 것을 가져보았지만, 역설적으로 배우자와 함께 하루하루 즐기는 삶은 가져보지 못했던 것입니다. 그래서 자기가 가져보지 못한 그것이 가장 중요했던 것이라고 후회를 담아 노년에 글을 남긴 것입니다.

우리는 이 후회의 목소리에 귀를 기울일 필요가 있습니다. 우리는 그가 쓸데없다고 말한 것들을 가지기 위해서 많은 노력과 시간을 쏟는데, 정작 그가 인생의 전부라고 말한 사랑과 관계를 위해서는 그다지 애쓰지 않기 때문입니다.

　우리가 그토록 중요시 여기던 것들을 다 가져본 솔로몬은 그다지 행복하지 않았고, 비관적이었고, 허무함에 괴로워하며 노년에 글을 남겼습니다. 만약 그가 다른 것들이 아니라 관계를 기뻐했다면 그 글의 내용이 달라졌을지도 모릅니다. 돈이나 문화가 쓸데없다고 하는 것이 아니라 가족을 위해 돈을 버는 것이 얼마나 소중한지, 가족과 함께 문화를 누리는 것이 얼마나 즐거운지 칭송하는 글을 썼을지도 모릅니다.

　하지만 그건 알 수 없습니다. 그는 이미 죽었고, 다시는 자기의 지혜가 담긴 글들을 쓸 수 없기 때문입니다. 그러나 우리한테는 기회가 있습니다. 솔로몬이 후회하는 지점에서 출발해서, 관계를 기뻐하는 삶을 살아볼 기회 말이죠. 우리는 가장 중요한 것을 위해 시간을 쏟을 때 우리 삶에 어떤 변화가 일어날지 눈으로 볼 수 있습니다. 지혜의 대명사인 솔로몬도 보지 못했던 그런 인생을 우리 눈으로 볼 수 있는 기회가 있다는 말입니다.

　여러분과 이 기회를 함께 붙잡아보고 싶습니다. 솔로몬이 말하는 대로 관계의 기쁨을 누리는 삶을 살아봅시다. 솔로몬의 지혜가 옳다면 그 길에는 행복이 있고, 의미가 충만할 것입니다. 어떤 어려움도 이겨낼 수 있는 그런 힘을 얻게 될 것입니다. 그러면 이제부터 어떻게 해야 관계의 기쁨을 누릴 수 있는지 알아보도록 하겠습니다.

관계의 목표 정하기

목표라는 단어는 우리 일상에서 자주 사용되는 단어입니다. 대표적으로 새해를 맞이할 때 많이 듣게 되죠. 새해를 맞이하는 시기가 되면 많은 사람들이 목표라는 단어를 떠올립니다. 어떤 사람은 학업 성적을 올리는 목표를 꿈꾸기도 하고, 어떤 사람은 체중을 감량하는 목표를 소망하기도 하고, 어떤 사람은 연애를 시작하는 것을 목표로 삼기도 합니다. 이처럼 목표라는 단어는 우리의 일상에 아주 가까운 단어이면서, 우리 삶의 거의 모든 영역과 이어져 있는 단어입니다.

그런데 목표라는 단어가 생소한 삶의 영역도 있습니다. 바로 가족입니다. 예식장마다 새로 가족을 이루려고 하는 사람들로 넘쳐나지만, 막상 가족을 이루는 목표가 무엇이냐고 물어보면 대답이 쉽게 나올 것 같지 않습니다. 학업이나 취업, 진로 같은 중요한 일에만 목표를 가질 뿐 아니라, 체중이나 쇼핑 같은 사소한 일에도 목표를 가지는 것이 우리들의 모습인데, 유독 가족에 대해서만큼은 목표를 이야기하기가 어렵습니다.

그런데 신기한 것은, 가족을 이루기 전에는 굉장히 뚜렷하고 구체적인 목표가 있다는 것입니다. 예를 들어 좋아하는 사람과 연애를 시작하기 직전의 상황을 생각해봅시다. 이때의 목표는 굉장히 뚜렷합니다. 상대방의 마음을 얻고 연애를 시작하는 것입니다. 목표가 뚜렷하기 때문에 이때는 정말 열정적으로 상대방을 위해 최선을 다합니다. 이렇게 연애를 하다가 결혼을 생각할 시기가 되었다고 생각해봅시다. 이때 역시 목표가 아주 뚜렷합니다. 상대방에게 결혼에 대한 확신을 주고 결혼을 하는 것이죠. 상대방에게 결혼에 대해 확신을 주는 것이 목표이기 때문에, 이때도 역시 모든 것을 열심히 합니다. 직장에서도 좋은 성과를 내려고 하고, 어떻게든 시간을 내서 상대방과 만남을 가지려고 노력합니다.

그런데 결혼을 하게 되면 상황이 많이 달라집니다. 이전까지는 상대방과의 관계에 대한 구체적인 목표가 있었는데, 결혼 이후에는 그런 종류의 목표가 사라져버리기 때문입니다. 결혼하기 전에 상대방의 마음을 얻으려는 목표를 가지고 노력하는 사람들이 많지만, 결혼 이후에 상대방의 마음을 얻으려는 목표를 가지고 노력하는 사람들은 거의 눈에 띄지 않습니다. 가족이 되기 전에는 뚜렷한 목표를 가지고 노력했는데, 가족이 된 후에는 목표가 흐릿해지고 노력도 하지 않게 된다는 뜻입니다.

결혼은 관계의 종착점이 아니다

이런 일들이 벌어지는 이유는 결혼에 대한 오해 때문입니다. 결혼을 관계의 종착점으로 생각하는 것이죠. 이 때문에 결혼 이후에 관계에 대한 목표가 사라지게 됩니다. 물론 사람들이 결혼을 관계의 종착점으로 생각한다는 여론조사 결과가 있는 것은 아닙니다. 그러나 결혼을 둘러싸고 있는 문화를 보면 이런 인식이 있다는 것은 분명합니다.

유명인들의 결혼 소식을 전하는 뉴스를 보면 결혼에 대해 '골인'이라는 표현을 많이 씁니다. 골인은 여러 스포츠에서 많이 사용되는 용어인데, 특히 달리기에서는 마지막 결승선을 통과하는 순간을 가리킵니다. 결혼을 골인이라고 표현하는 것은 관계에 대한 노력의 마지막 종착점을 결혼으로 보는 관점이 있기 때문입니다.

이뿐만이 아닙니다. 결혼식을 준비하면서 쓰는 돈을 보면 우리가 결혼에 대해서 어떻게 생각하는지 알 수 있습니다. 신한은행이 2022년에 만든 '보통사람 금융생활 보고서'에 따르면, 결혼식을 위해 사용되는 평균 비용은 약 3,200만 원입니다. 집을 마련하는 데

드는 비용을 제외하고 결혼식을 준비하는 순수한 비용만 계산했을 때 이 정도입니다. 그런데 결혼하고 나서 이 정도의 비용을 다시 모으는 데는 평균적으로 30개월 정도가 걸린다고 합니다. 결혼하고 30개월간 모아야 만들 수 있는 목돈을 단 하루를 위해서 쓴다는 뜻입니다. 이렇게 하는 이유는 결혼식을 종착점으로 바라보기 때문입니다. 종착점에 골인하기 위해 달리기 선수가 모든 힘을 다 짜내서 달리듯이, 결혼식이라는 종착점에 골인하기 위해 많은 돈을 써가며 달리는 것입니다.

하지만 결혼은 인생의 종착점이 아닙니다. 더 지나가면 출산이라는 지점이 나올 것이고, 더 지나가면 자녀의 독립이라는 지점이 나올 것이고, 더 지나가면 배우자와의 사별이라는 지점이 나올 것입니다. 그 지점이 실제 종착점입니다. 우리는 그때까지 계속해서 관계를 해야 하고 그것을 위해 노력을 해야 합니다. 결혼식은 종착점까지 한참 남은 초반 경유지에 불과합니다. 그런데 결혼식을 종착점으로 생각하고 거기까지 전력을 향해 달려간다면 페이스 조절에 실패할 수밖에 없습니다. 아직 가야 할 거리가 많이 남았는데 남은 거리를 달려갈 힘이 없게 되는 것이죠. 결혼을 했는데 관계를 위해 노력할 에너지가 부족한 상황이 펼쳐지는 것입니다.

이런 관점으로 보면 관계에 대한 섭섭함이나 미안함을 조금은 덜 수가 있습니다. 배우자가 관계를 더 발전시키기 위해 노력을 하지 않는 것처럼 보여서 섭섭하다면, 페이스 조절을 못 해서 노력할 에너지가 부족한 거라고 이해를 해줄 수 있습니다. 자기 자신에 대해서도 마찬가지입니다. 가족들과의 관계를 위해 더 노력을 하고 싶지만 그럴 여력이 없을 때, 너무 자신을 탓할 필요는 없습니다. 페이스 조절을 못 해서 에너지가 부족한 것이라고 자신을 이해해주면 됩니다. 지금부터라도 다시 숨을 고르고, 다시 목표를 정하고, 페이스를 잘 배분해서 달려가면 된다고 스스로를 토닥여줍시다.

종착점을 바라보면 목표가 보인다

결혼이 관계의 종착이 아님을 이해하는 것은 아주 중요합니다. 결혼이 종착점이 아니라는 것을 인정할 때 진짜 관계의 종착점이 보이기 때문입니다. 우리의 생을 다하고 이별할 때가 진짜 관계의 종착점입니다.

관계의 종착점에 대해 생각하는 것이 우리와 무슨 상관이 있는

> 지금부터라도 다시 숨을 고르고, 다시 목표를 정하고, 페이스를 잘 배분해서 달려가면 된다고 스스로를 토닥여줍시다.

가 의문이 들 수도 있습니다. 그 의문에 대한 답부터 하자면, 관계의 종착점에 대해 생각하는 것은 우리와 아주 밀접한 관련이 있습니다. 왜냐하면 관계의 종착점을 바라보아야 관계의 목표가 보이기 때문입니다. 이 말이 무슨 뜻인지 저의 경험을 통해 설명해보겠습니다.

제가 부모 교육을 하면서 참석자들에게 많이 던지는 질문이 있습니다. 세상을 떠나는 날 내 자녀가 어떤 모습이었으면 좋겠냐는 질문입니다. 그리고 선택지를 줍니다. 모든 사람이 부러워할 정도로 성공했지만 나와는 애틋하지는 않은 자녀가 좋은지, 눈에 띄지 않을 정도로 평범한 삶을 살아가지만 나와의 좋은 추억이 많아서 서로 깊이 사랑하는 자녀가 좋은지 물어봅니다. 그러면 열이면 열 모두 후자를 택합니다. 관계의 종착점을 바라보니 자녀와의 관계에서 무엇을 목표로 해야 할지 선명해지는 것입니다. 여기서는 자녀와의 관계만을 예로 들었지만, 사실 모든 관계에 적용할 수 있습니다. 배우자와 사별하는 순간에 배우자가 어떤 모습이었으면 좋겠는지, 혹은 부모님과 사별하는 순간에 내가 어떤 모습이면 좋겠는지 생각해볼 수도 있습니다. 어떻게 질문해도 답은 똑같을 것입니다. 그 순간에 제일 중요한 것은 서로 깊이 사랑하는 것이라고 답하게 될 것입니다. 이것이 관계의 목표가 되는 것이죠.

개중에 어떤 분들은 역으로 이렇게 질문하기도 합니다. '자녀가 성공도 하고 나랑 관계도 좋을수는 없나요? 꼭 극단적으로 한 가지를 선택해야 하나요?' 그 질문을 하는 마음이 어떤지 너무나 잘 압니다. 저도 부모이기에 자녀가 성공하고 잘되기를 바랍니다. 그렇게 할 수 있다면 저부터도 그것을 택할 것입니다. 그렇지만 부모의 능력에는 한계가 있습니다. 아무리 뛰어난 능력을 가진 부모라고 해도, 자녀를 확실하게 성공시킬 수 있다고 장담할 수 없습니다. '호부견자'(虎父犬子: 아버지는 호랑이인데 자녀는 개라는 뜻으로, 훌륭한 부모라도 자녀가 반드시 뛰어나지는 않다는 의미)라는 사자성어는 부모의 능력에는 한계가 명확하다는 것을 우리에게 상기시켜줍니다.

그렇기 때문에 부모들은 선택을 해야 합니다. 가장 중요한 목표가 무엇인지 생각해보고 결정해야 하죠. 내가 세상을 떠나는 날 내 자녀가 어떤 모습이면 좋을지 생각해보고, 그것을 목표로 삼아서 우리의 자원과 시간과 의지를 집중해야 합니다. 자녀의 성공이 가장 중요하다고 생각하면, 자녀의 교육비를 확보하기 위해서 노력하고 교육을 위한 좋은 기회를 제공하기 위해서 노력하면 됩니다. 그것을 중심으로 삶을 꾸려나가면 됩니다.

그러나 자녀와 깊은 사랑의 관계를 가지기를 원한다면, 아무리 바쁘고 힘들어도 매일매일 자녀와 마음을 나누고 대화하는 시간을 가져야 합니다. 성적이나 진로 문제처럼 중요한 문제를 이야기할 때는 특히 자녀를 대화의 대상으로 봐야 합니다. 지금 이걸 안 하면 자녀의 미래에 안 좋은 결과가 있을 것처럼 불안해진다고 하더라도, 자녀를 힘으로 굴복시키면 안 됩니다. 그렇게 하면 자녀의 마음을 상하게 하거나 관계를 멀어지게 만들 수 있기 때문입니다. 자녀의 미래에 대한 불안을 해소하는 것보다 자녀와 현재 누리고 있는 관계를 더 소중하게 여겨야 합니다.

● ● ●

배우자와의 관계 또한 마찬가지입니다. 우리는 선택을 해야 합니다. 우리의 한정된 자원과 시간과 의지를 집중해서 배우자와 깊은 사랑의 관계를 이루어야 합니다. 그런데 안타깝게도 배우자와의 관계는 우선순위에서 밀리는 경우가 많습니다. 자녀의 교육을 우선하다 보니, 배우자와 관계를 발전시키는 것은 종종 밀리곤 합니다. 하루에 배우자와 대화할 수 있는 시간이 얼마 되지 않는데, 그 시간의 대부분을 자녀의 교육과 앞날에 대한 토의가 차지해버리곤 합니다.

자녀의 교육에만 밀리는 것이 아닙니다. 미래에 대한 걱정에도 밀리는 경우가 많습니다. 집에서 몸은 공간적으로 함께하지만 마음은 함께하지 못하는 부부도 많습니다. 미래의 안정을 위해서 재테크를 공부하기도 하고 승진이나 이직을 위해 준비하느라 바쁘기도 해서, 서로의 안부를 묻거나 마음을 나누는 대화를 나중으로 미루는 일이 종종 있습니다. 이럴 때 우리는 관계의 종착점을 바라봐야 합니다. 배우자와 사별하는 순간에 후회가 없으려면 어떻게 살아야 할지 생각해보아야 합니다. 그러면 관계의 목표가 보입니다.

한번 스스로에게 질문을 던져봅시다. 배우자와 사별하는 순간에 어떤 상황이길 바라나요? 배우자가 승진도 많이 하고 재테크도 성공했지만, 나와의 관계는 큰 의미가 없는 그런 상황을 바라나요? 아니면 다른 면에서는 평범하지만 나와의 헤어짐을 정말로 슬퍼하고 마음 아파하는 그런 상황이길 바라시나요? 아마도 많은 분들이 후자를 선택하실 겁니다. 승진이나 재테크, 자녀 교육도 중요하지만 그보다 서로 깊이 사랑하는 것이 더 중요하다고 생각하실 것이기 때문입니다. 이렇게 관계의 종착점을 바라보면 관계의 목표가 무엇인지 분명해집니다.

• • •

『모리와 함께한 화요일』이라는 책이 있습니다. 50개국에서 1,700만 부가 팔릴 정도로 문화와 민족을 넘어서 많은 이들의 공감을 받은 책입니다. 그 책의 주인공인 모리 교수는 인생에서 가장 중요한 것이 무엇인지에 대해 이렇게 말합니다.

서로 사랑하고 그 사랑의 감정을 기억할 수 있는 한, 우리는 우리를 기억하는 사람들의 마음속에 잊히지 않고 죽을 수 있네. 자네가 가꾼 모든 사랑과 모든 기억이 거기에 고스란히 남겠지. 자네는 계속 살아 있을 수 있어. 자네가 여기에 있는 동안에 만지고 보듬었던 모든 사람들의 마음속에 말이야. 죽음은 생명이 끝나는 것이지 관계가 끝나는 것이 아니네.

죽음이라는 인생의 종착점 앞에서 모든 것이 의미가 없어지는데, 그렇지 않은 것이 있다고 그는 말합니다. 그건 바로 깊은 사랑의 관계입니다. 세상에 존재하는 모든 것은 나의 죽음 앞에서 의미를 잃어버리지만, 관계는 내가 죽는다 하더라도 의미를 잃어버리지 않기 때문입니다. 모리 교수는 서로 깊이 사랑하는 것이 관계의 목표라고 우리에게 알려주고 있습니다.

이제 우리는 관계의 목표가 무엇인지 분명하게 알았습니다. 자녀와의 관계에서 교육이 중요하고, 배우자와의 관계에서 상의해야 할 문제도 많을 것입니다. 그러나 그것이 관계의 목표는 아니라는 것을 기억해야 합니다. 그게 목표가 되는 순간 우리의 관계는 팀플레이나 동업이 됩니다.

안타깝게도 우리의 관계가 팀플레이나 동업의 수준일 때가 종종 있습니다. 그러나 너무 실망할 필요는 없습니다. 늘 흔들리는 것 또한 우리의 모습이기 때문입니다. 흔들리면 다시 바로잡으면 됩니다. 관계의 목표가 흔들릴 때는 관계의 종착점을 다시 바라보면 됩니다. 그러면 관계의 목표가 보입니다. 우리 관계의 목표는 다른 것이 아닙니다. 서로 더 깊이 사랑하는 것입니다. 어제보다 서로에 대해 더 알고, 서로를 더 신뢰하고, 서로를 더 용납하는 것이 우리의 목표입니다. 이 목표를 위해서 나의 시간과 자원과 의지를 집중하면서 하루하루 살아가다 보면, 어느새 관계의 기쁨을 누리고 있는 내 모습을 발견하게 될 것입니다.

관계의 시선 바꾸기

'아는 만큼 보인다'는 말이 있습니다. 미술사학자 유홍준 교수가 『나의 문화유산답사기』에서 쓴 문장인데요. 이 책이 베스트셀러가 되면서 '아는 만큼 보인다'는 말은 우리 곁에 속담처럼 자리 잡게 되었습니다. 실제로 이 말이 속담인 줄 아는 사람도 상당히 많을 정도로 이 문장은 우리에게 친숙해졌습니다. 그런데 이 문장이 우리의 경험을 다 설명해주지는 못합니다. 반대의 경우도 있기 때문입니다. 보이는 만큼 알게 되는 경우가 있습니다. 아니, 더 정확히 말하면, 보이는 만큼 알게 된다는 말이 인간의 발달과정을 더 잘 설명해줍니다.

갓난아기가 세상에 태어났을 때를 생각해봅시다. 아기는 언어로 배우기 전에 시각으로 배웁니다. 엄마, 아빠라는 단어를 알기 전에 엄마아빠의 얼굴을 눈으로 보고 익힙니다. 아기에게는 보는 것이 곧 아는 것입니다. 보는 것이 많아질수록 아는 것도 많아집니다. 그래서 많은 부모들이 자녀의 견문을 넓혀주려고 노력합니다. 보는 만큼 알게 된다고 경험적으로 이해하기 때문이죠. 그러니 '보는 만큼 안다'라고 말해도 틀렸다고 할 수 없습니다. 오히려 그 말이 더 우리의 모습을 잘 설명해줍니다.

우리가 경험하고 있는 가족을 생각해보면 '보는 만큼 안다'는 말이 더 설득력 있게 다가옵니다. 배우자와 결혼하기 전에는 몰랐던 모습을 결혼하고 알게 되었다는 사람들이 많은 이유 역시 보는 만큼 알게 되기 때문이죠. 잠을 잘 때는 옆으로 누워서 잔다는 것을 알게 되고, 치약을 짤 때는 중간부터 짠다는 것을 알게 되는 것도 눈으로 봤기 때문입니다. 눈으로 보지 않았다면 이런 모습들이 있다는 것을 영영 알지 못했을 것입니다. 가족들을 알아가고 이해하는 데 보는 것이 얼마나 중요한지 알 수 있죠.

그런데 무엇인가를 볼 때는 주의해야 할 점이 있습니다. 내가 있는 위치에 따라서 대상이 다르게 보일 수 있기 때문입니다. 예를 들어, 코끼리의 정면에 서서 코끼리를 본다면 다리 네 개가 다 보이지 않고 두 개로 보일 것입니다. 내가 있는 위치에 따라 눈에 보이는 코끼리의 모습이 달라진 것입니다. 이렇게 자신의 위치에 따라서 보이는 모습을 '시선'이라고 합니다. 내 눈과 내가 보고 있는 대상을 선으로 연결했다는 뜻입니다.

시선은 나의 눈과 내가 보고자 하는 대상을 잇는 것이기에 나의 위치가 달라지면 달라질 수밖에 없습니다. 어린이집 학부모일 때 부모가 아이를 바라보는 시선과, 고등학교 학부모일 때 부모가 아이를 바라보는 시선은 다를 수밖에 없겠죠. 어린이집 학부모일 때는 아이에게 염려나 비난의 말을 하기보다는 칭찬의 말을 할 때가 많을 것입니다. 밥을 잘 먹었다고 칭찬하고, 대답을 잘 했다고 칭찬하고, 웃었다고 칭찬하고, 혼자 잘 논다고 칭찬하고, 그 외에도 정말 많은 칭찬을 할 것입니다. 그런데 아이가 고등학생이 되면 이 모든 것들을 다 익숙하게 하더라도 더 이상 그런 일로 칭찬을 하지 않게 됩니다. 그리고 칭찬보다는 질책이나 비난의 말을 하는 경우가 더 많아질 것입니다.

아이가 달라져서 그런 걸까요? 그렇게 볼 수도 있습니다. 하지만 그렇게 보면 질책이나 비난의 비율이 늘어나는 현상이 잘 설명이 되지 않습니다. 왜냐하면 어린아이나 고등학생이나 질책과 비난을 싫어한다는 면에서는 같기 때문이죠. 그러니 고등학생이 되었다고 갑자기 질책이나 비난을 더 많이 들어야 할 이유는 없습니다. 변한 것은 아이가 아니라 부모입니다. 어린이집 학부모일 때는 아이의 작은 일에도 칭찬을 하고 큰 실수에 대해서도 관대했는데, 고등학교 학부모가 되면 아이의 작은 실수에 대해서도 예민하게 대하고, 큰 성과가 있어야만 칭찬을 하게 됩니다. 아이가 변한 것이 아니라 부모의 시선이 달라진 것입니다.

믿어주겠다는 마음으로 바라보기

실제로 시선이 가지고 있는 힘이 얼마나 큰지에 대한 실험이 이루어진 적이 있습니다. 미국의 교육심리학자 로버트 로젠탈^{Robert Rosenthal}이 초등학교에서 아이들을 가르치는 교사들을 대상으로 한 실험인데요. 로젠탈은 교사들에게 이 초등학교에서 학습 잠재력이 큰 아이들을 조사해서 파악했다고 말한 뒤, 몇 명의 이름이 적힌 명단을 주었습니다. 그러나 사실 이 명단은 학습 잠재력과는 상관없이 무작위로 추출한 명단이었습니다. 아무런 의미도 없는 가짜 명단이었죠. 그런데 이상한 일이 일어났습니다. 그 명단에 이름이 적힌 학생들의 성적이 실제로 올라간 것입니다. 그래서 연구자는 무엇이 학생들의 성적을 향상시킨 원인이었을까 분석을 했습니다. 그 결과 원인으로 밝혀진 것은, 이 학생들이 잠재력이 있다고 믿었던 교사들의 믿음과 기대였습니다.

이런 현상을 '피그말리온 효과'라고도 합니다. 피그말리온은 그리스 신화에 등장하는 한 조각가의 이름입니다. 피그말리온이 사랑스러운 여인의 모습을 조각한 뒤 그 조각상이 사람이 되었으면 좋겠다고 바라면서 사랑했더니 정말 사람이 되었다는 이야기입니다.

믿는 대로 이루어진다는 점에 착안해서 이러한 현상들에 피그말리온 효과라는 이름이 붙게 된 것입니다.

그런데 이와는 정반대의 효과도 있습니다. 이를 '스티그마 효과'라고 합니다. 스티그마는 그리스어로 '낙인'이라는 뜻인데요. 어떤 사람에 대해 부정적인 생각을 가지면 정말로 그렇게 되는 현상을 가리킵니다. 대표적인 예로 MBTI에 의한 스티그마 효과가 있습니다. MBTI는 개인의 서로 다른 성향을 이해하는 것이 목적인데, 이 목적과는 다르게 사람들에게 부정적인 낙인을 찍는 결과를 낳기도 합니다.

예를 들어, 어떤 사람이 MBTI 검사 결과 'I 유형'이 나왔다고 가정해보겠습니다. I 유형은 내향적인 성격을 나타내죠. 그런데 이 사람이 I 유형이라는 결과를 가지고 자기가 겪는 모든 관계의 어려움을 자기의 성향 탓으로 돌린다고 생각해보세요. 어떤 사람과의 관계에서 갈등이 생겨도, 그 원인을 찾고 갈등을 풀기 위해 노력하기보다는 '내가 내향적이어서 그래. 내향적인 사람은 역시 인간관계가 힘들어' 이런 식으로 생각을 한다는 뜻입니다. 그런데 그렇게 생각을 하다 보면 충분히 풀어갈 수 있는 인간관계에서도 소극적이 되고, 관계에 소극적으로 임하면 정말로 자신이 믿는 대로 인간관계가 힘들어집니다. 자기가 믿는 대로 된다는 점에서 피그말리온 효과와 같지만, 부정적으로 믿는 대로 된다는 점에서 차이가 있습니다. 스티그마 효과는 다른 말로는 낙인 효과라고도 합니다.

● ● ●

스티그마 효과가 존재한다는 것을 실제로 경험한 일이 있었습니다. 경기도에 있는 한 고등학교에 수업을 하러 갔을 때였는데, 교장 선생님이 인사를 하시면서 아이들에게 큰 기대가 없다고 말씀하셨습니다. 그러면서 아이들이 뭘 배우는 것도 바라지 않고, 그냥 인사나 잘 하게 해달라고 하셨습니다. 실제로 그 학교는 1학년이 입학하면 1년 안에 3분의 1 가까이가 자퇴하는 학교였습니다.

그런 상황을 이미 알고 있었기에 그분의 말씀이 무슨 뜻인지는 충분히 이해할 수 있었지만, 마음은 많이 아쉬웠습니다. 아이들에게 적지 않은 예산을 들여서 1년에 몇 차례씩 외부 교육을 해주는데, 담당자가 그 교육에 대한 기대가 없다면 교육의 성과나 효과에 대한 평가 또한 제대로 이루어질 리가 없습니다. 그리고 평가가 제대로 이루어지지 않으면 아이들에게 적합한 교육 방법을 찾을 수 없는 것도 당연합니다. 아이들에게 적합한 교육 방법을 찾지 못하는 사이에 아이들은 계속 학교를 떠나고 있겠죠. 스티그마 효과를 보여주는 상황입니다.

반면에 피그말리온 효과를 경험한 적도 있었습니다. 인천에 있는 고등학교에 야간 수업을 갔을 때였는데요. 저녁을 먹고 시작하는 수업이고 3시간 연속으로 진행되는 강의였기에, 아이들은 이미 시작하기 전부터 전혀 듣고 싶어 하는 태도가 아니었습니다. 다만 저는 수업을 처음 시작할 때부터 아이들이 가능성이 있는 아이들이며, 진실하고 인격적으로 대하면 반응할 수 있는 아이들이라고 믿고 대했습니다.

그런데 둘째 날에 두 아이가 거짓말을 했습니다. 학원에 가야 해서 수업을 1시간만 듣고 나가야 한다는 것이었죠. 게다가 그 두 학생뿐 아니라, 그 두 학생을 본 다른 아이들 몇 명도 학원을 가야 한다고 말했습니다. 원래 외부 강사가 와서 수업을 할 때 이런 경우가 많습니다. 애초에 신청할 때 시간이 되는 걸 확인하기 때문에, 갑자기 생긴 일정이 아니라면 학원에 가야 한다는 것은 거짓말일 확률이 매우 높습니다. 그렇지만 아이들을 계속 믿어주고 인격적으로 대해주었습니다. 그렇게 하라고, 늦은 시간인데 또 수업 들으려면 힘들겠다고 격려해주었습니다. 그러자 놀랍게도 학원에 간다고 했던 아이들이 다음 시간에도, 그다음 시간에도 가지 않고 자리에 앉아 있었습니다. 그리고 마지막까지 열심히 수업을 들었습니다.

● ● ●

물론 믿어주겠다는 마음으로 바라본다고 해서 반드시 그대로 되리라는 법은 없습니다. 심지어 믿어주는 마음을 악용하는 일이 있을지도 모릅니다. 그럴 수 있습니다. 하지만 그렇게 부정적인 결과를 낳을 정도로 상대방의 마음이 닫혀 있다면, 사실 어떤 방법을 쓴다고 해도 소용이 없습니다. 그건 우리가 노력한다고 해서 되는 일이 아닙니다.

그리고 설령 믿어주겠다는 그 마음이 배신당한다고 해도, 나에게 아무것도 남지 않는 것은 아닙니다. ==믿어주고 호의를 베푼 나의 행동은 상대방의 반응과 관계없이 여전히 의미가 있는 것==이기 때문이죠. 이런 의미에서 상대방을 믿어주겠다는 마음으로 바라보는 것은 어떤 경우에도 좋은 선택입니다.

그러니 이제부터는 사람들과 관계할 때, 특히 가족들과의 관계에서 상대방의 말이 정말 진실인지 파악하기 위해 너무 애쓰지 않으면 좋겠습니다. 상대방이 자신의 의도와 마음을 설명하면 되도록 믿어주세요. 아이가 공부하느라 피곤하다고 하면 의심하지 말고 믿어주세요. 믿어주겠다는 마음으로 바라보세요. 배우자와 갈등이 있을 때도 마찬가지입니다. 서로 바쁘다 보니 대화가 부족해지면 나를 사랑하는가 의심이 들 때가 있을 수 있죠. 그렇지만 배우자가 바빠서 그렇다고 하면 의심하지 말고 믿어주세요. 이렇게 하는 것이 정말 효과가 있을까 의심하지 말고, 어떤 경우에도 믿음과 호의는 가치 있는 행동인 것을 기억하시기 바랍니다.

그렇게 오늘 하루 믿어주는 일을 반복하다 보면, 어느새 피그말리온 효과가 있다는 것을 삶으로 경험하게 되는 날이 올 것입니다. 그때가 오기 전에 너무 조급해하지 말고 미리 포기하지 않았으면 합니다.

때로는 남처럼 때로는 나처럼 바라보기

우리는 가까운 사이일수록 크고 심하게 화를 내는 경향이 있습니다. 부모와 자녀 사이가 그렇고, 배우자 사이도 그렇습니다.

이런 현상이 일어나는 이유는 뇌와 관련이 있습니다. 뇌에서 자기와 타인을 동일시하기 때문에 벌어지는 현상입니다. 뇌의 내측 전전두피질에서는 내가 누구인지를 이해하는 일을 하는데, 간혹 이곳에서 나의 부모나 나의 자녀를 같이 인지하는 경우가 있습니다. 그러면 자녀나 부모 혹은 배우자를 나와 동일시해서, 내 마음대로 하려고 하고 그게 안 될 때 화를 내게 되는 것입니다.

그런데 이렇게 동일시하는 것이 나쁘기만 한 것은 아닙니다. 이런 관점이 필요할 때가 있습니다. 상대방이 명확하게 잘못된 일을 했을 때는 나와 동일시하는 것이 도움이 됩니다. 상대방을 나처럼 바라볼 필요가 있다는 말입니다. 왜냐하면 우리는 남이 잘못했을 때는 끝까지 추궁하지만 내가 잘못했을 때는 어느 정도 책망하다가 어쩔 수 없다고 체념하면서 넘어가곤 하기 때문이죠. 이것은 자기 자신을 보호하는 우리의 방법입니다.

만약 자신을 대할 때 타인을 대하듯이 끝까지 추궁하고 마음을 풀어주지 않는다면, 누구라도 그런 스트레스를 견뎌낼 수 없을 것입니다. 타인도 마찬가지입니다. 우리가 그 사람에 대해 끝까지 추궁하고 그 잘못을 완전히 고칠 때까지 상대를 인정하지 않는다면, 상대가 그걸 견뎌내기가 힘든 것은 당연합니다. 이럴 때 내가 사랑하는 그 사람을 보호할 수 있는 방법이 있습니다. 나의 뇌가 그 사람을 나와 동일시하도록 자극하는 것입니다. 내가 그랬다면 어떻게 대해주길 바랐을까를 생각하고 그렇게 상대에게 대해주는 것입니다. 이 과정을 반복하다 보면 내가 나에 대해 끝까지 추궁하지 않고 결국은 나를 받아주는 것처럼, 상대에게도 그렇게 할 수 있을 것입니다.

하지만 그렇게 동일시하는 것이 안 좋을 때도 있습니다. 앞에서 예를 든 것처럼, 상대를 통제하려고 하거나 상대에게 화를 내는 경우도 있기 때문이죠. 특히 그저 생각의 차이나 성격의 차이에 불과한 부분에서 갈등이 일어날 경우에는 동일시하는 것을 멈춰야 합니다. 그때는 상대방과 내가 완벽하게 다른 인격체라는 것을 인정하고 남처럼 바라봐야 합니다. 의식적으로 가정법으로 생각해보는 것이 도움이 됩니다.

'이 아이가 내가 잠깐 맡아서 돌봐주는 남의 아이라면 나는 어떻게 대할까?'
'이 사람이 직장 동료라면 나는 어떻게 대할까?'

이런 식으로 나와 거리가 있는 사람이라고 생각하고, 그럴 때 내가 상대를 어떻게 대할지 생각해보는 것입니다. 그러면 나의 일부인 것마냥 상대를 함부로 대하거나 크게 화를 내는 상황을 멈출 수 있습니다. 상대에 대한 존중을 잃지 않을 수 있습니다.

다름과 틀림이라는 기준으로 판단하기

여기서 어려운 것은 언제는 나처럼 바라봐야 하고, 또 언제는 남처럼 바라봐야 하는지 그 기준이 모호하다는 것입니다. 기준을 한 가지로 확실히 정하기는 어렵지만, 두 단어로 정리를 해볼 수 있습니다. 바로 '다름'과 '틀림'입니다.

다름이라는 것은 옳고 그름의 문제가 아닙니다. 다른 사람이기 때문에 다른 감정을 느끼고, 다른 이해를 가지고, 다른 판단을 한다는 뜻입니다. 이런 경우에 생기는 갈등은 누구의 잘못이 아니라 서로 이해를 못 하기 때문에 생기는 갈등입니다. 반면에 틀림이라는 것은 옳고 그름의 문제입니다. 이것은 대다수의 사람들이 공유하고 있는 도덕이나 법률에 따라서 판단할 수 있는 문제이므로, 이런 경우에 생기는 갈등은 잘잘못이 분명합니다. 누군가 옳지 못한 일을 했기 때문에 갈등이 생긴 것입니다.

가족들 사이에도 '다름'의 문제로 갈등할 때가 많습니다. 특히 배우자 간에 그럴 때가 많은데요. 예를 들어보겠습니다. 아내는 남편이 집안일을 잘 안 한다고 생각을 합니다. 그런데 남편은 자기가 집안일을 많이 한다고 생각하는 경우가 있습니다. 이렇게 되면 누구 말이 맞고 누구 말이 틀렸는지 옳고 그름의 문제로 가게 되는 경우가 많습니다. 그러다 서로 마음이 상할 정도로 싸우게 되기도 하죠. 그런데 이는 사실 '틀림'이 아니라 '다름'의 문제입니다. 아내는 말을 안 해도 알아서 눈에 보이는 일들을 하는 게 집안일이라고 생각합니다. 반면에 남편은 아내가 부탁한 것을 잘 시행하는 것을 집안일이라고 생각합니다. 이것은 생각이 다른 것이죠. 생각이 다른 것을 확인하지 않고 집안일을 하느냐 안 하느냐를 이야기하면 절대 결론이 나올 수가 없습니다.

또 이런 경우도 있습니다. 아내는 외향적이어서 쉬는 날이 되면 여행을 나가거나 다양한 경험을 하고 싶어 합니다. 그런데 남편은 내향적이어서 쉬는 날이 되면 모처럼 집에서 아무것도 안 하고 여유 있게 쉬고 싶어 합니다. 이런 경우에는 누가 잘못한 것이 아닙니다. 차이가 있을 뿐입니다. 그런데 상대방이 나와 다른 입장을 가지고 있다고 해서 그것을 옳고 그름의 문제로 만들면 서로 상처를 주고받게 되어버립니다. 이럴 때는 상대방을 나처럼 바라볼 것이 아니라 남처럼 바라보도록 노력해야 합니다.

앞의 경우는 '다름'에 관한 예시들이었지만, 살다 보면 '틀림'의 문제로 갈등할 때도 분명 있습니다. 어떤 경우가 틀림에 해당하는지 명확히 분별하기란 쉬운 일이 아니지만, 한 가지의 기준을 제시하려 합니다. 바로 인격에 대한 존중입니다. 사람은 누구라도 자신의 인격이 존중받지 못했을 때 불쾌함을 느낍니다. 이것은 문화의 차이나 시대의 차이도 없는 보편적인 기준입니다. 그러니 가족이라고 해도 인격에 대해 존중하지 않는 말이나 행동을 하는 것은 틀렸다고 분명히 말할 수 있습니다.

　인격에 대한 존중은 상대방의 감정을 존중하고, 의견을 존중하고, 역할을 존중하는 것입니다. 보통 가정에서는 어린 자녀들의 감정이 존중되지 않을 때가 많습니다. 아이가 울고 있으면 왜 우냐고 면박을 주기도 하고, 네가 뭘 잘했다고 우냐고 혼내기도 합니다. 물론 아이가 타당한 이유 없이 울 수 있고, 또 떼를 쓰기 위한 방편으로 울 수도 있습니다. 그럴 때는 그냥 아이가 자기 스스로 진정할 때까지 두면 됩니다. 굳이 그 감정 자체를 무시하고 조롱할 필요까지는 없습니다.

　부모와 자녀뿐 아니라 배우자 간에도 서로 존중하지 않을 때가 있습니다. 직장 동료였다면, 혹은 내가 어려워하는 사람이었다면 결론을 다 알 것 같아도 미리 판단하지 않고 말을 끝까지 들을 텐데, 가족이라는 이유로 다 듣지도 않고 판단하고 말을 자르는 경우가 있습니다. 이럴 때는 상대방의 말을 끝까지 들어주는 것이 상대의 인격을 존중하는 것입니다.

마지막으로 상대의 역할을 존중할 필요가 있습니다. 가족 구성원들은 각자 집 안에서 일정한 역할을 맡게 되죠. 아빠나 엄마의 역할이 있고, 형과 동생의 역할이 있습니다. 형은 동생을 이끄는 역할을 맡고 있는데, 만약 형이 동생보다 공부를 못한다고 부모가 무시하면 형은 자기의 역할이 무너지게 되겠죠. 또 아빠는 아이들을 가르치고 지도할 역할이 있는데, 엄마가 아이들 앞에서 아빠에게 면박을 준다면 아빠의 역할이 자리를 잘 잡을 수가 없습니다. 이런 모습이 역할을 존중하지 않는 모습입니다. 모든 구성원들이 가족 안에서 자기만의 자리를 잘 가질 수 있도록 하는 것이 역할에 대한 존중입니다.

이렇게 인격에 대한 존중을 기준으로 한다면, 틀림과 다름을 구분하는 데 어느 정도는 도움이 될 것입니다. 다만 이것이 전부는 아니고, 가족의 상황마다 다를 수 있기 때문에 서로 간에 지속적인 대화가 필요합니다. 가족들 사이에 옳고 그름을 따져야 할 문제가 무엇인지, 그렇지 않은 문제는 무엇인지 같이 의견을 모아가는 과정이 필요합니다. 그러다 보면 지금 여기서 다 언급하지 못한 여러 가지 기준들이 세워지고, 가족들 사이에 무엇이 틀린 것이고 무엇이 다른 것인지 보다 더 잘 알게 될 것입니다. 그러면 어느 때는 남처럼 바라봐서 서로의 인격을 존중하고, 어느 때는 나처럼 바라봐서 용서하고 용납하는 지혜로운 가족이 되어갈 수 있을 것입니다.

· · ·

그리스 신화에 메두사라는 괴물이 나옵니다. 그 눈을 보면 다 돌로 변하고 맙니다. 눈에 마법 같은 힘이 있기 때문입니다. 그런데 우리의 눈에도 마법 같은 힘이 있습니다. 상대를 바라보는 나의 시선이 어떠하느냐에 따라서 상대가 돌처럼 굳어지기도 하고, 별처럼 빛나기도 합니다.

여기서는 크게 세 가지의 시선을 이야기했습니다. 믿어주겠다는 마음으로 바라볼 것, 다름의 문제에 대해서는 남이라고 생각하고 바라볼 것, 틀림의 문제에 대해서는 나라고 생각하고 바라볼 것입니다. 다른 교훈들은 적용하고 효과가 나타나는 데 시간이 걸릴 수 있지만, 시선을 바꾸는 것은 의외로 금방 효과가 나타납니다.

이 글을 읽은 지금부터라도 한 가지만 기억해보세요. 믿어주겠다는 마음으로 바라봐야지 하고 마음속에서 생각하고, 그 마음으로 배우자와 자녀들을 바라보세요. 금방 자신의 마음이 달라지는 걸 느낄 수 있을 것입니다. 상대가 바뀌지 않아도, 나의 시선이 바뀌는 순간 관계의 기쁨은 내 손이 닿는 곳에 있을 것입니다.

관계의 장애물 피하기

『손자병법』을 쓴 손자는 "지피지기면 백전백승"이라는 말을 남긴 것으로 유명합니다. 그는 전쟁에서는 그 상황에 참여하는 두 주인공(곧 아군과 적군)에 대해서만 알면 충분하다고 생각했습니다. 그런데 역사를 살펴보면, 적군의 능력이나 아군의 노력과 상관없이 다른 요인에 의해서 승패가 결정되는 전쟁들도 많았습니다. 대표적인 예가 삼국지에 나오는 적벽대전인데요. 유비와 손권의 연합군은 조조가 이끄는 함대를 불로 태워버리자는 작전을 세웠는데, 이 작전의 성패는 바람의 방향이 결정지었습니다. 조조나 유비나 손권의 전략이나 무력이 결정지은 것이 아니었습니다. 적벽대전은 적군과 아군이라는 주인공이 아닌 의외의 요인에 의해서 승패가 갈리는 경우가 있음을 보여주는 예입니다.

전쟁에서뿐 아니라 관계에서도 똑같은 일이 벌어집니다. 나와 상대라는 관계의 두 주인공이 잘하면 된다고 생각하기가 쉽지만, 나의 노력이나 상대의 의지가 아닌 다른 요인에 의해 관계가 영향을 받는 경우가 종종 있죠. 게다가 좋은 영향보다는 나쁜 영향을 받는 경우가 더 많습니다. 관계의 발전을 가로막는 의외의 장애물들이 있다는 말입니다. 항해에 비유하자면, 눈앞에 보이는 파도와 피부로 느껴지는 바람을 의식하면서 운항을 하고 있는데 예상하지 못한 곳에 암초가 있는 상황과 비슷합니다.

예를 들어, 남편과 아내는 서로 대화도 잘 되고 관계도 좋은데, 남편의 부모가 며느리를 힘들게 하는 상황을 생각해봅시다. 혹은 반대로 아내의 부모와 사위 간의 갈등도 있을 수 있겠죠. 남편과 아내는 서로 문제가 없다고 하더라도, 분명 이들의 관계에 어려움이 있을 거라고 많은 사람들이 예상할 것입니다. 관계의 주인공이 아닌 부부의 부모가 관계에 얼마나 큰 영향을 미치는지를 우리 모두가 직·간접적 경험으로 알고 있습니다.

사람이 아니라 돈이 장애물이 될 때도 있습니다. 부모가 돈을 벌기 위해 너무나 힘들게 일을 하느라 아이들과 함께할 시간이 없어서 관계가 어려운 경우가 있죠. 그런데 반대로 돈이 많아서 관계가 어려워지기도 합니다. 돈 때문에 형제간에 갈등이 일어나고, 돈 때문에 부모와 자녀의 관계가 깨어지기도 합니다. 돈은 심지어 살아 있는 존재도 아니지만, 이 또한 관계에 큰 영향을 미친다는 것을 우리는 알고 있습니다.

• • •

이런 것들 외에도 우리의 관계에 영향을 미치는 장애물들은 많이 있습니다. 우리는 이런 장애물들에 대해서 미리 알아둘 필요가 있습니다. 왜하면 장애물이 어딘가에 있음을 아는 것과, 장애물의 존재를 아예 모르는 것 사이에는 큰 차이가 있기 때문입니다.

항해의 비유를 다시 생각해보면 너무나 명확해집니다. 암초가 있는 해협이라는 것을 모른 채 배가 항해를 하면 어떤 일이 벌어질까요? 운이 좋아서 한 번도 암초에 걸리지 않았다면 모르겠지만, 한 번이라도 암초에 걸린다면 배가 가라앉을지 모를 위험한 상황이 벌어질 수 있습니다. 암초의 존재를 모른다면 속도를 줄이거나 조심하지 않을 것이고, 그로 인해 부딪혔을 때의 충격이 커지기 때문입니다.

그래서 이제부터는 우리가 의식하지 않으면 있는지도 잘 모를 관계의 장애물들에 대해 살펴보려고 합니다. 이런 장애물들은 우리의 눈에 잘 띄지 않는 곳곳에 숨어 있습니다. 우리의 심리 안에 숨어 있기도 하고, 우리의 일상 속에 숨어 있기도 하고, 우리의 존재 속에 숨어 있기도 합니다. 이제 각종 장애물들이 숨어 있는 곳곳을 찾아다니면서 어떤 장애물들이 숨어 있는지, 그 장애물들에 걸려 넘어지지 않는 방법은 무엇인지 알아보겠습니다.

소외감이라는 장애물

먼저 살펴볼 장애물은 소외감입니다. 부모라는 단어와 소외감이라는 단어는 언뜻 보면 어울리지 않는 것 같아 보입니다. 나만 빼고 다른 사람들이 다 잘 지내는 것 같을 때 느끼는 감정을 소외감이라고 하는데, 이는 주로 사춘기에 있는 청소년들이 친구를 사귀는 과정에서 경험하는 감정입니다. 그런데 소외감이라는 감정을 조금 더 자세히 들여다보면 예상외로 부모들에게도 소외감이 있음을 알 수 있습니다.

소외감을 느끼는 사람에게는 재미있는 특징이 있습니다. 바로 소속된 공동체가 있는 사람이 소외감을 느낀다는 것입니다. 소속이 있는 사람이 소외감을 느낀다는 것이 역설적으로 보이지만 구체적인 사례를 생각해보면 이해하기 쉽습니다. 예를 들어, 내가 친하다고 느끼지 않는 친구들이 자기들끼리 재미있게 지낸다고 내가 소외감을 느끼지는 않을 것입니다. 그런데 내가 친하다고 생각하는 친구들이 나는 모르는 사이에 자신들끼리만 어디에 갔다든지 하면 소외감을 느낍니다. 이렇게 보면, 소외감은 내가 속한 공동체에서 나를 필요로 하지 않을 때 느껴지는 감정이라고 할 수 있습니다.

이런 관점에서 보면, 부모들은 그 누구보다 가족이라는 공동체에 깊이 관여하는 사람이기 때문에 소외감을 느낄 가능성이 큽니다.

특히 자녀들이 물건을 사주거나 음식을 공급해주는 역할 외에는 나를 원하지 않는 것처럼 느낄 때 부모들은 소외감을 느낍니다. 가족들이 나라는 사람을 필요로 하지 않는다는 느낌을 받게 되기 때문이죠. 자녀를 위해 쓰는 시간과 노력이 많은 만큼 부모가 느끼는 소외감은 큽니다.

청소년들의 소외감은 '외롭다'라는 단어로 표현이 되는데 부모들의 소외감은 '자격이 없다'는 말로 표현되는 경우가 많습니다. 자격이 없다고 말하는 그 마음에는 스스로를 너무나 힘들게 하는 생각이 들어 있습니다. 내가 엄마여서 혹은 내가 아빠여서 자녀들이 힘든 것 같다는 생각, 내가 부모라는 자리에 있는 것이 잘못된 것 같다는 생각이 들어 있는 것입니다. 이런 생각에 빠지면 가족과 마주하고 관계하는 것이 두려워집니다. 가족들이 나를 필요로 하지 않는다는 사실을 다시 확인하게 되지는 않을까 두렵기 때문입니다. 그리고 계속해서 그런 생각을 하다 보면, 스티그마 효과 때문에 정말로 가족으로부터 스스로를 소외시키게 되는 일도 벌어질 수 있습니다. 그러면 소외감은 더 커지고 악순환에 빠지게 되겠죠.

• • •

놀랍게도 많은 부모들이 이런 소외감을 느낍니다. 평상시에는 잊고 살아가지만, 이 감정이 건드려지는 사건이 발생하면 그로 인한 상처가 누적된 것마냥 커다란 아픔을 경험하게 됩니다. 하지만 그런 부모들에게 위로가 되는 사실이 있습니다. 내가 생각하는 것만큼 자녀와의 관계가 나쁜 것은 아니라는 사실입니다.

부모의 소외감은 대부분 자녀와의 관계에 대한 오해에서 비롯됩니다. 부모들은 자신이 자녀에 대해 잘 알고 있다고 생각하지만 사실 그렇지 않습니다. 오히려 자녀와 인격적인 관계를 맺어본 경험은 타인보다 적을 수도 있습니다. 이게 무슨 뜻인가 하면, 자녀가 어릴 때 자녀와 맺었던 관계는 인격적인 관계가 아니었다는 뜻입니다. 어릴 때의 자녀들은 모든 것을 부모에게 의존하고 있습니다. 그렇기 때문에 부모만 바라볼 수밖에 없고 관계에 있어서도 부모가 자녀의 전부가 되죠. 그래서 어린 자녀들과 함께할 때 부모는 관계에 대한 착각을 하게 됩니다. 자녀와 깊은 사랑의 관계를 맺었다고 혼자서만 생각하게 되는 것입니다.

물론 그것을 착각이라고 말하면 마음이 상하는 분도 있을 것입니다. 하지만 누군가의 추억을 판단하고자 해서 하는 말이 아닙니다. 사랑의 본질이 무엇인지, 깊이 있는 관계란 무엇인지 객관적으로 생각해보자는 뜻입니다. 『사랑의 기술』이라는 책에서 에리히 프롬 Erich Fromm은 "사랑은 지배의 소산이 아니라 자유의 소산"이라고 말했습니다. 그는 선택할 수 있는 자유가 없는 관계를 지배라고 생각했습니다. 다른 사람을 선택할 수 있는 자유가 애초에 없고 무조건 이 사람에게만 의존해야 한다면 그건 사랑이 아니라는 뜻입니다.

그래서 에리히 프롬은 자유를 강조했습니다. 나에게 다른 사람을 선택할 수 있는 자유가 있다는 것을 알면서 이 사람을 선택했을 때 비로소 사랑이 성립된다는 뜻이죠. 이렇게 보면 부모와 어린 자녀와의 관계는 온전한 사랑의 관계라고 보기는 힘듭니다. 자녀는 부모에게 의존하는 것 외에 다른 선택의 자유가 없기 때문입니다.

그러다가 자녀가 자라면 관계가 달라지기 시작합니다. 자녀는 자기만의 생각을 정립하기도 하고, 무엇보다 선택의 자유를 아주 깊이 갈망하게 됩니다. 사춘기라고 불리는 시기죠. 부모들이 자녀들을 가장 힘들어하는 시기이기도 하고, 동시에 부모들이 자녀와의 관계에서 위축되고 소외감을 느끼기 시작하는 시기이기도 합니다. 그런데 에리히 프롬에 따르면, 바로 이때부터가 ==진정한 사랑이 시작되는 시기==입니다. 지금까지는 동등한 인격체로서 사랑을 했던 것이 아니라 자신에게 절대적으로 의존할 수밖에 없는 존재를 돌봐줬던 것이라고 생각해야 합니다. 이제는 그 돌봄의 결과로 아이가 잘 자라서, 절대적 의존에서 벗어나서 사랑을 할 수 있는 자유를 가진 존재가 된 것입니다. 바로 이 시기부터 자유를 가진 존재로서 서로 존중하고 사랑하는 진정한 관계를 시작하게 됩니다.

이와 같이 자녀와의 관계의 본질을 잘 이해하면 부모들을 힘들게 하고 고립시키는 소외감을 피할 수 있습니다. 물론 지금껏 열심히 물심양면으로 양육을 해왔는데, 이제부터가 관계의 시작이라고 하면 허탈할 수도 있습니다. 그러나 내가 자녀에게 필요 없는 존재라는 생각에 소외감에 빠져들어서 스스로를 고립시키는 것보다는 낫습니다. 그리고 관계의 시작이라는 것은 아직 내가 <mark>맛보지 못한 관계의 기쁨들이 많다</mark>는 뜻입니다. 보통 자녀들이 어릴 때 평생 할 효도를 다 했다고들 하는데, 그건 우리가 어리지 않은 자녀와 누릴 수 있는 기쁨에 대해 그만큼 모른다는 뜻일 수 있습니다. 청소년기의 자녀와의 관계에서 누릴 수 있는 기쁨이 있고, 청년기의 자녀와의 관계에서 누릴 수 있는 기쁨도 분명히 있습니다. 다만 자유를 가진 존재와 사랑하려니 어색하고 어려울 뿐입니다. 이제 소외감에 치여서 위축되지 말고, 자녀와 새로운 마음으로 관계를 시작해봅시다.

공허감이라는 장애물

다음으로 살펴볼 장애물은 <mark>공허감</mark>입니다. 공허감에 대해서 잘 모르면 이유도 없이 가족들에게 화를 내거나 불평과 불만을 가득 쏟아낼 수 있습니다. 공허감이라는 단어는 무엇인가 중요한 것이 비어 있다고 느끼거나 결핍되었다고 느끼는 감정을 가리킵니다. 대체로 공허감이라고 할 때는 '삶의 이유'가 결핍되었을 때의 감정을 말하곤 합니다.

공허감은 주로 열심히 사는 시간이 지나가고 나서 찾아옵니다.

직장에서 하루 종일 열심히 일을 한 사람이 밤늦게 퇴근해서 그날 하루를 돌아보면 문득 공허감을 느끼게 됩니다. 회사를 위해서 일하는 것에 자신의 하루를 다 보낸 것이 허탈하게 느껴지고, 자신이 진짜 원하는 삶은 무엇인지, 그런 삶은 언제 시작할 수 있는 것인지 의문이 드는 것이죠. 마찬가지로 가정에서 하루 종일 집안일과 육아 혹은 양육에 전념했던 사람도 자신의 하루를 돌아보면서 공허감을 느끼게 됩니다. 나라는 사람은 없어지고 내가 해야 할 의무들만 가득한 느낌이 들기 때문입니다. 이런 상황에 느끼는 감정이 공허감입니다. 내가 원하는 삶이 무엇인지 잘 모를 때나, 내가 원하지 않는 삶을 수동적으로 살고 있다고 느낄 때, '삶의 이유'를 알고 싶은데 알 수 없을 때 공허감이 찾아옵니다.

문제는 공허감이 느껴질 때 우리가 이것을 결핍감이나 무료함, 외로움과 쉽게 혼동한다는 것입니다. 그래서 공허감을 느끼면 사람들은 자기가 원하는 물건을 사거나, 게임이나 미디어 등 재미있는 콘텐츠를 통해서 이 감정을 해결하려고 합니다. 친구를 만나거나 동호회 활동 등을 하기도 하죠. 그런데 공허감은 결국 자기의 내면이 결핍된 것이기 때문에, 외부적인 수단을 통해서 해소할 수가 없다는 것이 문제입니다.

그런 방법들이 잠시 동안은 즐거움을 줄 수 있을지 몰라도, 결국에는 조금도 줄지 않은 공허감을 다시 만나게 될 뿐입니다. 오히려 이때는 공허감이 더욱 심해지고 커지게 됩니다. 공복이 심할 때 맛있는 음식을 아주 조금 맛보면 공복감이 자극되어 더 배가 고프게 느껴지는 것과 같습니다. 공허감이 더 심해지면 중독의 수준에 이르게 되기도 합니다. 매달 카드 빚이 걱정될 정도로 소비가 심해지거나, 배우자나 다른 가족들과 갈등을 일으킬 정도로 게임이나 미디어 등에 빠지거나 할 수 있습니다.

아무리 좋은 물건을 사거나 즐거운 경험을 한다고 해도 이런 공허감을 채울 수는 없습니다. 왜냐하면 ==어떤 좋은 물건이나 경험도 삶의 이유를 알려줄 수는 없기 때문==입니다. 그러다 보니 우리는 채워지지 않은 마음의 빈자리를 누군가가 채워주기를 바라게 됩니다. 가장 흔하게는 가족, 특히 배우자나 자녀가 그 역할을 해주기를 기대하게 되죠. 하지만 이런 공허감은 다른 사람의 노력으로 채워질 수 있는 것이 아니기에, 가족들에게 실망하거나 분노하다가 더 깊은 공허감에 빠지게 될 수 있습니다.

・・・

이럴 때 중요한 것은, '내가 지금 느끼는 이 감정이 공허감이구나'라고 알아차리고 인정하는 것입니다. 그리고 이 감정이 가족들과 소통해서 해결할 수 있는 문제인지, 아니면 어느 누구도 도와주지 못하는 문제인지 구분할 줄 알아야 합니다. 가족들과 소통해서 나아질 가능성이 있다면 당연히 그걸 선택하는 것이 맞죠. 그러나 누구도 도울 수 없는 문제라면 스스로 인정하고 받아들일 필요가 있습니다.

『외로우니까 사람이다』라는 시집으로 유명한 정호승 시인이 자신의 글에서 외로움에 대한 생각을 밝힌 적이 있습니다. 외로움에 대한 시인의 통찰을 자세히 들여다보면 공허감을 어떻게 대해야 할지 알 수 있습니다. 여기서 시인이 말하는 외로움은 어느 누구도 도와줄 수 없는 마음의 결핍을 의미합니다. 지금 우리가 쓰는 표현으로는 공허감이라고 할 수 있습니다. 그런 관점을 가지고 시인의 글을 읽어보도록 하겠습니다.

> 사실 인간은 본질적으로 외로운 존재다. 외로움이 인간의 본질인데 그 본질에 '왜'라는 의문을 제기하는 것은 문제가 있다고 생각했다. 밥을 안 먹으면 배가 고프듯 인간이기 때문에 죽음도, 외로움도 존재한다. 외로움을 본질이라고 생각하며 긍정하고 이해해야 한다. 본질이라고 생각하면 고통과 외로움을 견딜 수 있다. 외롭지만 이해함으로써 외롭지 않게 되는 것이다.

시인은 인간이 본질적으로 외롭다고 합니다. 이건 우리 마음에 공허감이 있는 것을 당연하게 생각하라는 뜻입니다. 사자에게 갈기가 있고, 닭에게 벼슬이 있는 것처럼, 인간에게는 공허감이 있다는 뜻입니다. 내가 잘못했거나, 다른 누가 잘못해서 공허한 것이 아니라는 말이죠.

이렇게 생각하는 것이 중요합니다. 우리 마음에는 아무리 좋은 가족이 있어도 채워질 수 없는 공허감이 있습니다. 그 공허감을 나의 일부로 받아들일 줄 알아야 합니다. 그럴 때 우리는 비로소 고통을 견딜 수 있고, 괜히 다른 사람들을 원망하지 않을 수 있기 때문입니다.

무질서라는 장애물

마지막으로 다룰 장애물은 무질서입니다. 앞에서 사용한 단어들에 비해서 무질서라는 단어는 제법 일상적인 단어처럼 보입니다. 그도 그럴 것이, 사람들이 많이 모이는 여행지나 피서지를 설명할 때 자주 사용되는 단어이기 때문입니다. 나들이객이나 여행객들이 먹고 마시고 난 쓰레기들을 있어야 할 곳에 두지 않고 아무 곳에나 두는 모양을 설명할 때나, 취사가 불가능한 곳에서 취사를 하는 모습 등을 설명할 때 무질서라는 단어가 많이 사용되죠. 이 단어가 사용되는 예들을 살펴보면 주로 '정해진 장소를 벗어나는 모습'에 대해 말하고 있다는 공통점이 있습니다.

가족들과의 관계에도 무질서가 있습니다. 특히 '시간의 무질서'가 있다고 할 수 있는데요. 시간의 무질서란 각자의 시간마다 정해진 장소가 있는데 그 장소를 벗어나는 모습을 말합니다.

예를 들면 이런 겁니다. 과거에 대한 후회 때문에 현재 가족과 관계의 기쁨을 누리지 못하는 것을 시간의 무질서라고 할 수 있습니다. 반대의 경우도 있습니다. 미래에 대한 염려 때문에 현재 가족과 관계의 기쁨을 누리지 못하는 것 또한 시간의 무질서의 한 모습입니다. 물론 과거와 현재와 미래를 완전히 구분하고 분리할 수는 없습니다. 과거, 현재, 미래는 편의상의 구분일 뿐, 우리의 삶은 그 모든 시간들을 관통하기 때문입니다. 하지만 분명히 구분은 되어야 합니다. 과거에 대한 후회와 미래에 대한 염려가 있어야 할 자리를 벗어나서 현재라는 시간을 다 차지해버리면, 우리는 지금 이 시간에만 누릴 수 있는 것들을 놓치고 맙니다. 지금 이 순간 가족들과 함께 즐거워하고 행복할 수 있는데, 과거에 대한 후회 때문에 그 시간들을 놓치게 될 수 있습니다. 그리고 지금 이 순간 가족들의 마음과 생각을 알아가는 기쁨을 누릴 수 있는데, 미래에 대한 염려 때문에 그 시간들을 놓치기도 합니다. 생을 다하는 순간에 가족의 손을 잡고 후회의 말을 남기는 사람들이 있는 것은, 잡을 수 있었는데 놓쳤던 시간들이 아쉬워서일 것입니다. 시간의 무질서를 바로잡지 않으면 이렇게 깊은 아쉬움을 낳게 됩니다.

이런 무질서를 바로잡으려면 우리 삶에 질서를 부여해 줄 필요가 있습니다. 구분하기 어려운 과거와 현재와 미래 사이에 나만의 기준으로 경계를 만드는 것이죠. 예를 들면, 가족과 함께하는 시간에는 염려와 후회를 하지 말자는 기준을 정할 수 있습니다. 물론 그 기준을 정하는 것이 쉽지는 않습니다. 왜냐하면 과거에 일어난 일의 결과를 지금 알게 되었거나, 아니면 미래에 해야 할 일에 문제가 생겨서 지금 당장 응답해야 하는 상황도 있을 수 있기 때문입니다. 하지만 시도는 해볼 수 있습니다.

염려나 후회가 찾아올 때, 거기에 마음을 열어줄지 말지 간단한 질문으로 테스트를 해볼 수 있습니다. '이것을 가족들과 시간을 다 보낸 후에 생각하면 문제가 생길까?'라고 스스로에게 물어보는 것입니다. 이 질문을 자신에게 한번 던져보고 정직하게 답해보세요. 그러면 지금 당장 응답해야 할 정도로 심각한 문제가 그렇게 많지 않음을 알게 될 것입니다.

또는 다른 방식으로 경계를 만들 수도 있습니다. 가족들과 진지한 대화의 시간을 따로 구별해 놓는 방법입니다. 예를 들면, 저녁식사를 하고 나서는 오늘 하루 있었던 일에 대해서 이야기하면서 고민을 나누고 서로 들어주는 시간을 가지는 것입니다. 당연히 이런 고민들에는 지금까지 있었던 일들에 대한 후회도 있을 것이고, 앞으로 있을 일들에 대한 염려도 있을 수 있습니다. 이렇게 진지하게 이야기하는 대화의 시간을 정해놓고 후회와 염려에 대해서도 터놓고 이야기한다면, 그로 인한 내 마음의 부담도 나눠 질 수 있고 서로에 대해 더 깊이 이해하는 시간이 될 수 있을 것입니다.

• • •

소외감이나 공허감, 시간의 무질서 같은 단어들은 우리에게 다소 생소합니다. 그렇지만 부모로 살아가며 종종 느끼는 감정들과 깊은 관련이 있는 단어들입니다. 많은 부모들이 소외감과 공허감 때문에 힘들어합니다. 자신이 필요없는 사람처럼 느껴지기도 하고, 내가 이렇게 열심히 살아야 할 이유가 뭔지 회의를 느끼기도 합니다. 또 많은 부모들이 시간의 무질서 때문에 힘들어합니다. 과거에 대해 후회하느라 가족들과 기쁨을 누리지 못하고, 미래에 대해 염려하느라 가족들 간에 깊은 대화를 나누지도 못합니다.

이런 각각의 감정들에 대해 궁극적인 해법은 없습니다. 다만 정호승 시인의 표현처럼, 이런 것이 인간의 본질이라고 생각하면 좋겠습니다. 그렇게 생각하면 이런 감정들이 찾아오는 것이 누구의 잘못도 아니라는 것을 알게 됩니다. 나의 잘못도 아니고, 내 가족의 잘못도 아닌 것이죠.

이런 식으로 관계의 장애물을 만날 때 자신과 가족들을 이해하고 감싸줄 수 있다면, 이런 감정들이 더 이상 나와 사랑하는 사람들이 관계하는 데 장애물이 되지는 못할 것입니다. 그때 우리는 이런 감정들을 마음에 안고도 서로 사랑할 수 있을 것입니다.

관계의 기쁨 누리기

박민규 작가의 『죽은 왕녀를 위한 파반느』라는 소설에는 인상적인 예화가 등장합니다. 짧은 말로 지혜를 알려주는 잠언이라고만 표현되어 있고 출처는 나와 있지 않은데요. 이 예화는 많은 사람들에게 깊은 인상을 남겨주었던 것 같습니다. 책을 읽은 사람들이 남긴 소감에 이 예화를 언급하는 경우가 많았기 때문입니다. 사람들에게 깊은 인상을 남겨준 그 예화를 함께 보겠습니다.

인디언들은 말을 타고 달리다 이따금 말에서 내려 자신이 달려온 쪽을 한참 동안 바라보았다 한다. 말을 쉬게 하려는 것도, 자신이 쉬려는 것도 아니었다. 행여 자신의 영혼이 따라오지 못할까 봐 걸음이 느린 영혼을 기다려주는 배려였다. 그리고 영혼이 곁에 왔다

싶으면 그제서야 다시 달리기를 시작했다.

이 예화를 보면서 많은 사람들이 자기 삶의 속도를 조절해야겠다고 생각합니다. 자기의 마음을 돌볼 수 있는 시간을 따로 가져야겠다고 말하는 이들도 있죠. 그런데 사실 주인공이 삶의 속도에 대한 이야기를 꺼낸 것은 사랑의 아픔 때문이었습니다.

주인공은 과거에 진실한 사랑을 하지 못해 아픈 기억이 있는 사람입니다. 외모나 돈 같은 외적인 조건 때문에 진실한 사랑을 하지 못했던 사람입니다. 그는 자신이 왜 상대를 있는 그대로 사랑해주지 못했을까 생각합니다. 그리고 결론을 내렸습니다. 삶의 속도가 너무나 빨랐기 때문에 상대를 자신의 마음에 담을 수 없었다고 말이죠.

삶의 속도를 줄이기

우리의 삶도 이럴 때가 많습니다. 해야 할 일이 너무나 많고, 하고 싶은 일도 너무나 많죠. 그러다 보니 자꾸자꾸 속도를 내서 달려야 한다는 부담이 늘 마음속에 도사리고 있습니다. 그 부담을 못 이겨서 어느 순간 나도 모르게 다른 사람들과 같이 어디인지도 모르는 목적지를 향해 달려가고 있죠.

그래서 정작 내 주변에 있는 사람들을 제대로 마음에 담기가 쉽지 않습니다. 어딘가 바쁘게 달리기만 하느라 사랑하는 사람들의 얼굴을 들여다볼 시간도 없습니다. 그러다 보니 관계를 기뻐할 수가 없는 것이죠.

만약 우리가 관계의 기쁨을 누리기 원한다면, 앞에서 언급한 예화 속의 인디언처럼 자기 삶의 속도를 줄여야 합니다. 우리의 영혼을 기다려야 합니다. 이미 내 마음속에 있는 사랑을 기다려야 합니다. 달리기를 멈추고, 내가 사랑하는 사람들의 얼굴을 찬찬히 보고 마음에 담아야 합니다. 이것이 모든 관계의 기본입니다.

관계가 어렵고 관계 때문에 상처를 받고 있다면, 다른 어떤 기술보다도 **삶의 속도를 줄이는 것이 먼저입니다.** 나를 싫어하는 사람이 나를 사랑하게 만들 수는 없지만, 삶의 속도를 줄이기만 해도 상대를 향한 내 마음속의 사랑이 피어나기 때문입니다.

5분만 멈추고 얼굴을 보기

삶의 속도를 줄이자는 제안은 아주 새로운 이야기는 아닙니다. 많은 작가들과 연사들이 삶의 속도를 줄여야 한다고 이야기하고 있습니다. 그리고 그 이야기를 듣는 많은 사람들이 그에 대한 응답으로 삶의 속도를 줄여야겠다고 마음을 먹는 일도 종종 일어나죠. 그러나 막상 삶의 속도를 줄이는 것을 실천에 옮겼다는 이야기들은 별로 없습니다.

간혹 들리는 이야기는 잘 다니던 직장을 그만두고 소중한 가족과 함께 세계 여행을 떠났다는 식의 이야기라서, 평범한 사람으로서는 엄두가 안 납니다. 하던 일을 그만두고 어딘가로 길게 여행을 떠나는 것이 삶의 속도를 줄이는 유일한 방법이라면 그건 누구에게나 허락된 것은 아니겠죠. 특히 어린 자녀를 돌보는 부모이거나, 매달 상환해야 할 대출금이 있는 사람이라면 더더욱 엄두도 낼 수 없을 것입니다.

따라서 하루하루 평범한 일상을 살아가는 우리에게 필요한 것은 누구나 어떤 상황에서도 할 수 있는 방법입니다. 그 방법으로 제가 제안하고 싶은 것은 5분만 멈추고 얼굴을 보자는 것입니다.

5분이면 노래를 한 곡 들을 정도의 짧은 시간입니다. 5분간 멈추는 것이 무슨 효과가 있을까요? 물론 아무렇게나 쓰는 5분이라면 아무런 힘도 없는 것이 당연합니다. 하지만 꾸준히 반복적으로 사용하는 5분에는 우리의 생각을 뛰어넘는 힘이 있습니다. '플라이 레이디'라는 애칭으로 잘 알려져 있는 말라 실리 Marla Cilley 의 이야기를 들어보면 5분의 힘이 얼마나 큰지 실감할 수 있습니다.

말라 실리는 미국인들에게 집안 정리의 달인으로 불립니다. 도저히 감당이 안 될 정도로 어질러져 있는 집을 정리하는 비법을 사람들에게 알려주기 때문이죠. 그 비법은 바로 '5분'에 있습니다. 5분간 타이머를 맞춰두고 최대한 빠르게 움직이며 물건을 치우는 것이 실리의 비법입니다. 5분이 지나면 그날의 청소는 끝입니다. 이렇게 해서 과연 집이 정리가 될까 싶지만, 이렇게 매일 하다 보면 어느 날 말끔하게 치워진 집을 보고 깜짝 놀라게 된다고 합니다.

이 방법을 관계에도 적용할 수 있습니다. 단지 5분이면 됩니다. 아무리 삶이 바빠도, 5분의 시간은 의지를 내면 확보할 수 있기 때문입니다. 아무리 바쁜 사람도 핸드폰을 들여다보는 자투리 시간은 반드시 있는데, 그 시간들을 다 합치면 적게는 하루 평균 1시간이고 많게는 하루 평균 5시간이라고 합니다. 조사 기관마다 수치가 달라서 어떤 내용이 정확한지 확인할 길은 없지만, 사람들이 하루에 최소 1시간 이상을 핸드폰을 들여다보는 데 사용하는 것은 사실입니다. 이 시간 중에 5분만 떼서 사용하는 것은 그렇게까지 어려운 일은 아니겠죠.

• • •

5분이라는 시간의 힘에 대해서 어느 정도 수긍이 된다면 실제로 시도를 해보는 겁니다. 방법은 아주 간단합니다. 먼저 약간의 준비가 필요한데요. 우선은 자신이 관계의 기쁨을 누리고 싶은 사람들을 생각해보는 것입니다. 가족도 좋고, 친구도 좋습니다. 목록이 정리가 됐다면, 다음에는 그 사람들의 얼굴이 나온 사진을 핸드폰에 저장해두세요. 이미 나에게 있는 사진 중에서 내가 좋아하는 그 사람의 모습을 저장해도 좋고, 나에게 사진이 없다면 그 사람과 만났을 때 사진을 찍어서 저장해도 됩니다. 얼굴이 나온 사진이 없다면 그 사람이 준 선물도 좋고, 그 사람이 보낸 인상 깊은 메시지나 편지를 찍은 사진도 좋습니다. 그 사람의 소중함을 떠올릴 수 있는 어떤 것이어도 좋으니 사진을 준비해두세요. 이제 준비는 끝났습니다.

그다음에는 하루를 시작하기 전에 5분의 시간을 내기만 하면 됩니다. 전업주부라면 배우자와 자녀들이 집을 나선 다음에 바로 5분의 시간을 가질 수 있습니다. 직장이나 학교에 다니는 사람도, 정해진 출근 시간이나 수업 시간보다 5분만 일찍 도착하면 시간을 낼 수 있습니다. 자리를 잡았다면 타이머를 5분에 맞추고 시작합니다.

오늘 내가 만나기로 예정된 사람들을 떠올립니다. 그리고 그중에서 내가 관계의 기쁨을 누리고 싶은 사람들을 생각합니다. 가족들은 당연히 포함될 것이고, 친구나 직장 동료도 있을 수 있겠죠. 그 다음에는 그 사람들의 사진을 핸드폰에서 찾아봅니다. 그리고 사진을 찬찬히 들여다보면서 이 사람이 나에게 소중한 이유를 생각해봅니다. 사진을 보고 나서 눈을 감고 사진 속 모습을 생각해봐도 좋습니다. 이렇게 오늘 내가 관계의 기쁨을 누리기 원하는 사람들의 얼굴을 보면서 그들이 소중한 이유를 차례차례 떠올리다 보면 5분이 금방 지나갑니다.

아주 작은 변화로 목표를 이루기

5분이면 충분할 것 같지만, 사람에 따라서는 시간이 모자랄 수도 있습니다. 그래도 아쉬워하지 말고 5분이 지나면 끝냅니다. 우리의 뇌 속에 있는 편도체는 큰 변화에 대해 저항하는 경향이 있어서 시간이 길어지면 저항이 커지기 때문입니다. 원래 목표한 사람들을 다 생각하지 못했어도 5분이 지나면 끝내고 다음에 또 생각하면 됩니다. 이를 스몰 스텝 Small-Step 전략이라고 합니다. 편도체가 변화를 인지하고 저항하지 못하도록 아주 작은 변화를 시도하면서 조금씩 목표를 이루어가는 방법입니다.

이런 과정을 반복하다 보면, 나중에는 그 사람의 사진만 봐도 그 사람이 소중한 이유가 떠오를 것입니다. 과정에 익숙해지면 5분이 정말 길게 느껴질 수가 있습니다. 그러면 그 사람이 나에게 소중한 이유들을 더 생각해보거나, 아니면 관계의 기쁨을 누리고 싶은 목록에 더 추가할 다른 사람이 있는지 생각해봐도 좋습니다. 이렇게 계속하다 보면 나중에는 실제 그 사람의 얼굴을 대할 때도 그 사람이 소중한 이유가 떠오를 것입니다. 그러면 자연스럽게 기쁜 마음으로 그 사람과 관계를 맺을 수 있겠죠. 그 사람을 기뻐하는 마음으로 관계를 시작하면 상대방도 비슷한 마음으로 응답하는 경우가 많습니다. 그러니 자연스럽게 서로 기뻐하는 관계가 될 것입니다.

심지어 내 눈앞에 있는 그 사람이 나에게 냉랭하게 대하거나, 마음을 상하게 하는 언어나 행동을 사용할 때도 이 방법은 효과가 있습니다. 물론 눈앞에서 내 마음을 상하게 한다면 당장은 누구라도 화가 나고 상대에 대해 부정적인 마음이 가득하겠죠. 그건 너무나 당연한 일입니다. 아마 그때 상대의 얼굴은 내가 사랑할 수 없는 표정과 모양을 하고 있을 것입니다. 그리고 내 얼굴 또한 마찬가지로, 상대방에게 조금의 기쁨도 전할 수 없는 표정과 모양을 하고 있을 것입니다.

하지만 그런 순간에도 지금 내 눈앞에 있는, 부정적인 감정이 가득한 상대의 얼굴이 아니라, 내가 사진으로 봐왔던 상대의 사랑스러운 얼굴을 떠올리는 겁니다. 그리고 그와 동시에 내가 그 사람을 소중하게 생각하는 이유를 떠올립니다. 그렇게 상대의 사랑스러운 얼굴과 함께 상대가 소중한 이유를 떠올리면, 미움과 분노 등 부정적인 감정이 많이 가라앉습니다. 그런 마음으로 상대를 대하면, 갈등 때문에 서로를 상하게 하지 않으면서 서로 이해하는 시간을 가질 수 있습니다. 오히려 이전보다 더 깊은 관계로 나아가게 될 가능성이 생깁니다. 관계의 기쁨을 누릴 수 있게 되는 것이죠.

관계에 어려움을 끼치는 사소한 문제들

지금까지 5분이라도 꾸준히 사진을 보고 그 사람을 생각하면 관계의 기쁨을 누리는 데 많은 도움이 된다는 것을 이야기했습니다. 그런데 우리 삶에는 그와 정반대의 일이 더 많이 일어납니다. 왜냐하면 꾸준히 반복적으로 나를 힘들게 하는 사람이 있기 때문입니다. 그것도 나와 나쁜 관계에 있는 사람만 그러는 것이 아니라, 나랑 아주 가까운 관계에 있는 가족이나 친구가 그러는 경우도 많습니다.

대표적인 예로는 잔소리가 있습니다. 잔소리라는 말 자체가 반복적으로 말한다는 뜻을 포함하고 있죠. 당연히 잔소리의 의도는 나쁜 게 아닙니다. 상대에게 필요하다고 생각하는 것을 조언해주고 싶어서 하는 말이기 때문입니다. 그런데 이것이 꾸준히 반복되면서 누적되면 그 위력이 굉장히 커집니다. 나중에는 그와 비슷한 말을 꺼내는 것같이 들리기만 해도 화를 주체할 수 없게 되기도 하죠. 주로 부모님과의 관계에서 이런 일들이 종종 일어납니다.

또 다른 예로는 거절감도 있습니다. 상대에게 무엇을 해달라고 부탁하거나, 혹은 무엇을 하지 말아달라고 부탁했는데 상대가 그대로 해주지 않을 때 받는 느낌입니다. 상대가 주관이 너무나 뚜렷해서 일부러 내 이야기대로 하지 않아서일 수도 있고, 혹은 상대가 내 부탁을 깜박하고 늘 하던 방식대로 행동해서 그럴 수도 있습니다.

이외에도 다양한 경우가 있을 수 있겠지만, 사실 어떤 이유인지가 중요한 것은 아닙니다. 부탁을 거절당한 사람 입장에서는 마음이 상하고 화가 나는 것이 자연스럽기 때문이죠. 이런 일은 가족들 사이에 정말 흔하게 일어납니다. 부모가 자녀에게 거절감을 느끼기도 하고, 자녀가 부모에게 거절감을 느끼기도 하고, 배우자에게 거절감을 느끼기도 합니다.

이렇게 예를 들어서 생각해보면 굉장히 사소한 일들처럼 보이고, 이게 정말로 관계에 어려움을 끼치나 싶을 수도 있습니다. 그러나 당사자의 입장에서는 그렇게 쉽게 말할 수 있는 것이 아닙니다. 꾸준히 반복적으로 경험하는 상황의 힘이 정말로 크기 때문입니다.

실제로 이런 관계가 있다면 이미 상대의 얼굴만 봐도 화가 나고 싫거나, 상대가 비슷한 말만 꺼내도 민감하게 반응하게 됩니다. 그러다 보면 나도 감정적으로 반응해서 그 사람의 마음을 상하게 하는 말이나 행동을 하게 될 수 있겠죠. 그런데 그러고 나면 또 그렇게 반응한 것을 후회하고, 그렇게 반응한 자기 자신에게 실망합니다. 다음번에는 잘 대해줘야지 하는 생각을 하지만, 이상하게 다음에 만나게 되면 더 감정적으로 반응하게 되기도 합니다. 이런 식으로 계속해서 관계가 나빠지는 악순환에 빠지게 되는 것입니다.

● ● ●

이런 악순환에 빠져서 힘들어하는 부모들이 생각보다 많습니다. 분명히 자녀와 잘 관계를 하고 싶은데, 자꾸 화를 내는 자신의 모습에 절망하기도 합니다. 그러면 앞으로 아무리 노력을 한다고 해도 변화가 없을 것 같다는 부정적인 생각이 뇌리를 사로잡게 되죠.

그러나 너무 이상하게 생각할 필요는 없습니다. 잘 해보고 싶은데 잘 안 되는 것이 그리 이상한 일은 아닙니다. 왜냐하면 아무리 사소한 일이라고 해도 반복적으로 불편한 감정을 경험하다 보면 자기도 모르는 사이에 마음속에 부정적인 감정을 만들어내는 패턴이 생기기 때문입니다.

예를 들면 이런 것입니다. 자녀에게 유튜브를 보지 말라고 했는데, 자녀가 말을 안 듣고 계속 보았습니다. 그래서 그러지 말라고 혼을 내고, 기분이 좋지 않았죠. 이런 경험을 한 번이 아니라 여러 번 반복해서 겪다 보면, 마음속에 패턴이 생깁니다. 바로 '권유'했다가 '거절'당하고 '화'를 내는 패턴입니다.

이런 패턴이 생기면, 그다음부터는 권유를 할 때부터 이미 거절을 예상하고 화가 나기 시작합니다. 더 심해지면 나중에는 아이의 장난스러운 표정만 봐도 화가 나게 됩니다.

장점을 열 개만 찾아보기

이런 패턴을 거스르는 것은 쉬운 일이 아닙니다. 반복적인 경험을 통해 자동으로 마음속에서 반응이 일어나기 때문입니다. 의지가 개입되는 영역이 아니기에 이를 바꾸기가 쉽지는 않습니다. 패턴이 이 정도로 굳어지면, 5분 동안 그 사람의 사랑스러운 얼굴을 보면서 그의 소중함을 기억하는 방법으로도 충분하지 않습니다. 그의 얼굴을 보기만 해도 기억이 되살아나서 화가 날 수 있기 때문입니다.

그래서 이런 패턴의 힘을 이기기 위한 다른 방법을 이야기하고자 합니다. 바로 ==나를 힘들게 하는 상대의 장점을 열 개만 찾아보기== 입니다. 한두 가지의 장점이라면 금방 찾을 수 있겠지만 열 가지의 장점을 찾는 것은 의외로 쉽지 않습니다. 열 가지의 장점을 찾으려면 상대와 그동안 만났던 기억들을 다시 떠올리는 것도 필요하고, 그 기억들을 주의 깊게 살펴보는 것도 필요합니다. 그러면서 상대와의 기억을 다시 정리하게 됩니다. 열 가지의 장점을 찾는 동안 이렇게 기억을 꺼내고 정리하는 과정을 반복하게 되지요. 그러면서 우리 마음에는 또 다른 패턴이 생기게 되는데, 이는 상대에 대해 긍정적인 감정을 만들어내는 패턴이라 할 수 있습니다.

이렇게 하다 보면 우리의 신경에는 새로운 길이 나게 됩니다. 그동안은 상대를 나쁘게 보는 방향으로 신경에 길이 나 있었지만, 상대의 장점을 찾으려고 의식적으로 활동하면 상대를 좋게 보는 방향으로 신경에 새로운 길이 납니다. 새로운 길이 없었을 때는 상대방을 향한 부정적인 패턴이 만들어낸 길로 갈 수밖에 없었지만, 장점 찾기를 통해 새로운 길이 만들어지면 다른 길로 갈 수 있게 되는 것입니다.

● ● ●

우리는 가까이에 있는 사람들과 관계의 기쁨을 누리고 싶어 합니다. 특히 가족과 함께 관계의 기쁨을 누리고 싶어 합니다. 그런데 삶의 속도가 너무나 빨라서 누릴 수 있는 기쁨들도 채 누리지 못할 때가 많습니다.

이를 바꾸기 위해서 큰 노력이 필요한 건 아닙니다. 삶의 속도를 조금만 늦추면 됩니다. 분주한 나의 일정을 잠깐이라도 멈추고, 사랑하는 사람들의 얼굴을 천천히 들여다보세요. 그리고 그의 장점들을 떠올리고 기억해보세요. 이미 우리 마음에 있었던 사랑에 활력이 생기면서 당장이라도 관계의 기쁨을 다시 누리게 될 겁니다. 관계의 기쁨을 누리는 삶이 그만큼 우리와 가까이 있기 때문입니다.

회복탄력성을 키우는 관계 기뻐하기

우리는 관계를 기뻐하는 것이 중요하다는 사실을 압니다. 그래서 바쁜 일정 중에도 어떻게든 시간을 내서 아이들과 함께 시간을 보내려고 노력하기도 하죠. 그러나 우리는 알고 있는 사실을 잊을 때가 많습니다. 자녀와의 관계가 중요하다는 것을 알면서도, 아직 오지도 않은 자녀의 미래를 걱정하느라 관계를 망가뜨리기도 합니다.

그래서 우리는 관계의 목표를 분명히 해야 합니다. 서로를 기뻐하는 것이 제일 중요한 목표라는 것을 잊으면 안 됩니다. 관계 외에 다른 것들은 중요할 수는 있으나, 제일 중요한 목표는 될 수 없다는 걸 기억해야 합니다. 관계를 기뻐하는 것이 제일 중요하다는 사실을 마음에 새긴다면 관계의 기쁨을 누리는 삶은 우리에게서 멀지 않을 것입니다.

지금 이 책을 읽는 순간에는 관계의 목표가 무엇인지 분명해졌더라도, 그것이 흐려지는 순간들이 있을 것입니다. 특히 자녀의 진로에 대한 고민이 생기거나, 주변 지인들과 자신의 상황을 비교하게 될 때 그런 순간들이 올 수 있습니다.

그때마다 관계의 목표가 무엇인지 자신에게 소리 내어 말해주세요. 관계의 목표는 서로를 기뻐하는 것이라고 자신에게 말해주세요. 머릿속으로만 생각하는 것보다, 내 입으로 나온 말을 내 귀로 들을 때 뇌에 더 각인이 잘 됩니다. 매 순간 반복해서 입으로 말하고 귀로 듣다 보면, 어느 순간부터는 자신의 마음속 흔들리지 않는 인생의 기준으로 자리 잡을 것입니다.

솔로몬이 한 말 중에 "삼겹줄은 쉽게 끊어지지 않는다"는 말이 있습니다. 한 겹으로 된 줄은 쉽게 끊을 수 있지만, 약한 줄도 세 겹이 뭉쳐 있으면 끊기 어렵다는 말이죠. 이 말은 관계의 힘이 얼마나 큰지를 표현해 줍니다. 지혜가 많았던 솔로몬은 서로를 기뻐할 때 우리 마음에 회복탄력성이 자라나서 어떤 어려움도 이길 수 있음을 이미 알고 있었습니다.

물론 당장 불안할 때는 돈의 힘이 커 보이고, 학벌의 힘이 커 보일지 모릅니다. 하지만 지혜자인 솔로몬을 믿어보세요. 다른 어떤 것보다도 사랑하는 사람들과 관계의 기쁨을 누릴 때, 어떤 어려움도 이겨낼 수 있는 회복탄력성이 생긴다는 것을 믿어보세요. 당장은 실감 나지 않을 수 있겠지만, 서로를 기뻐하는 가운데 어려운 시간들을 겪어낼 때마다 그 믿음은 점차 확신으로 변해갈 것입니다.

> 다른 어떤 것보다도 서로를 기뻐하고 관계할 때, 어떤 어려움도 이겨낼 수 있는 회복탄력성이 생긴다는 것을 믿어보세요. 서로를 기뻐하는 가운데 어려운 시간들을 겪어갈 때마다 그 믿음은 점차 확신으로 변해갈 것입니다.

에필로그

　부모의 길은 쉽지 않은 길입니다. 부모가 되는 법을 알고 나서 부모가 되는 사람이 없고, 부모로 살아가는 법을 알려주는 학교가 있는 것도 아닙니다. 설령 누군가 알려준다고 하더라도 결국 매 순간 오롯이 모든 것을 혼자 감당해야 합니다. 이런 어려움들을 온 세상이 알아주고 격려해준다고 해도 쉽지 않은 길입니다.

　그래서인지 4대 성인에 해당되는 예수, 공자, 석가모니, 소크라테스는 종교도 다르고 사상도 다르지만 부모를 어떻게 대해야 하는지에 대해서만큼은 의견이 일치합니다. 네 사람 모두 부모를 공경하는 것이 인간에게 있어서 가장 중요한 도리라고 강조합니다. 심지어 소크라테스는 자기 부모를 섬길 줄 모르는 사람은 인간의 첫 걸음을 벗어난 사람이라고 말하기까지 했습니다. 부모의 길이 얼마나 어려운 길인지를 잘 알기 때문에 그 길을 존중하고 응원하는 것이 사람의 도리라고 생각한 것이죠.

그런데 지금 사회는 출산율을 걱정하면서도 부모를 존중하지 않습니다. 아이들에게 무슨 문제만 생기면 모두 다 부모의 책임이라고 말합니다. 아이들이 우울한 것도, 친구가 없는 것도, 때로는 비행이나 범죄에 빠지는 것도 다 부모의 책임이라고 손가락질합니다.

그런데 학교폭력을 만들어낸 것도, 입시 위주의 교육 정책을 만든 것도, 사상 최악이라 불리는 취업난을 만들어낸 것도 부모가 아닙니다. 무엇보다도 아이들이 마음 놓고 뛰어놀지 못할 정도로 위험한 사회를 만든 것도 부모가 아닙니다. 한 아이의 인생에 영향을 미치는 이들이 이렇게 많은데, 다들 자기는 아무 죄가 없는 것처럼 부모에게만 죄를 돌립니다.

그러다 보니 부모에 관한 책들 중에는 부모가 잘해야 아이가 행복해진다는 입장을 가지고 쓴 책들이 너무나 많습니다. 그래서 이 책을 쓰게 되었습니다. 끝까지 읽어주신 분들은 아시겠지만, 이 책에는 어떻게 해야 아이가 행복해질 수 있는지에 대한 이야기는 전혀 없습니다. 이 책은 그저 어떻게 해야 부모가 행복해질 수 있는지에 대한 이야기입니다. 좋은 부모가 되어야 행복한 게 아니라, 부모가 먼저 행복해야 아이들도 행복할 수 있다는 너무나 당연한 사실을 말하고 싶었습니다.

언론에는 하루가 멀다 하고 일부 천륜을 저버린 나쁜 부모들에 대한 기사가 오르내립니다. 그런 기사에는 마치 모든 부모들이 자격이 없고 미숙한 것처럼 여기는 분노에 찬 댓글들이 달리기 일쑤입니다. 그러나 대다수의 부모들은 지금 이 시간에도 자녀와 함께 무엇을 먹어야 맛있을까를 고민하고, 힘들어도 자녀를 생각해서 버티는 마음으로 살고 있습니다.

그렇게 애쓰고 있는 대다수의 부모들에게 지금까지도 정말 애써왔고, 충분히 노력했고, 너무 잘하고 있다고 말해주고 싶습니다. 그리고 지금보다 더 행복해지라고 말해주고 싶습니다. 자녀와 생기는 갈등의 대부분은 내가 충분히 행복하지 못하기 때문에 생기는 일들입니다. 자녀를 위한다고 너무나 무리하기 때문에 생기는 일들이기도 합니다. 이제는 부모들이 나의 행복에 대한 이상한 죄책감은 내려놓고, 먼저 자신의 행복을 추구했으면 좋겠습니다.

그렇게 하다 보면 우리 마음속에 있는 회복의 능력, 회복탄력성이 점점 커질 것입니다. 이 책에서 부모로 지내면서 겪는 모든 어려움에 대해 다루지는 않았지만, 마음속의 회복탄력성이 자라고 커진다면 이 책에서 이야기하지 않은 어떤 어려움을 만나더라도 잘 이겨낼 수 있을 것입니다. ==이미 충분히 수고하고 애쓴 모든 부모들을 진심으로 존경하고 응원합니다.==

리바운드스쿨은
삶의 어려움을 딛고 꿈을 향해 뛰어오르게 돕는
마음 근육 훈련소입니다.

부모가 먼저 행복한 회복탄력성 수업

ⓒ 정태형, 2022

초판 1쇄 발행 2022년 8월 10일

지은이 정태형
펴낸곳 리바운드스쿨
소재지 서울시 영등포구 문래동
등록번호 제2022-000092호
이메일 help@rebound.or.kr
홈페이지 http://rebound.or.kr

ISBN 979-11-979508-0-3